MORAL SEXUAL

Dados Internacionais de Catalogação na Publicação (CIP)
(Câmara Brasileira do Livro, SP, Brasil)

Almeida, André Luiz Boccato de
Moral sexual : o amor humano transformado na graça redentora de Cristo / Frei André Luiz Boccato de Almeida. – Petrópolis, RJ : Vozes, 2025. – (Coleção Iniciação à Teologia)

ISBN 978-85-326-7140-0

1. Amor – Aspectos religiosos – Cristianismo 2. Moral cristã 3. Sexualidade – Aspectos religiosos – Cristianismo 4. Teologia I. Título. II. Série.

25-262306 CDD-230

Índices para catálogo sistemático:
1. Teologia 230

Eliete Marques da Silva – Bibliotecária – CRB-8/9380

FREI ANDRÉ LUIZ BOCCATO
DE ALMEIDA, OP

MORAL SEXUAL

O AMOR HUMANO TRANSFORMADO NA GRAÇA REDENTORA DE CRISTO

EDITORA
VOZES

Petrópolis

Rua Frei Luís, 100
25689-900 Petrópolis, RJ, Brasil
www.vozes.com.br

Editoração: Rafaela Milara Kersting
Diagramação: Guilherme Ayres
Revisão gráfica: Fernando Sergio Olivetti da Rocha
Capa: Renan Rivero
Adaptação de capa: Editora Vozes

ISBN 978-85-326-7140-0

Este livro foi composto e impresso pela Editora Vozes Ltda.

Sumário

Apresentação à segunda edição da Coleção Iniciação à Teologia

Uma coleção de teologia, escrita por autores brasileiros, leva-nos a pensar a função do teólogo no seio da Igreja. Tal função só pode ser entendida como atitude daquele que busca entender a fé que professa, e, por isso, faz teologia. Esse teólogo assume, então, a postura de produzir um pensamento sobre determinados temas, estabelecendo um diálogo entre a realidade vivida e a teologia pensada ao longo da história, e se caracteriza por articular os temas relativos à fé e à vivência cristã a partir de seu contexto. Exemplos claros desse diálogo, com situações concretas, são Agostinho ou Tomás de Aquino, que posteriormente tiveram muitas de suas teorias incorporadas à doutrina cristã-católica, mas que a princípio buscaram estabelecer um diálogo entre a fé e aquele determinado contexto histórico. Como conceber um teólogo que se limita a reproduzir as doutrinas pensadas ao longo da história? Longe de ser alguém arbitrário ou que assuma uma posição de déspota, o teólogo é aquele que dialoga com o mundo e com a tradição. Formando a tríade teólogo-tradição-mundo, encontramos um equilíbrio saudável que faz com que o teólogo ofereça subsídios para a fé cristã, ao mesmo tempo que é fruto do contexto eclesial em que vive.

Outra característica que o acompanha é a de ser filho da comunidade eclesial, e, como tal, deve fazer de seu ofício um serviço aos cristãos. Se consideramos que esses cristãos estão inseridos em realidades concretas, cada teólogo é desafiado a oferecer pistas, respostas ou perspectivas teológicas que auxiliem na construção da identidade cristã que nunca está fora de seu contexto, mas acontece justamente na relação dialógica com ele. Se o contexto é sempre novo, também a teologia se renova. Por isso o teólogo olha novos horizontes e desbrava novos caminhos a partir da experiência da fé.

O período do Concílio Vaticano II (1962-1965) consagrou novos ares à teologia europeia, influenciada pela *Nouvelle Théologie*, pelos movimentos bíblicos e litúrgicos, dentre outros. A teologia, em contexto de modernidade, apresentou sua contribuição aos processos conciliares, sobretudo na perspectiva do diálogo que ela própria estabelece com a Modernidade, realidade latente no contexto europeu. A primavera teológica, marcada por expressiva produção intelectual e pelo contato com as várias dimensões humanas, sociais e eclesiais, também chega à América Latina. As conferências de Medellín (1968) e Puebla (1979) trazem a ressonância de vários teólogos latino-americanos que, diferente da teologia europeia, já não dialogam com a Modernidade, mas com suas consequências, vistas principalmente no contexto socioeconômico. Desse diálogo surge a Teologia da Libertação e sua expressiva produção editorial. A Editora Vozes, nesse período, foi um canal privilegiado de publicações, e produziu a coleção *Teologia & Libertação* que reuniu grandes nomes na perspectiva da teologia com a realidade eclesial latino-americana. Também nesse período houve uma reformulação conceitual na *REB* (Revista Eclesiástica Brasileira), organizada pelo ITF (Instituto Teológico Franciscano), sendo impressa e distribuída pela Editora Vozes. Ela deixou de ser canal de formação eclesiástica para se tornar um meio de veiculação da produção teológica brasileira.

Embora muitos teólogos continuassem produzindo, nas décadas do final do século XX e início do XXI, o pensamento teológico deixou de ter a efervescência do pós-concílio. Vivemos um momento antitético da primavera conciliar, denominado por muitos teólogos como inverno teológico. Assumiu-se a teologia da repetição doutrinária como padrão teológico e os manuais históricos – muito úteis e necessários para a construção de um substrato teológico – que passaram a dominar o espaço editorial. Essa foi a expressão de uma geração de teólogos que assumiu a postura de não mais produzir teologia, mas a de reafirmar aspectos doutrinários da Igreja. O papado de Francisco marcou o início de um novo momento, chancelando a produção de teólogos como Pagola, Castillo, e, em contexto latino-americano, Gustavo Gutiérrez. A teologia voltou a ser espaço de produção e muitos teólogos passaram a se sentir mais responsáveis por oferecerem ao público leitor um material consonante com esse momento.

Em 2004, o ITF, administrado pelos franciscanos da Província da Imaculada, outrora responsável pela coleção *Teologia & Libertação* e ainda responsável pela *REB*, organizou a coleção *Iniciação à Teologia*. O Brasil vivia a efervescência dos cursos de teologia para leigos, e a coleção tinha o objetivo de oferecer a esse perfil de leitor uma série de manuais que exploravam o que havia de basilar em cada área da teologia. A perspectiva era oferecer um substrato teológico aos leigos que buscavam o entendimento da fé. Em 2019 passamos por uma reformulação desta coleção. Além de visarmos um diálogo com os alunos de graduação em teologia, queremos que a coleção seja espaço para a produção teológica nacional. Teólogos renomados, que têm seus nomes marcados na história da teologia brasileira, dividem o espaço com a nova geração de teólogos, que também já mostraram sua capacidade intelectual e acadêmica. Todos eles têm em comum a característica de sintetizarem em seus manuais a produção teológica que é fruto do trabalho.

A coleção *Iniciação à Teologia*, em sua nova reformulação, conta com volumes que tratam das Escrituras, da Teologia Sistemática, Teologia Histórica e Teologia Prática. Os volumes que estavam presentes na primeira edição serão reeditados; alguns com reformulações trazidas por seus autores. Os títulos escritos por Alberto Beckhäuser e Antônio Moser, renomados autores em suas respectivas áreas, serão reeditados segundo os originais, visto que o conteúdo continua relevante. Novos títulos serão publicados à medida que forem finalizados. O objetivo é oferecermos manuais às disciplinas teológicas, escritos por autores nacionais. Essa parceria da Editora Vozes com os teólogos brasileiros é expressão dos novos tempos da teologia, que busca trazer o espírito primaveril para o ambiente de produção teológica, e, consequentemente, oferecermos um material de qualidade, para que estudantes de Teologia, bem como teólogos e teólogas, busquem aporte para seu trabalho cotidiano.

Welder Lancieri Marchini
Editor teológico, Vozes
Coordenador da coleção

Francisco Morás
Professor do ITF
Coordenador da coleção

Introdução

O presente livro, *Moral sexual*, pretende ser uma reflexão panorâmica e didática sobre o que um teólogo – este que vos escreve – pode falar acerca da sexualidade, sem cair em simplismos nem entrar em questões que possam conduzir a um sensacionalismo escandaloso. Há muitos tabus, muitos preconceitos, muitas manias e pouco conhecimento sobre o que de fato é a sexualidade e qual é o seu significado para a vida humana.

Aqui não tratarei apenas a respeito do sentido de uma "moral sexual" ou da fundamentação de uma "moral" em uma ação para a completude do ser humano, mas também procurarei associá-la ao centro da fé cristã: o próprio evento de Jesus Cristo. Em Cristo, os cristãos são chamados a descobrir e aperfeiçoar a vocação, o chamado à vida. Aqui é possível encontrar um bom princípio. Se Deus nos criou no amor para amarmos, Cristo nos revela esse amor em sua forma plena. Sentimos e experimentamos esse amor na nossa constituição humana, na nossa própria sexualidade, a qual precisa ser descoberta e orientada por valores que integrem o ser humano. Embora os evangelhos praticamente não falem nada sobre a sexualidade de Jesus de Nazaré, não há dúvidas, pelos textos canônicos, que Jesus viveu sua vida centrada no amor e para o amor. Sua "sexualidade", enquanto força interior "movente", foi orientada pelo reino e para a verdadeira libertação integral da pessoa humana.

Em um livro sobre moral sexual, achou-se por bem colocar como subtítulo: *O amor humano transformado na graça redento-*

ra de Cristo. De fato, o amor humano nasce como abertura a algo maior, que transcende a nós mesmos. Para a fé cristã, em Jesus, somos transformados e transfigurados todas as vezes que nos abrimos à sua graça e à sua presença. Ela redime-nos em nossa totalidade; contudo, só nos apercebemos disso aos poucos, conforme aderimos integralmente a esse amor universal. Uma postura de fé é uma resposta humana a essa vocação engendrada em nossa subjetividade.

Nesta obra sobre moral sexual é necessário, metodologicamente, que partamos do ser humano enquanto um ser localizado num *ethos*, mas que é chamado a transformá-lo à medida que também toma consciência. Essa conscientização é gradual; requer conhecimento, diálogo, empenho moral, abertura aos outros e docilidade a possíveis questionamentos baseados em diversas visões. Diferentemente de outras abordagens teológicas, optei por partir do amor e da realidade da pessoa para, em seguida, analisar a tradição bíblico-eclesial e, por fim, deixar-me interpelar pelos desafios do tempo presente. O objetivo não é dar respostas "casuístas", nem romper com a tensão própria da sexualidade, mas situar a moral sexual nestes três universos fundamentais dentro do campo teológico: ver, julgar e agir.

De antemão, digo que esta obra não pretende trazer novas soluções para novos problemas, e muito menos repetir antigas soluções para problemas novos. Com ela, pretendo apenas, modestamente, refletir sobre qual é o sentido da sexualidade humana à luz da fé, analisando esse assunto de um modo um pouco mais sereno e aberto, principalmente a partir da "abertura" e da "coragem" suscitadas pelo Papa Francisco em tempos complexos e difíceis. O livro foi sendo gestado lentamente, fruto das aulas de "moral sexual" ou "ética sexual" ou "moral conjugal e familiar" em várias instituições nas quais tive a graça de poder lecionar, a saber: Mosteiro de São Bento (São Paulo), Instituto Teológico Franciscano (Petrópolis), *Campus*

Pio XI do Centro Universitário Salesiano de São Paulo (Unisal) e Faculdade de Teologia da Pontifícia Universidade Católica de São Paulo (PUC-SP), onde ainda pesquiso e leciono.

O próprio grupo de pesquisa que criamos na PUC-SP, chamado Phaes (Pessoa humana, antropologia, ética e sexualidade), foi o *locus* privilegiado em que os nobres e sábios integrantes – principalmente as mulheres, com formações das mais variadas – me ajudaram a tematizar a sexualidade de um modo mais crítico, interdisciplinar e universalista, buscando olhar o fenômeno da sexualidade sob perspectivas distintas e até polêmicas. Coloco-me, neste livro, como alguém que faz "síntese teológica" sobre a sexualidade humana, entendida *ad intra* (na teologia e na Igreja) e *ad extra* (para as ciências, para as visões mais variadas etc.).

Muitos teólogos e teólogas já dissertaram sobre moral sexual. Alguns apenas reproduziram *ipse literae* o que a Igreja sempre ensinou, adaptando a linguagem, sem avançar muito; outros arriscaram ir um pouco além do magistério oficial, sendo punidos ou até silenciados porque alargaram e ultrapassaram o "limite" institucional; e alguns, ainda, buscaram articular o ensinamento tradicional com novas "descobertas" ou "interpretações" científicas e humanistas. Há também quem apenas busque apresentar uma visão orgânica do que a Igreja ensina, mas sem tocar em pontos que exigiriam dissenso em moral. Ou seja, há vários caminhos possíveis para se falar sobre a moral sexual. Há métodos e epistemologias que dão sustentação às várias discursividades. Mais do que agradar os gostos ou as tendências do momento, urge apresentar os diversos temas a partir de várias perspectivas.

Ainda há quem tenha dado mais importância aos antigos manuais de moral sexual; outros deram mais atenção à palavra "moral" do que ao objeto "sexual". Há quem não tenha se disposto a escutar de maneira dócil a sexualidade e suas interpelações à razão, à fé e à própria consciência. Há também quem, antes mesmo de falar sobre o tão temido tema da "sexualidade", prefira blindar a consciência com escrúpulos a se voltar a ele. Nesta obra propus, então, levantar mais indagações do que apresentar respostas; mais problemas complexos do que soluções fáceis.

Neste ensaio de "teologia moral" que aborda a sexualidade humana, busca-se entendê-la, na medida do possível, a partir de um viés propriamente fenomenológico. Nesse enfoque dá-se primazia ao "fenômeno", antes de interpretá-lo à luz dos vieses condicionadores, tradicionais e atuais. Não é fácil para um teólogo estudar a sexualidade, haja vista que o objeto de estudo – Deus – aproxima-se mais do campo teórico, dos princípios, da reflexão filosófica e das doutrinas.

Nos dois últimos séculos, principalmente com o advento da psicanálise, a sexualidade passou a ser a grande protagonista de uma nova abordagem sobre o psiquismo, sobre os afetos e, principalmente, sobre a própria sexualidade. Inverteu-se a forma de compreender os fenômenos humanos. De um olhar "dedutivo", "impositivo" e "teórico-doutrinal", passou-se a uma sensibilidade pela dimensão interior, "inconsciente", antes invisibilizada ou não assumida. A teologia moral sexual – marcada por uma impostação de teor mais legalista, normativo e "dedutivo" – não apresentava a sexualidade como uma descoberta constante por parte da pessoa, mas a reduzia a uma interpretação impositiva de uma leitura restritiva dos "mandamentos" ou das "obrigações" exteriores ao sujeito. Essa fase já foi superada com o pedido insistente do Concílio Vaticano II de colocar no centro da reflexão moral o mistério de Cristo que nos redime pela sua graça.

Este livro está dividido em três grandes partes, com dez capítulos no total. Essa subdivisão tem como objetivo ser didática para os que se colocam como iniciantes em obras teológicas e acadêmicas. A obra está, portanto, organizada do seguinte modo:

- Na primeira parte – estruturada a partir de três capítulos fundamentais para entender o sentido da sexualidade e do amor – busca-se dissertar acerca da *sexualidade* e do *amor no contexto da pessoa*. Os capítulos são desdobrados do seguinte modo: 1. A moral sexual cristã e a urgência de uma fundamentação na atualidade; 2. Fenomenologia da sexualidade humana: questões gerais; e 3. Fundamentos antropológicos e perspectivas personalistas.
- Na segunda parte aprofunda-se sobre a *sexualidade* e o *amor na tradição cristã e eclesial*. Essa parte foi estruturada a partir dos seguintes capítulos: 4. Inimigos da sexualidade no horizonte do cristianismo: ontem e hoje; 5. A sexualidade e o amor na Sagrada Escritura: textos fontais e basilares; 6. A sexualidade e o amor no desdobramento eclesial cristão; e 7. A sexualidade e o amor no contexto do magistério recente: textos, perspectivas e análises.
- Por fim, na terceira parte, analisa-se os *desafios para uma moral sexual da pessoa em sua integralidade*. Essa parte foi estruturada nos seguintes capítulos: 8. Moral sexual da pessoa: em busca de uma fundamentação para a atualidade; 9. Experiências da sexualidade fora do contexto do matrimônio sacramental; e 10. O desafio da sexualidade no serviço pastoral.

Assim, ofereço este simples livro – o qual pretende ser apenas uma abordagem e uma interpretação – para que seja refletido por todas as pessoas que acreditam que a graça redentora de Jesus Cristo é capaz de transformar o ser humano. Acredito que, em tempos de crise e de banalização do amor e da sexualidade, há um desejo global de retorno às fontes do pensamento cristão para ali encontrar uma fundamentação para o agir moral.

PARTE I

A SEXUALIDADE E O AMOR NO CONTEXTO DA PESSOA

A preocupação antropológica está na ordem do dia. Todo o pensamento e a cultura são marcados por essa fundamental reviravolta em torno do ser humano e de seu papel como sujeito nas decisões e no agir moral. Desse modo, a sexualidade – que antes era abordada de forma fragmentada – acompanha essa perspectiva de integração da força sexual no contexto mais abrangente da pessoa.

Se, até um passado recente, a sexualidade era considerada uma realidade autônoma – desde que orientada à procriação –, hoje busca-se situar todas as dimensões da pulsão a partir da realidade humana. Por isso, mais do que simplesmente falar sobre a sexualidade, convém compreendê-la como uma instância estruturante da pessoa. É nela que toda a criatividade, a espontaneidade e a dinamicidade do amor encontram as melhores formas de realização.

Mais do que tratar acerca da sexualidade – esta sendo considerada no contexto da pessoa –, é necessário associá-la ao amor. A tendência do ser humano a se abrir aos outros e a se comunicar não se reduz somente ao campo da relação heterossexual, mas se instala numa necessidade mais geral e profunda da pessoa. O ser humano nasce intimamente ligado aos outros e precisa de ajuda em todas as ordens de sua existência, vivendo numa trama de relações que contribuem de forma decisiva para que ele vá se descobrindo e se realizando como pessoa.

Nesta primeira parte pretende-se abordar a sexualidade e o amor como realidades essenciais da pessoa e da própria capacidade de decisão moral. Para isso, serão desdobrados três capítulos que objetivam alargar a concepção de sexualidade em três direções: o sentido de uma moral sexual cristã na atualidade; uma apresentação fenomenológica da sexualidade tal como se impõe ao ser humano e seus desafios; e alguns fundamentos antropológicos em relação aos respectivos acenos personalistas, próprios de uma visão cristã integral.

1
A moral sexual cristã e a urgência de uma fundamentação na atualidade

O tema da sexualidade no atual contexto tem aprofundamentos que refletem certa mutabilidade nas várias abordagens do fenômeno. Hoje, mais do que falar em "sexualidade" – no singular –, fala-se em "sexualidades" – no plural –, devido aos inúmeros desdobramentos científicos e antropológicos que se impuseram lentamente tanto na experiência da vida vivida quanto na vida pensada e refletida. A "sexualidade" – enquanto fenômeno humano universal, e não tanto enquanto experiência de uma pessoa em sua condição real – é assimilada para além de uma única abordagem.

Não é de se estranhar que a única abordagem sobre a sexualidade, mais própria da visão religiosa cristã, sofreu, nas últimas décadas, uma crise de fundamentação e legitimação moral entre os seres humanos. Se, de um lado, impera uma culpabilização vinda de grupos identitários, de outro, há um clima de total liberdade na experiência sexual por parte da maioria das pessoas. Essa ambiguidade entre o que se impõe culturalmente ao sujeito, o que a comunidade propõe como "norma" do viver e o que a pessoa deve decidir em sua própria consciência passa por uma crise de fundamentação e legitimação no aspecto do viver.

É dessa paradoxal forma de propor comportamentos morais, no universo da sexualidade humana, que se busca uma abordagem que englobe a realidade da pessoa – fundamental para o Concílio

Vaticano II – e que respeite também a consciência, sacrário interno de cada sujeito, chamado a decidir com liberdade e responsabilidade. Diante de um enfraquecimento da dimensão objetiva das moralidades ocidentais e religiosas, percebe-se uma "sobrecarga" da instância subjetiva da moralidade em todas as esferas do comportamento. No que tange à sexualidade, isso não seria diferente.

Buscaremos refletir sobre o sentido de uma moral sexual cristã e a urgência de uma fundamentação na atualidade a partir de seis tópicos: o sentido de uma moral sexual de inspiração cristã hoje; novas abordagens e epistemologias no campo da sexualidade; de uma moral sexual de "atos" a uma moral da "pessoa"; de uma moral sexual cristã da família para outras perspectivas; a pluralidade de significados e os seus desafios; e o desafio da sexualidade a partir da teologia e da cristologia.

1.1 O sentido de uma moral sexual de inspiração cristã hoje

Para Michel Henry (2001b), a ética cristã tem por objetivo permitir ao ser humano superar o esquecido de sua condição filial em Jesus, a fim de recuperar a vida absoluta em que nasceu. O pressuposto decisivo da ética cristã é que a possibilidade desse segundo nascimento não consiste em conhecer, e sim em fazer. Refletir sobre ética supõe sempre buscar a origem da existência para transformá-la, moldá-la, aperfeiçoá-la; em suma, elevar a vida vivida à vida pensada e ao fazer propriamente. Uma moral sexual também exige conhecer, refletir e propor novas formas de humanização.

No atual contexto em que vivemos, não é de se estranhar que se assomam crises em todas as instâncias de convivências humanas: da econômica à política, da representatividade partidária à familiar, de um setor da empresa à máxima expressão de governo e poder. Onde há presença humana manifestam-se crises, críticas e dificuldades em dialogar, em lidar com o diferente, o contraditório e o bizarro. Vivemos uma explícita dificuldade de aceitar o que não nos agrada e o que nos faz sair da zona de conforto ideológica e vivencial (cf. Almeida, 2021a, p. 30). Essa realidade toca o campo da ética que problematiza o lugar do ser humano no horizonte das mais variadas formas de convivência.

Isso não seria diferente no campo da sexualidade humana. Toda dificuldade de aceitação e reconhecimento ao "rosto do outro" – a verdadeira alteridade – afeta e incomoda diretamente o modo como organizamos e projetamos a nossa força interior de dentro para fora (cf. Moser, 2003, p. 7). A sexualidade é essa força e energia – especificamente humana – que movimenta, mobiliza e orienta a totalidade da pessoa para um fim a ser escolhido por ela, a partir de sua valoração ética.

É de suma importância retomar o conceito de sexualidade humana presente no documento do magistério eclesial, que diz o seguinte:

> A sexualidade é uma componente fundamental da personalidade, um modo de ser, de se manifestar, de comunicar com os outros, de sentir, de expressar e de viver o amor humano. Portanto ela é parte integrante do desenvolvimento da personalidade e do seu processo educativo. Do sexo, de fato, derivam na pessoa humana as características que, no plano biológico e espiritual, a tornam homem ou mulher, condicionando assim e normalmente o caminho do seu desenvolvimento em ordem à maturidade e à sua inserção na sociedade (*Orientações educativas sobre o amor humano*, n. 4).

A reflexão presente nesse importante documento acena para o fato de que a sexualidade humana deve estar sempre integrada com o amor, realidade fundamental da pessoa. A sexualidade presente no ser humano encontra no amor a sua forma mais transcendente e profunda de orientar o destino do presente para o futuro. Enquanto uma força e energia complexa, ela manifesta a verdade da pessoa ainda a ser descoberta e assimilada em todas as suas dimensões.

As perguntas de fundo que incomodam os cristãos – e, não raro, também os teólogos – são várias e demonstram sua complexidade: qual o lugar da narrativa cristã e eclesial sobre a sexualidade? O que o cristianismo pode e deve falar ou propor para os cristãos de hoje sobre a própria experiência de realização sexual? Os jovens de hoje escutam o que os pastores da Igreja militam em suas pregações sobre esse campo da sexualidade? Um certo neojansenismo e um neorrigorismo moralista não têm ocupado o lugar de uma visão cristã centrada no amor sobre a sexualidade? Uma nova forma deturpada e desintegrada de proposta moral – ascetismo puritanista – não destoa da pregação sobre o sentido último da vida humana e da sexualidade? Muitos grupos cristãos e religiosos hoje em dia não têm proposto uma falsa integração da sexualidade para as novas gerações? Há uma proposta educativa e pedagógica que guia os processos formativos nas comunidades cristãs reais? Essas e outras possíveis perguntas interpelam essa consciência humana aberta ao diálogo com as ciências.

Um grande incômodo advém ora de certo silenciamento sobre as questões humanas e sexuais, ora de um clima de total repressão dessa dimensão ou desse componente fundamental da personalidade humana. Diríamos que hoje é necessária uma moral sexual que não caia nas ciladas desses "fantasmas" do passado que ainda hoje manifestam suas influências nefastas e despersonalizadoras. Tendo apresentado o problema de fundo que é central na discussão sobre qualquer perspectiva moral, aparece agora o ponto de convergência pelo qual se pode e deve refletir sobre a sexualidade humana.

Como, para o cristão, o desejo de realização plena só é satisfeito na experiência de abertura e relação com Deus, torna-se de fundamental importância que a sexualidade faça parte de todo o processo de educação para a fé. Durante muito tempo o tema da sexualidade foi deslocado da antropologia, da espiritualidade e de uma moral das virtudes para uma forma restrita e míope de concepção de pecado, reduzida a atos, independente da totalidade da vida da pessoa (cf. Almeida, 2022, p. 32).

A partir da reviravolta teológica e antropológica iniciada na teologia do século XX – encontrando sua expressão máxima no Concílio Ecumênico Vaticano II –, a teologia moral, em todas as suas áreas e perspectivas reflexivas, passou por um processo de refundação e de novos influxos metodológicos. Se, antes, a reflexão teológico-moral se concentrava sobre uma manualística de cunho casuístico, isto é, de um paradigma, ou caso exemplar, como verdade-padrão, em vez de fazer uso de um princípio, com a renovação teológica, resgatou-se temas caros à teologia, tais como: o amor de Deus como a origem da teologia moral; a incorporação, nos novos manuais, de uma visão antropológico-relacional em que aparecem os vários discernimentos sobre a virtude; a base bíblica sólida a partir da história da salvação; o primado da consciência; e o questionamento de um modo imobilístico de pensar a moralidade (cf. Harrington; Keenan, 2006, p. 31).

De uma visão única a uma perspectiva mais plural, o Vaticano II pediu aos teólogos moralistas que desdobrassem a relação entre a teologia e a antropologia com as novas abordagens que enriqueceriam a ciência teológica para a formação dos futuros sacerdotes. Assim se exprime o Concílio:

> Deve ser concedido cuidado especial ao aperfeiçoamento da teologia moral. Sua apresentação científica deve revestir-se mais integralmente dos ensinamentos da Sagrada Escritura, e deve destacar a sublime vocação dos fiéis em Cristo e a obrigação deles em produzir frutos de caridade para a vida do mundo (*Optatam Totius*, n. 16).

Várias interpretações foram feitas sobre esse imperativo teológico que o decreto conciliar *Optatam Totius* pediu à Igreja e aos teólogos. Algo certo consiste no fato de que era necessário retornar à centralidade da Escritura, do evento Cristo, da historicidade e da vida real, concreta e pessoal de cada ser humano. Assim, invertia-se o dito "método" teológico em moral. Insistia-se em partir da pessoa como um ser capaz de conceber em sua vida o lugar de Deus e de sua decisão moral.

Pode-se dizer que, aos teólogos, de modo prático, coube a tarefa de refundar e reelaborar os manuais de moral usados nos seminários, a partir dessa nova base metodológica e epistemológica que o Concílio propôs à Igreja. Da parte da Igreja havia uma mudança de interpretação no modo de propor a fé em sua globalidade. Da parte da cultura ocidental, assomam-se as grandes transformações na compreensão sobre a dignidade da pessoa e sua capacidade de decidir a partir do foro interno.

A realidade emergencial, hoje, no contexto do lugar de um discurso cristão que une fé e razão, está em redimensionar um discurso de ética sexual que leve em consideração a pessoa e a sua verdade real. As moralidades ocidentais – centradas no ato, no dever, no fim, na razão ou na felicidade – entraram em crise. Esses paradigmas manifestam seus respectivos esgotamentos. Os velhos esquemas morais sobre comportamentos sexuais não respondem aos novos desafios. A escuta autêntica do *ethos* real e humano é a condição necessária para recolocar uma discursividade moral em relação aos apelos das pessoas.

1.2 Novas abordagens e epistemologias no campo da sexualidade

No mundo ocidental, até recentemente, prevaleceu uma concepção de sexualidade associada à procriação, no contexto do matrimônio. Desde a tradição mais antiga, Aristóteles, ao analisar o comportamento dos animais, percebeu que a procriação dependia unicamente do macho[1]. A fêmea, ao receber do macho o esperma, recebia um "pequeno homem (*homunculus*), uma espécie de adulto em miniatura" (Durand, 1989, p. 27), pois era no esperma que ele estava contido. Em linhas gerais, é dentro desse quadro, próprio da física e da cosmovisão antigas, que cada ato sexual era considerado um ato de procriação.

Durante séculos, essa compreensão de sexualidade, ligada ao fim último da procriação, com ausência de prazer, sem uma visão mais profunda sobre a psicologia e a psicanálise, determinou as moralidades ocidentais religiosas ou não. Os primeiros teólogos cristãos refletiam sobre o lugar que os cristãos davam ao seu corpo e à sua sexualidade a partir dessa perspectiva de uma física antiga. É verdade que os primeiros Pais da Igreja tentaram conciliar uma visão segundo a qual se dava importância à doutrina sobre o matrimônio – proveniente da Sagrada Escritura –, mas também defendiam com muita força a procriação como fim último da sexualidade conjugal (cf. Salzman; Lawler, 2012, p. 51).

Uma mudança de perspectiva com relação à sexualidade só será iniciada com a ciência moderna e as novas descobertas em torno do ciclo menstrual, do papel do óvulo e da origem do esperma (cf. Corrêa, 1998, p. 78). Hoje, sabemos que o homem não é o único princípio ativo da procriação, que cada ejaculação não fecundante não equivale à morte do homem e que cada ejaculação não é em si procriadora. Some-se a isso o fato de que, com o amplo acesso aos contraceptivos, acelerou-se uma tomada de consciência da pessoa em relação ao próprio corpo e ao sentido da sexualidade.

Não é de todo estranho que a tradição eclesial tenha insistido sobremaneira no aspecto procriativo, em detrimento de uma antropologia e de uma teologia da sexualidade e do amor (cf. Bedouelle; Bruguès; Becquart, 2007, p. 41). A ciência conduziu os teólogos

---

1. Essa ideia pode ser encontrada em sua famosa obra sobre a geração dos animais (cf. Aristóteles, 2021).

moralistas e o magistério a assumir que há uma profunda diferença entre sexualidade, procriação e relação conjugal. A antiga biologia, focada na ideia de natureza, insistia no fato de que existe um ciclo a ser levado em consideração e a ser obedecido, independentemente das forças interiores presentes na pessoa. A essa natureza convencionou-se chamar de "lei natural"[2].

Atualmente não se fala mais da sexualidade a partir do paradigma de "lei natural" em seu sentido biologista restrito, mas sim a partir da condição da pessoa em sua construção como ser humano. Essa visão assentada sobre a "natureza" humana – antropologia tradicional – é paulatinamente desdobrada em uma ideia que supera o ato moral por uma visão personalista dinâmica, profunda e transversal de ser humano. É dentro dessa lenta mudança metodológica que se pode falar na inclusão e na aceitação de novas epistemologias no campo da sexualidade.

Se não é possível estabelecer de forma dogmática nenhum tipo de leitura bíblica sobre o ser humano e o fenômeno da sexualidade, também não é possível dizer que as conclusões do saber científico definem a sexualidade de forma exata. Cada ciência tem seu ponto de vista característico, e nem os especialistas chegam às mesmas conclusões sobre temas idênticos (cf. Bonnin, 2003, p. 25). Não se pode menosprezar que as ciências colaboraram para desdobrar um único sentido ou significado da sexualidade.

Por "novas abordagens e epistemologias" em sexualidade se compreendem todos os tipos de perspectivas que superam um único modo de abordar o tema em questão. No caso, o que se impôs na tradição cristã católica ocidental é a fisiológica, centrada

---

2. Há inúmeras perspectivas sobre a lei natural. Para Enrico Chiavacci (1997, p. 694-695), a "ideia de lei natural, embora não tenha nascido em terreno cristão, mas sim no estoico, assumirá essa terminologia para explicitar o caráter de universalidade da mensagem evangélica. Essa ideia é humana e coincide com a experiência de originariedade e irredutibilidade de chamamento moral absoluto".

na diferenciação sexual. É fugindo dessa perspectiva fisiológica exclusiva que se problematiza, hoje, a sexualidade, alargando-a para assumir todos os tipos de visões que se assomam a ela. Abordar a sexualidade dentro de uma única visão – a religiosa – não deixa de ser polêmico e problemático para outras perspectivas. Em Foucault (1988), por exemplo, a sexualidade é compreendida além da imposição biológica, dentro de uma perspectiva de construção social e na formação discursiva das relações entre saber e poder. Repensar, dessa forma, a sexualidade leva a um olhar sobre o sexo enquanto categoria de análise das correntes teóricas pós-estruturalistas. Nessa perspectiva, o sexo vai muito além do "sexo".

Na segunda metade do século XX, os movimentos feminista e homossexual – os quais vão mudar politicamente formas de pensar e de compreender as relações que envolvem a sexualidade humana – causaram uma mudança na compreensão tanto do ser humano quanto da sua própria forma de se relacionar com o sexo. A questão do corpo desempenhou um papel de primeira importância no desenvolvimento do feminismo a partir dos anos de 1960, o que se explica, ao mesmo tempo, pelo fato de que, culturalmente, as mulheres, durante muito tempo, foram assimiladas e atribuídas aos seus corpos – e ao corporal em geral – e porque o feminismo, em um primeiro momento, se conceituou por analogia com os movimentos de libertação da dominação colonial, com o corpo tomando o lugar do território da conceitualização da libertação.

Ao mesmo tempo que o feminismo denunciava os diversos mecanismos de domesticação do corpo feminino, ele começava a explorar as possibilidades desse corpo, as dimensões de seu prazer. E foi aí que apareceram os múltiplos caminhos que a libertação pode tomar e que se cristalizaram escolhas frequentemente controversas. Embora seja relativamente fácil haver unanimidade para denunciar a opressão, os caminhos da liberdade tendem a se ramificar (cf. Lamoureux, 2012, p. 462).

Outro caminho de abordagem e de epistemologia sobre a sexualidade são a teoria *gender* e, depois, a *queer*[3]. A *gender* surge nos anos de 1950-1960 e a *queer* no fim dos anos de 1990 e início dos anos de 2000. Para essas teorias – que ainda necessitariam ser aprofundadas pelos teólogos moralistas –, as identidades sexuais pouco contribuem no reconhecimento das sociedades multiculturais, na medida em que seriam mantidos os sistemas binários de identidade – homem/mulher, heterossexual/homossexual, branco/negro etc. – e, portanto, de poder desigual entre os sujeitos. Da rígida e imutável definição biologicamente determinada se passaria a uma fluida mutabilidade culturalmente constituída; da identidade, a uma simples "polaridade" compreendida como genérica e, ao mesmo tempo, mutável. Assim, a "tirania da natureza" seria superada, e, ao mesmo tempo, também se chegaria a um ser humano com menos culpabilidade (cf. Leone, 2017, p. 114).

A dificuldade de lidar com a sexualidade não se dá apenas porque ela é um desafio, mas porque a sexualidade se apresenta sempre como uma dimensão estrutural da pessoa que não pode ser negada. Com a irrupção da sexualidade de um outro irrompe esse outro que é um "eu", uma pessoa, com toda a sua verdade. Aceitar e integrar esse "outro" desafia a vida da teologia, dos teólogos e da Igreja. Aceitar e trazer para dentro essa "alteridade" significa muito mais do que incluir o diferente num discurso familiar. Significa, acima de tudo, assumir os desafios hermenêuticos e eclesiásticos apresentados por um sujeito anteriormente silenciado (cf. Althaus-Reid, 2008).

Isso significa que não nos deparamos apenas com uma mudança temática ou de aprofundamento sobre uma questão a ser resolvida, mas também com uma crítica radical das metodologias teológicas existentes, motivadas, muitas vezes, por excluírem

---

3. Sobre esses temas complexos não se pretende aprofundar os autores e as delicadas análises, mas sugere-se um contato com suas respectivas referências: Butler (2013) e Turner (2000).

de nosso meio as potencialidades vivas e reais do "outro". Este impõe-se pelo silêncio da palavra, pela presença interpelante do seu corpo (*queer*), com toda a força da existência.

Além dessas perspectivas há que atentar, em todo o campo de análise humana, para a transdisciplinaridade e a interdisciplinaridade. Essas duas posturas epistêmico-metodológicas supõem uma abertura à realidade social concreta (horizontal) e certo sentido de significado (vertical), razão pela qual a teologia e a filosofia não devem faltar em muitas experiências transdisciplinares. Se a sexualidade é uma realidade complexa, ambígua e profunda – não perceptível por qualquer óptica ou teoria –, essa atitude epistêmico-metodológica aponta para uma leitura mais dialética, interior, aberta e alargada com todos os campos do saber (cf. Morin, 2009; 2010). Assim, não é mais possível pensar que a "moral" ou a "religião" em si é capaz de falar sobre a "sexualidade" de forma plena e total.

É verdade que essas e outras teorias contemporâneas – abordagens sobre a pessoa e sua expressão sexual – sobre a sexualidade rompem um modelo de compreender a sexualidade no grande horizonte antropológico ocidental. Contudo, não deixa de ser uma boa provocação aos que buscam, pelo diálogo, a verdade das coisas e do ser humano. A sexualidade, enquanto dimensão estruturante do ser pessoal, necessita ser amadurecida. Isso supõe acolher vozes aceitas e não aceitas sobre essa realidade fenomênica profunda, misteriosa e abrangente.

1.3 De uma moral sexual de "atos" a uma moral sexual da "pessoa"

Após o Concílio de Trento e, substancialmente, até o Concílio Vaticano II, os manuais de teologia moral concentraram a atenção nos singulares atos morais, com o intuito de defini-los na objetividade e submetendo-os ao juízo da lei objetiva, meticulosamente indicada nos singulares casos. Nesse horizonte de compreensão, a moral sexual se ocupou dos atos sexuais, com o objetivo de julgar a liceidade ou não e, sobretudo, a pecaminosidade.

O Concílio Vaticano II, acolhendo as discussões conciliares – fruto das instâncias de renovação teológica – e promovendo-as, assumiu um grande interesse pela pessoa, convidando a integrar a atenção da objetividade dos atos com a do sujeito agente em questão. Com base nessa evolução, a moral sexual recebeu uma visão integral da sexualidade humana, no sentido de olhar a pessoa inteira, com toda a sua complexidade e os seus dinamismos interiores (cf. Fumagalli, 2017b, p. 9).

A passagem de uma moral dos atos para uma moral da pessoa representou, sem dúvida, uma grande contribuição para a elaboração da moral sexual, dado que integra o agir sexual da imprescindível dimensão subjetiva, reveladora da verdade do sujeito. A natureza essencialmente relacional da pessoa, isto é, o constitutivo *legame* que existe entre o eu e os outros, convida a conceber o agir humano em chave interpessoal. Os atos humanos da pessoa são sempre em relação a outras pessoas. A moral dos atos pessoais deve, por isso, configurar-se como uma moral da relação entre as pessoas. Nessa óptica, a moral sexual coloca o tema do agir sexual como constitutivo e expressão de uma relação interpessoal.

Há uma inseparabilidade, em matéria de sexualidade humana, entre o que é essencial à pessoa e os seus atos. A dignidade ou não da pessoa não se restringe aos seus atos, mas à sua totalidade – marcadamente, corpo, psiquismo e espírito. Foi sempre a partir da pessoa e de suas dimensões – visíveis ou não – que a teologia moral mais recente entendeu discernir a maneira correta dos comportamentos sexuais (cf. Zuccaro, 2004, p. 38).

Tradicionalmente, a sexualidade humana era tratada no contexto do dualismo psicofísico da natureza biológica. Hoje já se tem mais claro que a nossa concepção de sexualidade depende de nossa concepção antropológica, e a antropologia sempre encontra seu suporte num corpo. É a partir do corpo que nos descobrimos seres sexuados, e é a partir da nossa concepção de corpo que temos uma primeira compreensão de nossa sexualidade, de nós mesmos, do mundo que nos rodeia e da missão que nos é confiada.

Uma moral de "atos" era compreendida dentro da casuística jurídica que se impregnou nos seminários católicos logo após a conclusão do Concílio de Trento. A expressão "caso" e seu derivado metodológico "casuística" empregaram-se, inicialmente, em contexto jurídico. No Direito, a casuística designava a aplicação das leis ou da Igreja à situação particular; significava também a interpretação de uma determinação legal mediante uma sentença. Os conceitos de "caso" e de "casuística" foram transferidos do campo jurídico para o campo da moral por São Ricardo Peñafort. E assim se expôs a moral nas Sumas de confessores, das quais passou, mais detalhadamente, para as instituições morais pós-tridentinas ou para a denominada "casuística", período da história da moral católica (séculos XVII-XX) em que o método casuísta vigeu amplamente (cf. Vidal, 2003, p. 396).

O forte acento jurídico-prático de uma visão moral foi eficiente na sua pragmática eclesiástica, mas carecia de uma profundidade teológica, filosófica, reflexiva, espiritual e pastoral. Se, na Alta Idade Média, as Sumas de Teologia e o modelo teológico realizado nas academias buscavam um equilíbrio entre fé e razão, mediante a assimilação de elementos da espiritualidade cristã, a fase posterior se caracterizou por um esvaziamento de conteúdo e de práxis. A moral de "atos" e de "casos" se impôs na longa visão ocidental do cristianismo[4].

---

4. Na "teologia moral" de Santo Tomás de Aquino, o "tratado" dos atos humanos era compreendido de forma diferente, da tradição posterior, a "casuística". É mais rica, profunda e, de certo modo, mais especulativa que "pragmática". Para o Aquinate, em cada um dos atos humanos há um duplo ato, um ato interior da vontade e um ato exterior, cada um com o seu objeto próprio: o do ato interior é o fim, e o do exterior

Na moral de "atos", mais sedimentada nos inícios da Modernidade, convergiram antropologias dualistas e pessimistas mais próprias do mundo antigo, tais como o gnosticismo, o marcianismo, o estoicismo e o maniqueísmo[5]. Foi somente a partir do século XX, com a filosofia personalista, que houve um despertar de uma espiritualidade matrimonial, a relação interpessoal, um avanço na concepção mais relacional de sexualidade humana. A essas perspectivas, soma-se o fato de que, com o renascimento dos estudos bíblicos, patrísticos e litúrgicos do século precedente, alguns autores propuseram uma visão mais alargada da sexualidade dentro do contexto mais amplo de uma filosofia centrada na pessoa (cf. Bonnin, 2003, p. 79-80). É nesse contexto de evolução e ampliação dialógica das discussões que se desdobrou uma moral dos "atos" para uma moral da "pessoa".

Um outro elemento – não de menor importância neste horizonte – é o fato de que, no mundo antigo cristão, a moralidade era influenciada por essas correntes que não viam na dimensão material-corpórea algo de positivo em si. Entende-se, hoje, que Santo Agostinho realizou um esforço para sistematizar a teologia do matrimônio. Contudo, ele não deixou de ser influenciado por essas correntes antigas que desconfiavam da materialidade. Não apenas ele, mas também os Padres da Igreja tentaram conciliar a valorização da doutrina sobre o matrimônio – proveniente da Sagrada Escritura –, mas defendiam com muita força a procriação como fim último da sexualidade conjugal (cf. Almeida, 2022, p. 38).

é aquilo de que se trata (ST, I-II, q. 18, a. 6). O fim conhecido pela razão e querido pela vontade é o "objeto" do ato interno da vontade, o elemento integrante de todo o ato humano sobre o qual assenta o juízo moral. Para avaliar a moralidade de um ato será necessário determinar, acima de tudo e fundamentalmente, qual é o objeto racionalmente escolhido pela vontade livre. E quando se pergunta o que torna a vontade boa, a resposta tomista é "escolher livremente o bem" (ST, I-II, q. 20, a. 1).

5. Sobre isso, trataremos em outro capítulo, sobre a história da moral sexual na tradição cristã.

Foi com o Concílio Vaticano II que a categoria de "pessoa" – principalmente no que tange ao matrimônio e à família – foi assumida como dimensão ou paradigma de moralidade. Esse caminho conciliar iniciou-se no século XX, em que o diálogo entre as ciências – como a medicina, a antropologia cultural e a sociologia – foi sendo assimilado pelos teólogos. Além disso, com o influxo dos movimentos filosóficos contemporâneos – como a fenomenologia, o existencialismo e o próprio personalismo – houve um redespertar e uma maior sensibilidade para com o ser humano, principalmente após as duas terríveis Guerras Mundiais. Na teologia católica havia um clima de renovação com os movimentos bíblico, patrístico, litúrgico e de espiritualidade familiar. Esses emaranhados processos dialéticos conduziram a uma nova compreensão da sexualidade humana e do matrimônio, com fortes repercussões no plano teórico e pastoral. Confluíram no Vaticano II, de modo particular, na Constituição Pastoral *Gaudium et Spes*, com sua abordagem personalista acerca do matrimônio, da família e do amor conjugal.

1.4 De uma moral sexual cristã da família para outras perspectivas

Diante desse vasto movimento de retorno a uma visão personalista sobre o sentido do ato moral no contexto matrimonial e conjugal, lentamente, todas as dimensões da vida humana foram sendo consideradas como dignas de uma avaliação mais personalista e menos casuística. Pode-se dizer que essa consideração mais alargada, humanista, profunda e "personalista" foi a grande característica que brotou do movimento de renovação conciliar no âmbito da teologia moral.

No período pós-conciliar desdobrou-se uma reflexão teológica que, de um lado, se afastou dos antigos manuais casuísticos, marcados por uma impostação juridicista e externa do ato, e, de outro, disseminou-se uma perspectiva não apenas mais personalista, mas principalmente uma tônica mais bíblica, evangélica e acolhedora. Junto a essa nova sensibilidade também se forjou uma forte consciência de subjetividade que, ao longo do tempo, se materializou em expressões como direitos, liberdades e cidadanias. Entende-se, desse modo, que tais categorias irromperam no campo da sexualidade, ressignificando seu entendimento.

Essas categorias só podem ser compreendidas diante de outras variantes mais recentes, tais como: a crescente consciência da dignidade da mulher, que trouxe novas valorizações e paradigmas da relação do casal; e o ingresso dos leigos na elaboração de uma reflexão ética sobre a sexualidade, até há pouco tempo exclusivo apanágio dos teólogos – em grande parte, sacerdotes; portanto, homens e não casados (cf. Zuccaro, 2004, p. 22). Isso é um ponto importante, porque o caráter prático e extremamente abrangente da sexualidade faz com que o conhecimento da sua realidade escape de um estudo só doutrinal e acadêmico (cf. Pohier, 1974).

Além de uma superação paulatina de uma radical concentração da avaliação moral na lei natural, buscou-se enfatizar uma linha mais dialogante e centrada no amor. Também com a abertura de novos horizontes, por ação da psicologia e da psicanálise[6], a sexualidade passou a ser compreendida não apenas como mero exercício da procriação, mas principalmente como parte do amplo amadurecimento pessoal e conjugal. Junto a essa visão de caráter personalista deve-se levar em consideração a descoberta da dignidade pessoal do corpo e da corporeidade. Aos poucos houve uma tomada de consciência de que o mistério da pessoa reflete sua dignidade sobre o corpo enquanto tal, o que torna problemático individualizar a moralidade dos atos.

---

6. Sobre essa abordagem, convém indicar uma relevante reflexão sobre as novas sexualidades e a questão de gênero que tanto incomoda uma visão tradicional de família. Recorre-se a: Holovko; Cortezzi (2018).

Um outro elemento que provocou uma crise no modo de assimilar a moral sexual cristã foi o enfraquecimento da visão de indissolubilidade e vínculo perene. Deu-se a mudança do costume que despedaçou o liame existente entre o matrimônio e o exercício lícito da sexualidade, introduzindo a aceitação pacífica de uma atividade sexual fora de um contexto esponsalício. Surgiram novos modelos de comportamento sexual e de relação homem-mulher, que anteriormente não eram imagináveis.

É verdade que essas considerações de caráter históricos e socioantropológicos afetam a "doutrina moral" sobre a sexualidade, compreendida pela Igreja no contexto do matrimônio monogâmico heterossexual. Porém não se pode deixar de considerar que uma moral sexual de inspiração cristã precisa levar em consideração as circunstâncias e as novas abordagens de cunho mais personalista.

Os desafios que se impõem sobre a única maneira de realização afetivo-sexual dentro do matrimônio fazem parte do horizonte de mundo mudado nos últimos decênios. Segundo Maffesoli (2014), há, hoje, um conjunto de referências e situações que favorecem uma mudança radical no modo de viver a intimidade e a sexualidade: alquimias festivas, culto do prazer, retorno em potência dos afetos e das emoções. Eros triunfa e nos ensina que a profundidade se esconde sempre na superfície das coisas, na banalidade do nosso cotidiano. Para ele há um triunfo da razão sensível sobre o velho racionalismo científico, do querer viver coletivo sobre o indivíduo, da alegria dionisíaca sobre as morais áridas que esterilizam a ação. Há que se repensar, a partir dessa constatação, o lugar dos afetos no conjunto da capacidade das pessoas de integrar suas potencialidades sexuais.

A moral sexual cristã esteve, durante muito tempo, não só assentada sobre uma visão de lei moral, de um procriativismo sexual, mas também de um "clima" cultural e social religioso que salvaguardava uma visão única de sexualidade e de moralidade. Se a lógica religiosa, em termos morais, foi substituída pela do dever, hoje já se avista a dissolução social da forma religiosa, inclusive centrada no dever moral, para uma lógica pós-moderna (cf. Junges, 1995, p. 67).

Esta se caracteriza por ser uma sociedade ou uma cultura que repudia a retórica do dever austero, integral e maniqueísta, ao mesmo tempo que promove os direitos individuais à autonomia, à felicidade e ao desejo. Uma sociedade avessa a pregações maximalistas e que somente outorga crédito às normas indolores da ética. Nesse sentido, não existe contradição entre o sucesso da temática ética e a lógica pós-moralista. A nova ética não ordena sacrifícios nem quer recompor o dever heroico. Seu objetivo é reconciliar a virtude e o interesse, os imperativos do futuro e a qualidade da vida presente (cf. Lipovetsky, 2005a, p. 187).

Aparece, assim, uma tendência hedonista, indolor, individualista e líquida da convivência humana, que redimensiona o modo de existir em meio ao diferente e diante das novas alteridades (cf. Bauman, 2009). Isso afeta todo tipo de convivência centrada no acordo, na confiança e até na fidelidade. Avista-se uma crise estrutural não só da família, mas de todo vínculo que possa conduzir a um processo de sólida relação rumo a algum tipo de ideal nobre ou seguro.

Sobre a realidade da família, no atual cenário de mundo, é relevante a meticulosa análise de Roudinesco (2003, p. 197-199), para quem o modelo tradicional vem se comportando bem e garantindo corretamente a reprodução das gerações. Segundo a autora, há os "utopistas", que acreditam que a procriação será um dia diferenciada do ato carnal e que os filhos serão fecundados fora do corpo da mãe biológica; e também há os "pessimistas", que pensam que a civilização corre o risco de ser engolida por clones, bárbaros bissexuais ou delinquentes, concebidos por pais desvairados e mães errantes. A família aparece como a única capaz, para o sujeito, de assumir esse conflito e favorecer o surgimento de uma nova ordem simbólica.

Essa constatação, longe de ser sensacionalista ou alarmista – como apregoam alguns grupos integristas contemporâneos –, deveria nos levar a pensar e a buscar novas formas de motivações que conduzam as pessoas à sonhada felicidade concreta e existencial. Cabe aos cristãos buscar uma perspectiva de esperança diante do cenário um pouco "pessimista", mais "realista", mas aberto a possíveis compreensões e interpretações. Consideramos que é justamente na família que é possível desabrochar a comunicação primitiva e aprofundada com os outros, necessária para o crescimento humano e para o desenvolvimento da pessoa e da sociedade. É na família que a pessoa humana – desde a fase infantil até o crepúsculo da vida – aprende os valores éticos essenciais, que contribuirão para que ela deixe de ser objeto e se transforme em um sujeito de amor e promotor de sentido na sociedade, mediante as relações (cf. Flórez, 2008).

Sabemos da situação da família na atualidade: desconstruída, recomposta, monoparental, homoparental, clonada, gerada artificialmente; a família ocidental está em crise e sujeita a uma grande desordem. Isso não significa que ela esteja destruída ou que desaparecerá. A grande questão, do ponto de vista ético, está em captar essas mudanças, perceber as várias experiências, entender os sentidos presentes nas novas configurações e buscar valores universais que podem ser vividos e assumidos pelos vários sujeitos envolvidos.

Não propomos, aqui, o restabelecimento de um modelo único e universal que serve para todas as pessoas. Apenas enfatizamos o fato de que é necessário reafirmar a primazia do respeito ao ser humano, denunciar os enganos do moralismo, promover éticas inteligentes e favorecer soluções de compromisso, firmemente assentadas nos princípios humanistas, mas adaptadas às circunstâncias, com interesses e exigências de eficácia. Trata-se de encarar as pessoas como sujeitos responsáveis por suas atitudes e decisões tomadas com consciência e responsabilidade.

1.5 A pluralidade de significados e os seus desafios

A sexualidade humana tem uma pluralidade de significados que foram ampliados principalmente a partir da evolução da ciência do século XIX até hoje. Se antes a sexualidade era considerada moralmente a partir do significado procriativo, com o desdobramento da psicologia do profundo e das mudanças de comportamento alarga-se para um sentido mais humanizante e interpessoal.

Sabe-se que há muito tempo estamos passando por um processo de mudança na forma de perceber e viver a sexualidade, e que esse processo está acontecendo de forma acelerada. Isso é perceptível não apenas no ambiente mais próximo, mas também em todo o mundo, especialmente na cultura ocidental. É uma mudança globalizada, que se manifesta por meio de protestos e reivindicações, debates a respeito de políticas de identidades, feminismo, gênero e diversidade sexual. Em muitos países surgem políticas públicas que incluem os "direitos sexuais", destacando a necessidade de dar visibilidade à identidade sexual e à importância de tal identidade para a realização das pessoas (cf. Lapalma, 2022, p. 13).

Durante muito tempo abordou-se a sexualidade dando demasiada atenção ao aspecto procriativo. O outro dado – o prazer – foi colocado em segundo plano. Em outras palavras, a dimensão erótica foi colocada sob controle ou marginalizada mediante dispositivos reducionistas. A pluralidade de significados que a sexualidade assumiu nas últimas décadas advém justamente dessa descoberta de que a sexualidade é também da ordem psíquico-emocional-afetiva. Sabe-se que toda relação traz consigo uma carga ou uma reação afetiva, que pode ser de acolhida ou de rejeição e que não tem, necessariamente, um significado sexual, mas se estende pela gama ampla da emotividade humana.

Desse modo, a descoberta de significados que ultrapassam o procriativo provocou uma crise de narrativa monolítica e reducionista sobre a sexualidade. Mencionamos, aqui, cinco dimensões ou significados sobre a sexualidade: *pessoal*; *tu e nós*; *abertura para a vida*; *gozo e prazer*; e *projetivo*[7].

- *Pessoal*: no bebê recém-nascido já está todo o ser humano que ele chegará a ser; não obstante, só chegará a ser esse ser humano mediante uma longa sequência de etapas e fases. Com efeito, ser humano não é um dado estático, mas a realização dinâmica de um projeto. Na realização desse projeto, a sexualidade desempenha papel de primeira importância, tanto que Freud afirma que a história de uma pessoa pode identificar-se com a história de sua sexualidade. O ego que vai se estruturando emerge do conflito e da harmonização do mundo do id com a instância do superego. As pulsões biológicas e a capacidade de integrá-las no todo do sujeito vão gerando uma identidade que assume uma orientação no modo de se impor no mundo. Nesse lento caminho, feito por etapas, coloca-se a descoberta do próprio corpo como modalidade de estar presente no mundo para o ser masculino e o feminino (cf. Autiero, 1997, p. 1151). A relação que a pessoa consegue amadurecer a respeito de si mesma pode variar segundo a escala de uma aceitação serena, de uma indiferença que arrasa ou de uma rejeição que torna problemático qualquer desenvolvimento posterior. Tudo isso tem a ver com a sexualidade e a condiciona. O significado da sexualidade como força estruturadora induz a enfatizar a índole dinâmica da pessoa humana, que, também para as opções éticas, percorre um itinerário por etapas e só pode enfrentar as decisões morais quando já amadureceu as exigências que cada nível apresenta.

- *Tu e nós*: numa compreensão personalista de ser humano, isto é, interpessoal, a identidade não surge de um "eu" que se im-

---

7. Esses cinco significados ou dimensões foram extraídos de vários autores e estão aqui sintetizados em suas perspectivas mais gerais.

põe drasticamente no mundo, mas de um "eu" que se relaciona numa relação dialética e complexa com um "tu" – ora que o precede, ora que o interpela. Nesse confronto com a alteridade do outro, ele vê também a possibilidade da relação comunicativa, que orienta seu esforço de amadurecimento para preencher a insuficiência e sair da solidão. O próprio corpo é o lugar em que se realiza a possibilidade do encontro; por isso, a sexualidade, que marca o corpo, se transforma, ela mesma, em lugar da experiência de estar diante do outro e de poder construir com este uma relação. Nessa relação, a sexualidade se exprime como uma linguagem. Em uma cultura de consumismo sexual, a sexualidade é reduzida de linguagem intersubjetiva a coisificação. Embora a pessoa ("eu") já surja estruturada para abrir-se a um "tu", dependendo do tipo de sociedade, esse processo pode ser reduzido a uma rápida assunção fácil do outro a um objeto. A integração processual dessa dinâmica leva tempo e muito empenho da pessoa, embora também dependa do modelo de sociedade e cultura em que a pessoa esteja vivendo.

• *Abertura para a vida*: em um passado não muito distante, o significado da sexualidade consistia, unicamente, em sua dimensão procriativa. Essa perspectiva se dava devido ao condicionamento proveniente de conhecimentos biológicos errados. A chamada teoria dos homúnculos, que foi considerada válida desde a Idade Média até o fim do século XIX, leva a concentrar-se no sêmen masculino como elemento único do qual surge a vida. Pois bem, o sêmen está certamente na origem da vida, porém junto com o óvulo proporcionado pela mulher. Quando se descobriu o óvulo feminino, em 1827, foi necessário rever essa noção sobre as coisas. Embora se deva superar a fixação procriacionista que defende a atribuição de desproporcionada centralidade aos mecanismos biológicos, é preciso enfatizar, não obstante, o valor positivo que decorre para a sexualidade do reconhecimento dessa sua função criativa e procriativa. É importante buscar o equilíbrio entre a visão procriacionista e a visão em que a sexualidade é somente objeto da vivência intersubjetiva sem abertura para outras criaturas.

• *Gozo e prazer*: o forte acento ao gozo e ao prazer sexual não é uma ênfase religiosa e tradicional, mas sim das correntes "pagãs" ou alheias ao dado religioso e da revelação judaico-cristã. Essas mentalidades eram conhecidas como "hedonistas", pois focavam o prazer como realidade fundante da vida. Na época moderna, com a secularização e a retirada da religião como única forma de explicação do mundo e da moralidade humana, as correntes "hedonistas" encontraram um maior espaço de orientação na complexa convivência humana. A tese por trás dessa visão – distinta, mas não contraditória – está no fato de que é necessário criar uma capacidade de viver com alegria o próprio corpo como próprio "eu" e a vontade não reprimida de colocar-se diante de um "tu". O prazer em si não é um mal a ser eliminado, mas sim educado, orientado e assumido no conjunto do dinamismo interpessoal da pessoa. Essa dimensão do "gozo" e da "experiência", livre de tabus ou culpabilizações, é uma conquista do sujeito contemporâneo a ser considerada como valor. Seria a dimensão "lúdica" da sexualidade que está em relação direta com a capacidade de discernir e resolver as potencialidades de agressividade e de predomínio que podem atacar e desfigurar os aspectos da própria sexualidade.

• *Projetivo*: a sexualidade é uma realidade pessoal, porém não em sentido individualista. Sua densidade pública sempre foi salientada no passado; não só mediante a formulação de proibições para prevenir desordens ou de sanções para reparar infrações, mas também com a nota de publicidade que, nas diversas culturas, sempre acompanhava a estipulação do pacto conjugal. Viver a sexualidade integrada, harmoniosa, capaz de acolher o próprio corpo e de abrir-se ao outro no serviço criativo da vida quer dizer, em última análise, contribuir para lançar as bases de uma comunidade humana pacificada. A sexualidade vivida como um projeto que visa não só à relação com o outro e à abertura para a vida no seio da família, mas que também desempenha papel importante no sentido social. Ela tem um significado projetivo no sentido de potencializar o ser humano para sair do isolamento da família particular, para fazer da humanidade uma família de famílias.

1.6 O desafio da sexualidade a partir da teologia e da cristologia

A reflexão teológica sempre foi importante, pois teve a função de interpretar, fazer compreender a linguagem e expor em cada época a mensagem divina em um horizonte de fé vivido por seres humanos condicionados no seu tempo histórico (cf. Geffré, 2004). A teologia tende a ser compreendida não simplesmente como um discurso sobre Deus, mas como um discurso que reflete sobre a linguagem de Deus, um discurso que reflete sobre uma linguagem que fala humanamente de Deus (cf. Queiruga, 2010). A sexualidade, enquanto dimensão profunda da pessoa, é chamada também a buscar na reflexão teológica uma luz diante de tantas polarizações e radicalizações. Ela fala algo sobre o ser humano, mas também sobre o desejo de transcendência da pessoa.

Historicamente, a sexualidade foi atravessada por tendências de libertação e pelo desejo de humanização. Foi sufocada por uma exaltação desproporcional e funcional, a ponto de ser reduzida a objeto de jogo e consumo. A ameaça mais grave é que a sexualidade acabe por se encontrar em uma condição de perda de sentido, de queda de significado, na qual todo o discurso sobre a dimensão ética – que o sentir sexual deve atravessar e percorrer – perca seu elemento essencial.

A concepção personalista, elaborada a partir da Primeira Guerra Mundial, foi penetrando lentamente o conjunto da teologia, a qual foi se abrindo às questões da história, do ser humano e de sua subjetividade. Com essa nova orientação, tudo o que é humano não se torna indiferente. Segundo Queiruga (2010, p. 96):

> Martin Buber abriu o caminho ao assinalar a realidade unificante do "entre" (*zwischen*), isto é, do espaço vital aberto entre o eu e o tu, que é o que os constitui num nós dialogante. A revelação deixa de ser um processo meramente objetivo para fazer-se comunicação viva e pessoal, encontro entre Deus que chama e salva, e o homem que escuta e aceita. Com estilo diferente, mas não de profunda intimidade, Franz Rosenzweig desenvolveu também uma visão fortemente impregnada pelo personalismo bíblico; algo que com um forte radicalismo apofático se fará sentir também no pensamento, tão influente, de Emmanuel Lévinas.

Além dessa constatação de método teológico, também se soma a questão da centralidade da experiência. A virada antropocêntrica significa uma valorização crescente da experiência existencial. A partir de sua experiência, o ser humano interpreta a revelação, a própria existência e – por que não dizer – a própria sexualidade. Esta, por sua vez, molda uma nova forma de existir e de se envolver com o sagrado e com a fé.

A experiência exprime, em seu sentido mais geral, um contato direto com uma realidade que não é simples fenômeno transitório, mas alarga e enriquece o modo de pensar, de ver a realidade. É a consciência imediata da realidade, isto é, de tudo o que existe: coisas, pessoas, acontecimentos, um sentimento, um querer, uma ação, um pensamento. Cada experiência amplia o horizonte do conhecimento da realidade, modifica-a, aperfeiçoa-a. Implica a presença de um objeto, de uma realidade diante do sujeito, seu espírito. Não nasce de um exercício de memória, nem da imaginação criativa, nem de operações internas de suas faculdades. Experimentar revela-se uma realidade paradoxal: por um lado, significa agir, atuar, testar, provar; por outro, exprime a ideia de sofrer, receber um impacto. Ao mesmo tempo, parte-se de uma ideia prévia da realidade, mas também se permanece aberto e disponível para acolher uma resposta diferente e, assim, modificar essa ideia inicial (cf. Libanio, 1997).

A sexualidade humana está circunscrita nesse paradoxo mais abrangente da própria pessoa que a todo momento experimenta e ressignifica essa experiência. A fé também se constitui, em seu caráter subjetivo, nessa experiência humana que constantemente se aprofunda em uma transformação interior.

A teologia e a religião em geral, do Iluminismo até hoje, acabaram sendo isoladas da discussão de várias questões culturais e sociais. A atual indiferença da cultura em relação ao cristianismo é uma consequência histórica. A emancipação do saber em face dos interesses teológicos afirmou-se lenta e pacientemente da Renascença até o Século das Luzes, com base numa constatação que foi se ampliando: o método de investigação experimental, ligado à observação provocada e verificada, revelava-se mais eficaz do que a dedução relacional usada então pela teologia (cf. Duquoc, 2006, p. 18).

A Ilustração tentou criar as bases de uma moral independente dos dogmas religiosos, sem fundamento na revelação e libertada de medos e recompensas do além. Tratava-se de uma moral moderna leiga. Essa secularização da vida, da ética e, por consequência, da sexualidade, ao emancipar a vida humana do espírito da religião, viu-se obrigada a buscar outro absoluto que, no caso, foi o dever. As democracias individualistas idealizaram a obrigação moral, celebraram a gravidade dos deveres do cidadão e impuseram normas austeras e disciplinares para a vida privada. A paixão pelo dever queria esconjurar a dinâmica licenciosa dos direitos do indivíduo por meio do espírito de disciplina e do domínio de si mesmo (cf. Junges, 1995, p. 67).

É nesse contexto mais amplo que se percebe a ausência de um posicionamento religioso, fundado, teoricamente, a partir de uma teologia ou cristologia de um Jesus Cristo que pode inspirar cristãos e outras pessoas a integrarem seus instintos e sua sexualidade. Tradicionalmente, focou-se muito a austera continência sexual, já que a sexualidade só poderia ser pensada no contexto da procriação e qualquer outro uso seria perverter a obra de Deus (cf. Flandrin, 1988, p. 10). A questão de uma teologia do prazer, da força erótica e da conjugalidade permaneceu durante muito tempo obscurecida pela tese procriativista.

Sabe-se que, com o Concílio Vaticano II, a teologia cristã católica revisou a pastoralidade e a orientação do matrimônio e do casamento (*Gaudium et Spes*, n. 47-52). A redação da Constituição Pastoral *Gaudium et Spes* é precedida por uma mudança de paradigma que foi se impondo lentamente a partir do século XX. Inicialmente, a filosofia personalista proporcionou uma visão mais alargada e profunda sobre a natureza da pessoa e sua dimensão de relação com o próximo. Junto a essa constatação de caráter mais geral brotou uma forte espiritualidade matrimonial, fundamentada nos dados bíblicos, e o descobrimento da dimensão unitiva da sexualidade. Essa abordagem mais humanista – personalista – levou alguns autores a propor a teoria da igualdade sem subordinação dos dois fins clássicos do matrimônio. Para eles, a plena comunhão entre os esposos, simbolizada na entrega mútua espiritual e corpórea, é o fim básico e fundamental do matrimônio (cf. Bonnin, 2003, p. 80).

Entre os anos de 1963 e 1965 ocorreram as discussões sobre o capítulo do matrimônio na *Gaudium et Spes*. Embora o tema mais delicado fosse o da liceidade ou não dos métodos anticoncepcionais artificiais – e este o papa havia reservado para si –, a questão de fundo era se se devia ou não continuar mantendo a doutrina do fim primário e do fim secundário do matrimônio. Para os partidários de uma visão nova do matrimônio seria necessário evitar, a todo custo, o que se havia dito a respeito de subordinação entre amor e fecundidade, ao passo que, para os partidários da doutrina clássica, essa subordinação constituía um elemento imprescindível para uma adequada solução ética.

A doutrina conciliar expressa-se sobretudo nos números 49 e 50 da *Gaudium et Spes*, dedicados aos temas do amor conjugal e da fecundidade do matrimônio. Esses números colocam-se na linha da teologia bíblica e da moderna antropologia. A vida sexual é expressão e motivo de crescimento do amor. Diz o próprio texto:

> O amor (entre os esposos) expressa-se e se aperfeiçoa singularmente com a ação própria do matrimônio. Por isso os atos com que os esposos se unem íntima e castamente entre si são honestos e dignos, e executados de maneira verdadeiramente humana significam e favorecem o dom recíproco, com que se enriquecem mutuamente em um clima de gozosa gratuidade (*Gaudium et Spes*, n. 49b).

O número 50 da *Gaudium et Spes* também aprofunda e explica o sentido do amor em sua perspectiva personalista e unitiva. Diz ainda:

> Os esposos sabem que no dever de transmitir e educar a vida humana – dever que deve ser considerado como a sua missão específica – eles são os cooperadores do amor de Deus criador e como que os seus intérpretes. Desempenhar-se-ão, portanto, desta missão com a sua responsabilidade humana e cristã; com um respeito cheio de docilidade para com Deus, de comum acordo e com esforço comum, formarão rectamente a própria consciência, tendo em conta o seu bem próprio e o dos filhos já nascidos ou que preveem virão a nascer, sabendo ver as condições de tempo e da própria situação e tendo, finalmente, em consideração o bem da comunidade familiar, da sociedade temporal e da própria Igreja. São os próprios esposos que, em última instância, devem diante de Deus tomar esta decisão.

> Mas, no seu modo de proceder, tenham os esposos consciência de que não podem agir arbitrariamente, mas que sempre se devem guiar pela consciência, que se deve conformar com a lei divina, e ser dóceis ao magistério da Igreja, que autenticamente a interpreta à luz do Evangelho. Essa lei divina manifesta a plena significação do amor conjugal, protege-o e estimula-o para a sua perfeição autenticamente humana. Assim, os esposos cristãos, confiados na Divina Providência e cultivando o espírito de sacrifício, dão glória ao Criador e caminham para a perfeição em Cristo quando se desempenham do seu dever de procriar com responsabilidade generosa, humana e cristã. Entre os esposos que deste modo satisfazem à missão que Deus lhes confiou, devem ser especialmente lembrados aqueles que, de comum acordo e com prudência, aceitam com grandeza de ânimo educar uma prole numerosa.
>
> No entanto, o matrimônio não foi instituído só em ordem à procriação da prole. A própria natureza da aliança indissolúvel entre as pessoas e o bem da prole exigem que o mútuo amor dos esposos se exprima convenientemente, aumente e chegue à maturidade. E por isso, mesmo que faltem os filhos, tantas vezes ardentemente desejados, o matrimônio conserva o seu valor e indissolubilidade, como comunidade e comunhão de toda a vida (*Gaudium et Spes*, n. 50).

Pode-se dizer que esses dois números superam um conceito puramente biológico e genital da sexualidade. Entre a amizade espiritual dos esposos e as expressões afetivas e corporais existe uma íntima conexão. O ato sexual já não é só *actus naturae*, mas também *actus personae*. Insiste-se em que a sexualidade humana é essencialmente relacional, é uma linguagem de amor. Por isso a procriação não se origina só a partir da distinção biológica dos sexos, mas também – e ao mesmo tempo – como fruto do amor conjugal. Amor e procriação não podem estar separados. Daí surgiu o conceito de uma paternidade e uma maternidade exercidas com responsabilidade humana e cristã.

A Constituição Pastoral *Gaudium et Spes* se coloca não com uma atitude apologética, de condenação ou de rejeição nos confrontos com o mundo e com relação ao matrimônio e à sexualidade, mas com respeito à escuta e à compreensão de tudo o que o mundo oferece. Há uma teologia positiva e inspirada na boa tradição bíblica e patrística. No que tange à inovação, encontra-se uma perspectiva mais amadurecida e em sintonia com a tradição clássica, especialmente no que se refere à consciência e ao matrimônio.

Sobre o matrimônio, o Concílio superou a inadequação de uma visão naturalística e funcionalista da sexualidade. O Vaticano II consagrou a integração de toda a realidade conjugal – inclusive a sexualidade – em torno da centralidade do amor. A partir daí se esclarece a avaliação teológica e mística da vida conjugal, recuperando em todo o seu sentido as expressões bíblicas e patrísticas. Assim, a qualidade moral do comportamento sexual depende da qualidade pessoal da relação do amor e da fidelidade dos cônjuges.

1.7 Considerações finais

Neste capítulo buscamos analisar – de modo global e introdutório – o sentido de abordar a questão da sexualidade humana. Partindo do contexto da pessoa compreendeu-se a necessidade de escutar a realidade e as vozes eloquentes que questionam o ser humano.

Detectou-se que o cristianismo tem algo a dizer não só às pessoas, mas à sexualidade delas. Se o centro do cristianismo é um acontecimento extraordinário, a encarnação do verbo eterno em Jesus de Nazaré, Ele nos ensinou a viver voltados para a escuta de um Pai que é amor e de um reino que também tem o amor no seu centro. Portanto, a vida humana pode encontrar nesse evento "crístico" o sentido do amor e da integração.

Contudo, nem sempre os seguidores de Jesus, ao longo do tempo, compreenderam essa sua forte mensagem de amor. Por motivos históricos e condicionamentos dos mais variados, traduzir em linguagem humana as motivações para seguir o Mestre Jesus se tornou algo não muito compreensível e até distante do que Ele anunciou. Foi necessário retomar uma moral da pessoa e abandonar a tradicional moral de "atos" que ainda é bem vivida por muitos.

O desafio geral está colocado. Em Jesus Cristo encontramos a oportunidade – a graça – de reconfigurarmos a nossa subjetividade, o nosso corpo e a nossa sexualidade. Acreditamos que sua graça redentora tem um efeito maravilhoso em todo aquele que é capaz de escutá-lo, imitá-lo e segui-lo. Não vemos que é inconciliável aderir a Cristo e ouvir os dados das ciências, das várias antropologias e dos novos conhecimentos. Eis o desafio do diálogo verdadeiro, exigente e aprofundado.

2
Fenomenologia da sexualidade humana: questões gerais

A ética da sexualidade pressupõe, para ser pensada de modo correto e válido, uma referência ao que ela é de fato. Isso conduz a um conhecimento dos mecanismos e das dinâmicas que estão presentes na sua estrutura. Há vários significados do ser humano e de sua sexualidade que precisam ser mais bem explicitados para serem aceitos, compreendidos e integrados. Embora conceituar a sexualidade não seja uma tarefa fácil, atualmente tende-se a compreendê-la não tanto sob uma abordagem metafísico-fixista, mas dentro de um horizonte fenomenológico-existencial. Ambas as perspectivas se completam na medida em que exprimem o mistério do ser humano a ser desdobrado e conhecido.

Toda pessoa é chamada a ser e se empenhar para um dever ser. Podemos traduzir, em linguagem teológica, o imperativo sexual humano como uma vocação, um chamado a ser no devir histórico, potencializando as faculdades ainda adormecidas e direcionando para a meta que é a felicidade. O antigo adágio escolástico segundo o qual "o agir segue o ser" (*agere sequitur esse*) é muito válido dentro desse horizonte antropológico humanista.

Sabemos que definir a sexualidade não é algo simples e dogmaticamente fácil. Até porque a sexualidade não se reduz a simplismos e moralismos baratos. Ela se apresenta, a todas as pessoas, com conotações complexas, ambivalências e até contradições incompreensíveis no trato direto. É necessário discernimento e muita paciência para se compreender e aceitar a própria sexualidade.

Assumimos, aqui, uma aproximação fenomenológica e existencial para integrar a complexidade de quaisquer discursos sobre a sexualidade. Um teólogo moralista não pode reduzir suas reflexões a um "moralismo teológico"; antes, deve aceitar os desafios e as complexidades como uma oportunidade de decifrar o código misterioso da vida que nos acompanha, inclusive em nossa sexualidade.

Buscaremos refletir sobre questões gerais a respeito da fenomenologia da sexualidade humana a partir dos seguintes tópicos: a fenomenologia e a complexidade da vida humana; o fenômeno da sexualidade na cultura atual: da repressão à libertação; ciência e sexualidade: avanços e perspectivas; o horizonte teológico e religioso na discussão sobre a sexualidade; incompreensões e simplismos acerca da sexualidade; e fé e razão no contexto da sexualidade humana.

2.1 A fenomenologia e a complexidade da vida humana

Entre as correntes mais influentes da filosofia do século XX, a fenomenologia aparece como uma das mais importantes. Inúmeros filósofos se valeram do método fenomenológico como fundamento para pensar e elaborar suas filosofias. Assim, a partir da leitura e da interpretação do método fenomenológico formulado por Edmund Husserl, autores como Max Scheler, Martin Heidegger, Jean-Paul Sartre, Maurice Merleau-Ponty, Emmanuel Lévinas e outros desenvolveram suas filosofias à luz desse "método de investigação", como diz Heidegger na obra *Ser e tempo*. Ou seja, "a expressão 'fenomenologia' significa, antes de tudo, um conceito de método" (Heidegger, 2006, p. 66).

A fenomenologia é o estudo das essências, e, segundo sua abordagem, todos os problemas se resumem à definição das essências – por exemplo, a essência da percepção ou a essência da consciência. No entanto, a fenomenologia é também uma filosofia que repõe as essências na existência, entendendo que não é possível compreender o ser humano e o mundo de outra maneira senão a partir de sua "facticidade". É uma filosofia transcendental que coloca em suspenso, para compreendê-las, as afirmações da atitude natural, mas é também uma filosofia para a qual o mundo já está sempre "ali", antes da reflexão, como uma presença inalienável, e cujo esforço todo consiste em reencontrar esse contato ingênuo com o mundo para dar-lhe, enfim, um estatuto filosófico. É a ambição de uma filosofia que seja uma "ciência exata", mas é também um relato do espaço, do tempo e do mundo "vividos". É a tentativa de uma descrição direta de nossa experiência tal como ela é, e sem nenhuma deferência à sua gênese psicológica e às explicações causais que o cientista, o historiador ou o sociólogo dela possam fornecer. E, todavia, Husserl, em seus últimos trabalhos, menciona uma "fenomenologia genética" e mesmo uma "fenomenologia construtiva" (cf. Merleau-Ponty, 1999, p. 1).

A fenomenologia como método radical, no sentido de abrir caminho para a realidade mais fundamental – as essências –, converte-se na disciplina que justificará todas as ciências de maneira mais rigorosa. A fenomenologia se constituiu, desde logo, num apelo àquilo que é imediato, mas a sua característica principal foi a de proceder com absoluta fidelidade ao modo de ser dos objetos. A fenomenologia tem por objeto as coisas que se manifestam ou se mostram, tais como se manifestam os fenômenos; nesse sentido, as coisas constituem aquilo que é rigorosamente dado, aquilo que eu encontro e que é, para mim, originalmente presente[8].

Para Husserl, o fenômeno é a consciência entendida como fluxo temporal de vivências, apresentando intencionalidade enquanto estrutura – ou seja, consciência de algo. A fenomenologia pro-

8. Essa é a percepção de Henry (2001a, p. 35-122).

cura examinar a experiência humana de forma rigorosa, como uma ciência descritiva (cf. Lima, 2014, p. 12). Dessa maneira, a reflexão se faz necessária, a fim de tornar possível observar as coisas tal como elas se manifestam e descrevê-las. É a investigação daquilo que é genuinamente possível de ser descoberto e que está potencialmente presente, mas que nem sempre é visto por meio de procedimentos próprios e adequados. É o encontro com *as coisas mesmas*.

A sexualidade tornou-se um objeto da fenomenologia. Ela pode ser analisada, verificada, compreendida e interpelada sob várias perspectivas distintas, e, mesmo assim, continuará sendo um fenômeno indescritível, até porque é uma dimensão estrutural do ser humano, ser de linguagem, de sentido e de incompletude. Se a fenomenologia é a reflexão ou o discurso sobre o que se é, a sexualidade, na atualidade, ao ser afrontada dentro de uma perspectiva fenomenológica, se apresenta como uma realidade da pessoa. Ela se impõe de modo a questionar todo tipo de visão anterior, restrita a um moralismo ou a partir da perspectiva de um único *ethos*.

Uma abordagem fenomenológica sobre a vida e a sexualidade propicia um alargamento de interpretações e interpelações. Esse viés, de caráter mais livre e aberto, oferece uma análise de inacabamento, de devir, de movimento constante, em que o vivido aparece e é sempre ponto de partida para se chegar a algo. De fato, a vida humana se caracteriza como uma eterna descoberta de sentido e de orientação axiológica. A sexualidade, dimensão interior e exterior, também se estrutura no ser humano, do nascimento à morte, enquanto uma forma de realização, projeção, alteridade e desdobramento.

Consideramos essencial analisar ou compreender a sexualidade humana a partir da fenomenologia. Acredita-se que é na consciência do sujeito em evolução e progressão constantes que o ser humano consegue voltar às coisas mesmas, à sua essência e ao sentido. Cabem contínuas interpretações e aprofundamentos sobre o seu lugar no mundo e na cultura. É verdade que esse ser recebe dos condicionamentos culturais e sociológicos muitos elementos que vão constituindo sua moralidade. Contudo, reconhecemos, à luz dessa impostação fenomenológica, que, na consciência do sujeito, há a emergência da descoberta pelos valores que devem orientar seu lugar na sociedade e no grupo. Para isso é necessário reconhecer que, em todo agrupamento humano, a sexualidade ora variou de uma aceitação livre e espontânea, ora foi objeto de repressões e tabus.

A sexualidade humana indica que o ser humano, por meio das diversas relações humanas, manifesta a necessidade de atenção e de afeto. A pessoa sente que é um ser aberto, misterioso e sedento de ser completado ou ampliado em várias direções. Por trás de uma "fenomenologia da sexualidade" percebe-se que brota do mesmo sujeito humano uma dependência e uma abertura que afetam toda a estrutura pessoal e interpessoal no contexto em que vive.

2.2 O fenômeno da sexualidade na cultura atual: da repressão à libertação

As sociedades humanas raramente compreendem a história que estão vivendo. Obscuros movimentos as animam, rupturas decisivas surgem, por vezes, a partir de suas profundidades, sem que sejam capazes, de imediato, de avaliá-las em sua justa medida, até porque as pessoas estão ocupadas e preocupadas em sobreviver e, às vezes, se reduzem ao imediato da existência.

Em toda cultura existem mecanismos particulares de controle social para o correto funcionamento da vida coletiva. Entre esses mecanismos é mister mencionar o da proibição para organizar a conduta em vista de determinado fim. A sexualidade humana tem seu sentido implicado por esses mecanismos: socialmente, ela tem sido regulada por meio de uma rígida malha de obrigações proibitivas, para evitar que a base instintiva que a sustenta se impusesse e que a arbitrariedade da conduta do indivíduo desagregasse o tecido social.

De todo modo, na sexualidade está presente uma ampla gama de significados humanos que nem sempre podem ser desdobrados no modelo biopsicossocial hodierno. Segundo o relatório de 2002 da Organização Mundial da Saúde (OMS), a sexualidade

> é expressa em pensamentos, fantasias, desejos, crenças, atitudes, valores, comportamentos, práticas, papéis e relacionamentos. Embora a sexualidade possa incluir todas essas dimensões, nem todas são sempre vivenciadas ou expressas. A sexualidade é influenciada pela interação de fatores biológicos, psicológicos, sociais, econômicos, políticos, culturais, éticos, legais, históricos, religiosos e espirituais (Organização Mundial da Saúde, 2002).

A sexualidade humana se apresenta com múltiplas facetas e significados. Seu sentido é muito mais abrangente do que a capacidade de elaborar caminhos de integração. Contudo, permanece ainda uma histórica marca de repressão sexual que pode ser considerada como um conjunto de interdições, permissões, normas, valores e regras, estabelecido histórica e culturalmente para controlar o exercício da sexualidade, pois, como inúmeras expressões sugerem, o sexo é encarado, por diferentes sociedades – e particularmente a nossa –, como uma torrente impetuosa e cheia de perigos: "estar perdido de amor", "cair de amores", ser "fulminado pela paixão", beber o "filtro de amor", receber as "flechas do amor", "morrer de amor" (cf. Chauí, 1984, p. 9).

O tabu tem função positiva de defesa de formas avançadas de degradação. A ausência de critérios valorativos pode conduzir à amoralidade ou à imoralidade. Já o excesso desse dispositivo pode levar a uma certa tendência de comportamentos neuróticos e até psicóticos. No Ocidente, a dupla tendência de repressão-tabu e de liberação-amor nunca atingiu um ponto de equilíbrio que conduzisse as pessoas a uma serena pacificação interior, até porque a sexualidade humana exige, para sua humanização, uma aceitação amorosa, menos conflitos e boa convivência social (cf. Giddens, 1993).

Podemos, aqui, mencionar um fato que ilumina e esclarece esse mecanismo a partir do prisma histórico. Grécia e Roma eram sociedades dominadas por homens, nas quais as mulheres eram consideradas inferiores a eles – na verdade, elas eram tidas como pertencentes aos homens, seus pais ou maridos. A atividade homossexual masculina era aceita em ambas as sociedades como função de um *ethos* patriarcal, e a atividade homossexual feminina era considerada adultério, pois as esposas eram propriedade de seus maridos.

A aprovação da atividade homossexual masculina não se devia ao fato de alguns homens terem uma orientação homossexual intrínseca – que era desconhecida naquele tempo –, mas porque os homens eram geralmente considerados mais bonitos do que as mulheres, e era razoável que um homem se sentisse atraído pelo mais belo. Contudo, é enganoso falar de relações sexuais entre homens. As relações aconteciam, mais frequentemente, entre homens e meninos. Essas relações deveriam parar quando o menino atingisse uma determinada idade, não porque as relações homossexuais *per se* eram problemáticas, mas porque a passividade masculina adulta era problemática naquelas sociedades (cf. Salzman; Lawler, 2012, p. 32).

Percebe-se que o fenômeno da sexualidade, nessas culturas antigas, tinha uma abordagem valorativa a partir de elementos sociológicos próprios de grupos. Não seria correto, moralmente, atribuir uma carga moralista, própria de sociedades "repressivas", a essas culturas mais "libertinas". Incorreríamos em um moralismo superficial e pouco coerente com uma análise científico-acadêmica.

Na história da sexualidade houve uma transição de um horizonte de visão medieval – em que o corpo era visto de um modo secundário – para o moderno – no qual o corpo passou a ser objeto de interesse da ciência –, e, posteriormente, para o contemporâneo – em que o corpo se tornou o centro da antropologia. Essa trajetória evidencia rupturas significativas e cisões de paradigmas humanos. Como em toda a história humana, existiram difíceis processos de compreensão e conflitos de moralidades e de visões religiosas (cf. Sohn, 2008, p. 109-154).

Esses processos de visões de mundo e de sexualidade não podem ser vistos de modo isolado, mas a partir do critério de evolução dos comportamentos e de perspectivas morais. Santo Agostinho, de modo particular, ocupou uma grande importância nessa passagem, já que com ele há uma "virada sexual" ocorrida entre a Antiguidade e a Idade Média cristã (cf. Costa, 1998, p. 133). Aprofundaremos esse tema em um capítulo sobre a sexualidade na tradição cristã.

Na cultura contemporânea destaca-se, como clara linha de tendência, o esforço – ambivalente em seus resultados, porém certamente positivo em seu intuito – de libertar a sexualidade da esfera do tabu para restituir-lhe dignidade e força de convencimento, sem recorrer a outras esferas de autoridade moral (cf. Guillebaud, 1999, p. 24).

Essa tendência não implica que a sociedade deva se defender de eventuais ideias destruidoras, nem que a pessoa possa ignorar sua responsabilidade social. A fonte de inversão da dimensão moral, no entanto, deve deslocar-se para níveis de conscientização e para a adoção consciente da própria responsabilidade pessoal. Trata-se de um caminho ainda incerto, em que a educação e a formação desempenham um papel fundamental.

De Freud aos contemporâneos, a questão do prazer, da sociedade e da sexualidade passou por um lento processo de redimensionamento. Para ele, de um lado, o único prazer verdadeiro é o sexual; de outro, a civilização humana se edifica sobre a repressão dos instintos. Freud já antevia, em seu tempo, que viver em sociedade supunha a renúncia à busca de certos prazeres, em proveito de satisfações substitutivas (cf. Durand, 1989, p. 20). Essa antítese entre o prazer e a sociedade constitui um tema essencial na sua célebre obra *O mal-estar na civilização* (cf. Freud, 2010).

Se a moral consiste em descobrir e dar um significado ao agir humano, é necessário tomar como objeto o prazer e a sua busca em si. Por trás do prazer há um dinamismo, um objetivo e uma expressão de vida que no fundo brota do mistério do próprio ser humano. Mais do que controlar ou propor outras formas de repressão, impõe-se restituir o seu sentido. Redescobrir o sentido do prazer e reintegrá-lo no centro do ser humano enquanto expressão da sexualidade e sua inteireza (cf. Plé, 1984, p. 171).

Dentro dessa caracterização sobre o fenômeno da sexualidade na cultura atual, os interditos-tabus e as libertações não importam muito. A moral, enquanto ciência complexa sobre o comportamento humano, deve alargar seu horizonte reflexivo e superar, quando é possível, as polarizações de grupos ou contextos próprios e situar a pessoa na responsabilidade pelas suas escolhas. Assim, é justo dizer que a moral não é dada: nem na perpetuação do passado nem na aceitação dos gritos da moda. Impõe-se escolhas e opções fundamentais.

2.3 Ciência e sexualidade: avanços e perspectivas

Uma das características mais marcantes da Modernidade é a transformação da vida a partir de uma visão centrada na ciência. Tanto numa dimensão material – em que produtos tecnocientíficos ocupam cada espaço da vida cotidiana – quanto num nível simbólico – enquanto princípio geral de explicação e referencial último do conhecimento confiável –, dificilmente se poderia superestimar sua importância. A ciência, inicialmente, permitiu uma análise do mundo a partir de um olhar empírico e verificador dos fenômenos tais como se impunham à sensibilidade.

É fato que, na transição da Idade Média para a Idade Moderna, nos séculos XVII e XVIII, o Iluminismo firmou-se como sendo o principal movimento intelectual do período. Desde então, a ciência configurou-se como o paradigma dominante da Modernidade, e as "luzes da razão" provenientes da virada paradigmática estabeleceram um cabedal de descobertas, respostas, inovações e técnicas. Outrossim, as benesses da ciência tornaram-se indiscutíveis, sobretudo na era tecnológica, na qual os avanços são cada vez mais velozes e líquidos.

A ciência moderna desvelou a sexualidade de modo muito corajoso e profundo. "Sexo" é uma palavra antiga; e "sexualidade" é uma expressão recente – apareceu em português na segunda metade do século XIX (1874) e se banalizou no início do século XX. "Sexualidade" quase sempre conota as noções de tendência, pulsão e libido. Convencionalmente, é empregada apenas nas ciências humanas. Na biologia, assim como no uso popular banal, fala-se de "sexo" (cf. Gayon, 2002, p. 73).

A maioria dos seres vivos tem reprodução sexuada. Um certo número de espécies – particularmente os vegetais, mas também alguns animais – tem a capacidade de se reproduzir de maneira assexuada, mas, na maior parte do tempo, essas espécies usam, simultaneamente, a reprodução sexuada e um modo ou outro de reprodução assexuada. Poucas espécies ignoram a reprodução sexuada. Há casos em vários grupos vegetais e animais, mas essa situação sempre é limitada a algumas espécies dentro de um grupo. Isso, tradicionalmente, levou os biólogos a pensarem que a reprodução obrigatoriamente assexuada – de fato, muito rara e, sem dúvida, difícil de se estabelecer – sempre é um caráter recente nos grupos taxonômicos em que é observada, e que os organismos totalmente assexuados descendem de espécies que utilizavam a reprodução sexuada.

A ciência, com sua maneira de abordar as coisas – explicando os mecanismos concretos e naturais –, não se opõe à revelação, com seu respectivo modo de falar do mistério e da fé. É possível uma salutar conciliação, e até mesmo uma integração, embora haja algumas resistências. Em linhas gerais, a ciência tem como pressuposto básico a desconfiança das evidências, dos palpites e das rápidas absolutizações sobre o real e sobre a sua abordagem em si (cf. Moser, 2003, p. 29).

É verdade que a ciência não resolve o duro drama da existência em seu sentido de finitude nem de transcendência. Ela explica, analisa e diagnostica o real tal como se apresenta com suas interpelações candentes ou não. Mas a dimensão mais metafísica busca dar conta da ideia de que o ser humano é capaz de sair de si mesmo, sobrevoar todo o mundo da experiência, avaliar e julgar o presente e o passado e antecipar o futuro, porque traz em si um elemento de imaterialidade, ou melhor, de espiritualidade (cf. Mondin, 2008 p. 270).

Com a introdução da perspectiva da ciência, a partir do renascimento, sua autoridade passa, progressivamente, a se estender sobre vários domínios da vida humana. As concepções científicas sobre o que seria a natureza humana não poderiam deixar de incluir as esferas do gênero e da sexualidade, tomando, progressivamente – ainda que de maneira incompleta –, o controle da religião organizada.

A relação entre sexualidade e ciência pode ser analisada de forma parcialmente semelhante – e, ao mesmo tempo, distinta – daquela que marca a relação entre gênero e ciência. Um dos caminhos possíveis para essa análise consiste, naturalmente, em uma abordagem histórica sobre a geração do conhecimento a respeito da sexualidade. Nesse marco, as colocações do filósofo pós-estruturalista Michel Foucault, no sentido de que a sexualidade é um discurso moderno sobre o erótico/sexual (e não um atributo da biologia, ou uma descrição "científica" sobre tal suposto atributo), tiveram uma grande influência nos debates dos anos de 1970 e 1980 e, de algum modo, marcaram a reflexão sobre sexualidade dos últimos trinta anos (cf. Camargo; Rohden; Cáceres, 2011, p. 138).

Sem dúvida, Foucault foi um dos pensadores-chave – sobretudo através de sua obra *História da sexualidade* (1976) – na delimitação da concepção contemporânea sobre sexualidade, incluindo: 1) a identificação do momento em que "sexualidade" como expressão começa a ser utilizada, assim como as formas que, desde outras perspectivas filosóficas, tomaram a produção de conhecimento sobre o erótico/sexual (por exemplo, o discurso sobre erotismo na Antiguidade e o discurso sobre virtude no Medievo); 2) o papel da produção de um discurso sobre sexualidade como um mecanismo de controle dos corpos; e 3) a possibilidade de ver a sexualidade como um dispositivo complexo que, justamente, definiu uma ordem social no referente ao erótico/sexual e à reprodução durante os primórdios da Modernidade.

Essa ideia sobre o sentido da construção de um discurso a respeito da sexualidade colocou em crise uma visão científica, no sentido "pragmático", e revelou a necessidade de compreender problemas nem sempre capturados pelas ciências. A resposta global à epidemia de HIV/Aids definiu, nas últimas três décadas, uma linha adicional de geração discursiva sobre a sexualidade. Esta se gerou, desde o início dos anos de 1980, sobretudo: 1) na investigação epidemiológica a respeito de condutas sexuais associadas ao risco de infecção pelo HIV; e 2) na investigação psicológica cognitiva sobre fatores associados a condutas sexuais "de risco" (por exemplo, os estudos "de conhecimentos, atitudes e práticas") e estratégias educativas para modificar essas últimas. No início dos anos de 1990 houve um impulso maior à investigação qualitativa sobre sexualidade e risco, a partir da antropologia, e os estudos envolvidos enfatizaram as culturas e os significados sexuais. Muito se escreveu sobre o fracasso dos esforços iniciais de abordar a prevenção de forma universal por meio de modelos cognitivos para a mudança de condutas, no que partiam de uma série de pressupostos problemáticos, tais como: 1) a conduta sexual humana varia da mesma forma e entre os mesmos limites em todas as culturas; 2) os significados sexuais são os mesmos para todos; e 3) a conduta sexual está determinada cognitivamente e pode ser modificada mediante estratégias cognitivas (cf. Camargo; Rohden; Cáceres, 2011, p. 140).

Essas e outras características levam tanto a confiar na importância da ciência na compreensão da sexualidade quanto, em alguns momentos, a adotar uma postura crítica diante de tantos avanços. Uma prudência criativa e corajosa é sempre necessária no contexto da realidade da pessoa e de sua realização.

2.4 O horizonte teológico e religioso na discussão sobre a sexualidade

No contexto de compreensão da sexualidade como um fenômeno humano amplo, complexo e polivalente está o trabalho do teólogo moralista, que é chamado a se posicionar e desdobrar o significado da sexualidade no contexto contemporâneo. Ele não é um simples repetidor mecânico de um conjunto axiológico que uma determinada tradição religiosa apresenta sobre a sexualidade.

A vocação do teólogo consiste em interpretar os dados da revelação e os dados fenomenológicos sobre a sexualidade e apresentar a beleza do amor divino e humano presentes nessas forças vulcânicas da pulsão sexual. Ele há de se posicionar e propor uma reflexão aberta, audaciosa, mas, ao mesmo tempo, prudente e equilibrada, respeitando a consciência e a verdade presentes na vocação pessoal. Para isso, cabe ao teólogo aprofundar a dimensão mais existencial da sexualidade humana e "desencadear processos de discernimento que fazem emergir a pluralidade de vozes e de perspectivas sobre o mistério da vida humana" (Martínez, 2024, p. 36).

Sabe-se que o cristianismo, antigamente, junto aos teólogos, ocupava um lugar preponderante na cultura e na opinião pública. Havia inspirado muitas obras no campo da literatura, da moralidade, da música e em todos os planos da convivência humana. A ruptura cultural que ocorreu nas últimas décadas excluiu o cristianismo do debate social. Para muitos contemporâneos, o cristianismo foi marginalizado. Junto a esse diagnóstico complexo, a sexualidade também foi "dessacralizada" e "secularizada" (cf. Duquoc, 2006, p. 24).

No campo da "moralidade", o lugar do teólogo foi sempre marcado por conflitos, discussões acirradas, algumas vezes suspeitas e até acusações recíprocas e violência. Em face da moral sexual há duas atitudes fundamentais em teologia cristã católica: a conservadora e a reformista. Cada uma tem os seus defensores, em todas as épocas e em todas as circunstâncias eclesiais localizadas.

Os que defendem a atitude conservadora mostram um meticuloso respeito pela herança cristã. Toda palavra do magistério representa a verdade para sempre. Opõem-se praticamente a toda mudança. A Igreja não se engana, a verdade não pode ser mudada. É especialmente irreversível o que foi fixado por Pio XII antes do Vaticano II. Essa atitude frequentemente se associa ao hábito de proclamar as normas sem o cuidado de uma pedagogia, de encaminhamento. Condena-se o mundo moderno com toda facilidade: qualifica-se de perversão o erotismo, os desvios, os envolvimentos sexuais extraconjugais e comportamentos que exigiriam uma análise mais concreta e reflexiva. Essa atitude, talvez derivada do medo infantil da mudança, arrisca-se a amarrar a Palavra de Deus a um fato cultural, a um estado da civilização, a uma linguagem, a uma formulação. Arrisca-se a congelar a Palavra de Deus. A atitude conservadora – por desejar opor-se aos excessos do mundo moderno, por querer continuar fiel à Palavra de Deus – se esquece de que essa palavra se dirige também ao ser humano moderno de hoje (cf. Durand, 1989, p. 24).

Em oposição à atitude conservadora, abre-se todo um leque das atitudes reformistas. Preocupados com o momento presente da Palavra de Deus, certos teólogos fizeram uma opção manifesta em favor do mundo moderno e tratam não de adaptar, mas de compreender as exigências que a Palavra de Deus faz, hoje, sobre a sexualidade. A reflexão vai no caminho de dar atenção às descobertas científicas: em psicologia, em biologia, em genética, em sociologia, em antropologia e na condição real das pessoas. Além de renovar a linguagem, busca-se também reformar o conteúdo. O risco dá-se em fazer com que a teologia e a fé sejam correlatas aos costumes, não aprofundando a exigência da experiência de fé (cf. Durand, 1989, p. 25). Nesse caso, o pontificado do Papa Francisco deu uma grande contribuição a partir da chave do discernimento, cuja óptica está em escutar e estudar a situação particular com critérios mais alargados e aprofundados à luz da longa tradição cristã.

Ambas as posições, se radicalizadas, podem ser prejudiciais para a consciência das pessoas e para a unidade da comunidade eclesial. Não cabe ao teólogo moral – principalmente no campo da moral sexual – extrair a conflitualidade presente nas situações práticas, mas, acima de tudo, refletir e propor com coragem e profundidade interpretações viáveis e deixar à consciência humana a última palavra.

É necessário que a teologia moral – e a sexual, em particular –, para elaborar sua reflexão, assuma uma pluralidade articulada de lugares teológicos: a Sagrada Escritura, a tradição, a liturgia, o magistério, o *sensus fidelium* e a lei "natural" ou racional. Cada um desses lugares tem uma especificidade que lhe dá uma autoridade própria. Essa autoridade, na visão católica, só se sustenta dentro de um sistema de devolução. Por exemplo, a interpretação da Sagrada Escritura remete à autenticação por um magistério que, por sua vez, só tem plenamente sentido em seu vínculo com a "recepção" das múltiplas igrejas, as quais têm o dever de escutar também as lições das leis racionais etc. Na tradição católica, atitudes exageradas não se sustentam de modo integral. Fazer teologia moral sexual nunca é se autorizar por um único lugar teológico (cf. Thevenot, 2008, p. 68-69).

Ao teólogo moralista cabe, com ousadia e inteligência, escutar a intuição das situações concretas para se libertar das duas grandes patologias que espreitam a reflexão ética, a saber: a submissão pura e simples a uma autoridade isolada – seja ela de carne ou de texto – e a recusa da história em sua tríplice dimensão – passado, presente e futuro. Cabe ao teólogo, principalmente na moral sexual, unir os autênticos lugares teológicos, integrando-os, discernindo-os e interpretando-os nas situações particulares, sem se isolar numa única óptica que dê segurança imediata.

Do ponto de vista cristão, a moral tem radicalmente uma dimensão eclesial, e não apenas pessoal ou individual. O esforço moral nunca é apresentado com o agir de um indivíduo que, só pela sua vontade, procura se libertar na singularidade de seu ser. Esse esforço, à luz da fé cristã-eclesial, é percebido como o fruto da liberdade no espírito que toma um indivíduo, sempre como membro de uma comunidade eclesial, para conduzi-lo a reconhecer plenamente a sua filiação adotiva.

Assim, pode-se dizer que o específico cristão de uma concepção ética e antropológica é o assumir de uma nova qualidade humana manifestada em Jesus Cristo. Portanto, a cristologia torna-se um impulso para uma concepção ética humanística, na medida em que nela se estabelece uma ligação entre fé na encarnação e na antropologia aberta à relação. A encarnação de Jesus Cristo implica a aceitação da natureza humana como critério do agir moral.

2.5 Incompreensões e simplismos acerca da sexualidade

Durante muitos séculos, acreditava-se que o melhor modo de desenvolver uma reflexão teológico-moral era partir, de maneira explícita, dos textos bíblicos. Para muitos, iniciar por dogmas – como a trindade e a cristologia – daria uma maior fundamentação própria à moralidade dos cristãos. O fato de que a Igreja convidou os teólogos moralistas a retornar às fontes da revelação, a fim de "repensar" o método em teologia moral, implica não apenas a volta à Sagrada Escritura, à tradição e ao magistério, mas, acima de tudo, uma atenção ao modelo de interpretação (cf. Geffré, 1983) e cautela para não se chegar a conclusões apressadas a partir de leituras simplistas, sem as ferramentas adequadas.

A hermenêutica bíblica fez amadurecer uma atitude de respeito pelo texto sagrado que não pode ser instrumentalizado a partir de simples pressupostos do leitor, sem emergir também naqueles do autor sagrado. No que tange às normas morais específicas, nenhum teólogo, hoje em dia, busca, nos textos sagrados, uma leitura apressada e "simplista" para aplicar em situações particulares. Há um amplo consenso entre os teólogos católicos romanos quanto ao exercício do magistério universal ordinário: a Igreja nunca ensinou infalivelmente no âmbito de normas morais concretas (cf. Genovesi, 2008, p. 73).

Admite-se, de modo geral, que a posição do magistério em matéria de moralidade – e de sexualidade – é a de que a última palavra cabe sempre à pessoa, chamada a fazer um discernimento sério, verdadeiro, reto e profundo de suas decisões. Essa postura eclesial é proveniente de uma visão menos simplista e mais complexa, originada, principalmente, a partir do Concílio Vaticano II. Segundo Sullivan (1991, p. 60):

> [...] Além das normas morais totalmente universais, de um tipo abstrato [...], dificilmente há normas particulares ou individuais de moralidade cristã que podem

> ser proclamadas pela autoridade doutrinal ordinária ou extraordinária da Igreja de modo a serem inequívocas e certamente declaradas como tendo a força de dogmas.

Há uma postura semelhante do teólogo norte-americano Charles Curran no que se refere à impossibilidade de pronunciamentos morais infalíveis. Segundo ele:

> Nunca houve um pronunciamento ou ensinamento infalível a respeito de uma questão moral específica; a própria natureza das ações morais específicas torna impossível, a meu ver, haver qualquer pronunciamento infalível nessa área (Curran; McCormick, 1982, p. 113).

Essa abordagem decorre de uma grande importância atribuída à consciência bem-formada da pessoa na decisão de seu ato moral. Essa consciência representa tanto a dignidade da pessoa quanto a responsabilidade por sua ação moral. Se antes essa perspectiva não era tão desenvolvida, no contexto de uma sociedade pluralista e tolerante, respeita-se profundamente a vida real da pessoa e a sua sagrada capacidade de decisão. Isso implica que, em questões de sexualidade, nenhum simplismo ou incompreensão moral pode se dar de modo absoluto, mas sempre de maneira provisória e gradual.

Os padres conciliares veem a consciência como o lugar hermenêutico privilegiado em que se revela o projeto de Deus com o ser humano, o sacrário mais íntimo do indivíduo, seu centro mais oculto, do qual brotam todas as decisões morais individuais (*Gaudium et Spes*, n. 16). Pressupõe-se, portanto, tacitamente, que, no ser humano, há uma imediata e vívida consciência de Deus, uma espécie de contemplação espiritual que supera todo o tipo de experiência empírica. Na consciência são captados, com uma certeza infalível, os primeiros princípios da moral, subtraídos à discrição do ser humano e reconhecidos como algo que o próprio Deus estabeleceu (cf. Demmer, 1999, p. 30), mas dela não se pode deduzir normas específicas que brotam das inúmeras possibilidades de realização concreta da pessoa.

A complexidade da vida moral do sujeito faz parte de sua grande possibilidade de decidir, mesmo que erre ou esteja incapacitado de agir. É por isso que o Vaticano II preferiu falar em "educação" e em "formação", em vez de "normas" para a consciência em sua vida concreta. O magistério eclesial sublinha a necessidade de formar a consciência, tarefa que dura a vida inteira. Esse processo educativo e formativo da consciência, obviamente, não substitui a irrenunciável busca pela elucidação dos princípios morais oferecidos pela autoridade do magistério. É verdade que o indivíduo pode facilmente cair na armadilha de seus próprios preconceitos e egoísmo. O magistério, nessa perspectiva, tem um caráter mais pedagógico e propositivo, principalmente no contexto dos novos cristãos, que precisam de um acompanhamento mais personalizado e criativo.

Uma compreensão simplista sobre o papel do magistério correria o risco de retornar a um enfoque empobrecedor de caráter heteronomista, sem uma verdadeira busca autônoma pela verdade moral da pessoa e do valor a ser vivido. O magistério – enquanto parte da dimensão objetiva da moralidade – não pode ser interpretado e assumido como critério único e exclusivo de discernimento e prudência pastoral no campo da sexualidade. Ao mesmo tempo que as pessoas devem se deixar interrogar pelas normas morais objetivas, também devem ser interrogadas na realidade concreta vivida por elas (cf. Almeida, 2022, p. 46).

Assim, superar todo tipo de simplismo ou apressamento na busca por normas morais objetivas exige uma pastoral que se comprometa com o discernimento e o acompanhamento das pessoas em sua condição concreta. Do magistério capta-se a ideia de que é necessário fazer a passagem de uma interpretação repressora e negativa para um processo de educação moral dos desejos e da própria sexualidade.

2.6 Fé e razão no contexto da sexualidade humana

O diálogo entre fé e razão foi sempre cultivado pelo cristianismo e por grandes teólogos e teólogas ao longo da história. A teologia cristã nunca negou que o ser humano fosse um "animal" dotado de razão e sempre pretendeu sustentar ela mesma um discurso razoável, ainda que não seja primeiramente ao animal racional que seu discurso se dirige, mas a um animal pecador e mortal ao qual ela anuncia uma salvação. Do ponto de vista da moral de inspiração cristã, foi sempre importante afirmar a dimensão de uma razão humana aberta ao mistério da fé em Deus, já que é nela que a pessoa é chamada a decidir com consciência e responsabilidade.

O cristianismo conheceu, do passado até hoje, tentativas de defesa racional da fé, mas em contextos bem diferentes. À medida que a fé cristã se defrontava com a filosofia grega, com a cultura romana, com a visão dos povos bárbaros, com as questões racionais da escolástica e com a Modernidade, ameaças e novas questões desafiavam os teólogos (cf. Libanio, 2014, p. 55). Lentamente, foi se criando a necessidade de "dar razões ao que se crê", buscando comprovar ou argumentar à luz de uma racionalidade que se abria à graça.

Desde os primórdios, buscava-se tornar acessível à "fé que busca inteligência" aquele princípio primeiro, originário de todo o processo: Deus. Com o tempo, devido à necessidade argumentativa, catequética e mística, enfatizou-se a ideia de que a fé, embora seja o objeto profundo, capaz de professá-lo apenas por revelação e um dom, nem sempre assumiu a razão, isto é, a capacidade humana de ter fé, como uma resposta articulada e equilibrada. Aos poucos, foi sendo assumida a visão metafísica de Deus, distanciando-se da revelação histórica de Deus em Jesus Cristo (cf. Lafont, 2000, p. 21).

De fato, o Antigo Testamento apresenta uma imagem de Deus passional, na qual há lugar para a piedade e a cólera, em que Deus reage com misericórdia e justiça, mas também, às vezes, com indignação ante os acontecimentos históricos. Trata-se de um Deus que aparece implicado na contingência da história como interlocutor do ser humano, e os inevitáveis antropomorfismos dessa concepção de Deus se colocam a serviço da história, entendida como aliança entre a divindade e a humanidade. O Novo Testamento continua com essa imagem veterotestamentária e com a espiritualização de Deus. Desde sua compreensão a respeito do Deus encarnado, radicaliza a importância do homem e da história, a transcendência e, simultaneamente, a imanência da divindade (cf. Estrada, 2003, p. 72).

Já Paulo coloca o problema entre fé e razão no contexto presente em suas cartas. Os gregos buscam a "sabedoria", e a afirmação central do querigma cristão só pode lhes parecer como "loucura" (1Cor 1,22s.). No campo da experiência que Paulo nomeia o "mundo", o homem vive "sem Deus", "ateu" (Ef 2,12). E se Deus permanece, em certa medida, cognoscível pelo pagão e pela razão pagã, os raciocínios (*dialogismoi*) desta se revelam "vãos" e lhe impedem de tratar Deus como deve ser tratado: o uso da razão ligado à vida do coração, e o coração "ininteligente" (*asynetos*) do pagão "enlouquece" sua razão (Rm 1,18-22). O *status* teológico da razão, portanto, só pode ser determinado em referência ao da fé, a qual faz obra de conhecimento e é capaz de dar conta de si mesma usando o *logos*. Mas ela só conhece baseando-se num dom – numa "revelação" que torna acessível ao homem o que lhe é inacessível nativamente. Uma vez admitido o fato de uma fé (*pistis*) que dá a conhecer (que abre o campo de uma gnose), e podendo a teologia definir a sua tarefa como a de uma "inteligência" *fides quaerens intellectum*, a questão das limitações essenciais à razão "natural" deve, portanto, ser uma preocupação central para a teologia (cf. Lacoste, 2004b, p. 1489-1490).

Fé e razão não se opõem, mas se compenetram à medida que o espírito humano se abre à beleza do infinito da Revelação que se dá ao ser humano de modo gradual ou paulatino. São inspiradoras as palavras de João Paulo II a respeito dessa estreita relação. Diz ele:

> A capacidade reflexiva própria do intelecto humano permite elaborar, por meio da atividade filosófica, uma forma de pensamento rigoroso, e assim construir, com coerência lógica entre as afirmações e coesão orgânica dos conteúdos, um conhecimento sistemático. Graças a tal processo, alcançaram-se, em contextos culturais diversos e em diferentes épocas históricas, resultados que levaram à elaboração de verdadeiros sistemas de pensamento. Historicamente isso gerou muitas vezes a tentação de identificar uma única corrente com o pensamento filosófico inteiro. Mas, nesses casos, é claro que entra em jogo uma certa "soberba filosófica", que pretende arvorar em leitura universal a própria perspectiva e visão imperfeita. Na realidade, cada sistema filosófico, sempre no respeito da sua integridade e livre de qualquer instrumentalização, deve reconhecer a prioridade do pensar filosófico de que teve origem e ao qual coerentemente servir (*Fides et Ratio*, n. 4).

A partir do século II d.C. encontra-se, na literatura teológica, uma tendência crescente de ressaltar a impassibilidade de Deus e de sua distância do cosmo e da história sob a influência da filosofia grega. Recusa-se que se pode atribuir a Deus sentimentos, pois estes implicam uma mudança que é incompatível com a ideia cultural de uma divindade imutável. Dessa forma, a concepção grega do divino se funde com a visão judaico-cristã à custa de eliminar dimensões dessa última que não se encaixam com os postulados socioculturais sobre a divindade.

O sentido da fé que é confiança e assentimento total ao mistério imperscrutável foi sendo substituído por uma visão que exigia a comprovação e a materialização do que se acreditava. Essa perspectiva, paulatinamente, impôs-se na cultura moderna, no contexto da cultura racionalista. De fato, o racionalismo reduzia a razão a uma de suas formas ou funções: a razão cartesiana das "ideias claras e distintas" – "razão representativa" ou "calculante" –, que levou à "razão instrumental" e, em concreto, à "razão técnico-científica". Para a razão racionalista ou da ilustração, naturalmente, não havia lugar para a fé. A razão era a luz, e a fé, as trevas – as trevas dos "mistérios" incompreensíveis. Portanto, não havia lugar também para a teologia, como "ciência séria". Negando a sabedoria, Descartes, sem querer, negava a possibilidade da teologia como ciência (cf. Maritain, 1932).

Assim, a razão não é uma grandeza soberana, posta defronte à fé, mas uma realidade que a fé pode incorporar e medir. Não é só a razão que questiona a fé; é também – e muito mais – a fé que questiona a razão, justamente a partir de uma "razão superior", a divina. Tanto mais que a razão, além de contingente – porque criada –, é uma razão "ferida" por causa do "pecado" (cf. Bouyer, 1979).

No que se refere à sexualidade – sempre vista como uma energia globalizante que perpassa todos os momentos e todos os ângulos da pessoa e da história humana –, ela pode integrar ou desintegrar essa força misteriosa que atravessa a razão e a fé no interior do ser humano. Do ponto de vista teológico, ela pode ser caracterizada como um dom divino a ser sabiamente administrado, apontando para a quebra do isolamento e a consequente personalização. O sentido teológico da sexualidade aponta sobretudo para a socialização. Por trás dessa energia obscura esconde-se a possibilidade do grande sonho de Deus se fazer real. Esse caminho de integração da experiência fé-razão indica a derrubada das fronteiras que dividem as pessoas e as conduz para uma amizade e uma fraternidade.

A relação entre fé e razão, no contexto da sexualidade, depende muito dessa consideração que se pode compreender enquanto força ambígua e ser integrada e edificada no conjunto da personalidade. Assim como a fé aponta para o mistério divino e humano e a razão atua como instigadora desse processo, a sexualidade interpela o processo de personalização. Em qual sentido? Ela pode ser um caminho de integração pessoa-sociedade, mas também pode ser um caminho de desintegração, quando o prazer comanda a vida, e não o contrário (cf. Moser, 2007, p. 55).

Na relação entre fé e razão é fundamental afirmar que a ética é influenciada pela razão, ou a razão é informada pela fé. Não a razão substituída pela fé, nem a razão sem fé, mas a razão fundada e informada pela fé em perspectivas, temas e intuições associados à tradição cristã. Em teologia moral, a fé é integrada no "compromisso ético" por meio de um simbolismo religioso que ajuda a moldar a ética cristã. Esse simbolismo não põe em causa a consistência fundamental do humano, pois "a ordem moral humana permanece humana mesmo depois do advento do cristão, e a ordem moral humana permanece humana mesmo quando intervém no compromisso ético do cristão" (McCormick, 1989, p. 206).

2.7 Considerações finais

Neste capítulo analisamos o que é uma abordagem fenomenológica da sexualidade humana. Ela é exigente e multivetorial, pois exige uma retomada panorâmica de vários saberes e várias construções de "verdade" sobre o que é a pessoa e sua sexualidade, para depois articular esses conhecimentos na dita "verdade constitutiva da pessoa". A cultura atual, embora aberta a pluralidades e eticidades, também revela uma carência de unidade metafísica sobre o que significa a pessoa no seu todo. Contudo, não se pode negar que essa realidade denuncia as várias formas de repressão e de incompreensões.

A ciência, quando aberta à totalidade da pessoa – e não às fragmentações e aos relativismos –, oferece uma grande ajuda aos mecanismos de repressão e de libertação desencadeados ao longo da história. É verdade que a "religião" – não a teologia em si – nem sempre ofereceu uma visão personalista sobre a sexualidade humana. Todavia, é tempo de voltarmos a dialogar e estreitar os laços epistêmicos e metodológicos, rumo a uma visão integral acerca da pessoa humana.

No capítulo, ainda, enfatizamos que, embora existam "incompreensões" e "simplismos" históricos sobre a sexualidade, as ciências, a teologia e um saudável e equilibrado diálogo entre fé e razão não obstaculizam esse aprofundamento. Antes, promovem uma saudável busca pela verdade da sexualidade ainda a ser descoberta e interpretada sob vários aspectos diferentes.

Enfim, uma abordagem fenomenológica da sexualidade humana é necessária e urgente nos tempos atuais. Essa acentuação desconstrói visões simplistas, radicais e integristas sobre a pessoa e sua sexualidade. Esse acento privilegia uma escuta sincera e dócil sobre esta verdade humana, ainda desconhecida, reprimida e eternamente interpelante a todos nós: a sexualidade.

3
Fundamentos antropológicos e perspectivas personalistas

O comportamento sexual, desde a Idade Antiga até a contemporaneidade, sempre foi um tema controverso e polêmico, e, por isso, objeto de crenças e tabus. No curso da história, as atitudes em relação à sexualidade foram ora mais liberais, ora mais proibitivas, duas posições que se revezaram ao longo do tempo. Os contextos social, econômico, político, cultural, religioso, ideológico e relacional influenciam largamente a visão de sexualidade em dado período. Pode-se notar, pois, que algumas verdades foram sendo questionadas e outras surgiram; porém, o comportamento sexual nunca deixou de ser um foco de discussões.

Na atualidade, a sexualidade – aliás, a pessoa com sua complexa dificuldade de integração da força sexual – vive de dificuldades, mas de inúmeras descobertas e possibilidades para a melhor busca de um processo de personalização. É verdade que o mundo contemporâneo tem como características básicas o individualismo, o consumismo e o imediatismo. Por outro lado, amplia-se também a busca pela inclusão da diversidade, pela flexibilidade, pela fluidez das relações e pela ampla facilidade de encontros. Neste capítulo, busca-se compreender a questão do amor e da sexualidade no contexto da Modernidade e da Pós-modernidade; uma visão integral da pessoa e da sexualidade; as dimensões da própria pessoa e de sua sexualidade – biológica, psíquica/psicanalítica e sociocultural –, e a relação entre moralismo e ética sexual, com o intuito de perceber as mudanças em torno do comportamento sexual e sua situação na atualidade.

É certo que a fragmentação e a dificuldade de uma visão global se impõem no atual contexto. Todavia, ampliam-se as análises por uma visão mais integral e holística do ser humano. Nessas buscas surge a necessidade de uma abordagem que integre as várias facetas da sexualidade humana dentro do amor e apresente uma análise que supere os antigos moralismos e reacionarismos nesse campo de reflexão.

3.1 A sexualidade e o amor na Modernidade e na Pós-modernidade

O amor é uma realidade fundamental para os seres humanos, e é necessário compreendê-lo não só na óptica humana em geral, mas principalmente na cristã. A respeito do fato de o amor ter tantas faces distintas, precisamos focalizar a atenção no que melhor identifica e explica o tipo de amor que constitui nossa vocação humana. A revelação da vida de Cristo sugere que o centro do verdadeiro amor humano e cristão se encontra no desejo e na vontade de viver criativamente a serviço da satisfação dos outros.

Todo amor origina-se da experiência na qual tomamos consciência de sermos atraídos para fora de nós mesmos, em direção aos outros, de uma forma que diz claramente: quero viver e existir para você. Podemos também querer viver e estar com as pessoas que amamos, mas isso não é essencial à experiência do verdadeiro amor, que nos possibilita existir para os outros até quando não podemos ou não queremos estar com eles. É importante entendermos por que nosso desejo de viver ou estar com alguns outros não é, por si só, indicação de que os amamos (cf. Genovesi, 2008, p. 29-30).

A palavra "amor" se refere a realidades muito diversas, que podem mudar substancialmente seu conteúdo. Amor é o que existe entre os membros de uma família humana ou de uma comunidade religiosa, isto é, o sentimento que se apoia em vínculos de sangue ou em vínculos de fé. Amor é o que deriva de uma amizade baseada na estima e na simpatia mútua. Chama-se também de amor o sentimento humano que brota de uma determinada consciência sobre a fraternidade universal ou de uma sensibilidade especial para com os pobres ou para com os valores como a paz e a harmonia, a bondade e a beleza. Entende-se também por amor o que sente entre si um casal de noivos, de esposos ou de amantes (cf. Flórez, 2008).

Ao longo da tradição cristã ocidental, a experiência humana do amor sempre foi refletida em relação com o desejo sexual. Uma moralidade restrita do ato sexual empobrecia uma visão mais profunda do interior da pessoa e da dimensão do desejo e da vida erótica do sujeito. As três conhecidas manifestações do amor – erótico, amizade e ágape – nem sempre foram consideradas de modo equilibrado e integradas entre si. As culturas moderna e pós-moderna, além de partirem do dado imanente e real, próprios da percepção física, não apenas radicalizaram a separação dessas experiências, mas também deram grande atenção ao amor erótico.

Nas nossas sociedades ocidentais liberais – diferentemente daquelas centradas no controle do amor, da sexualidade e dos corpos –, generaliza-se, no imaginário coletivo, na mídia e na publicidade, uma força sexual que orienta a afetividade das pessoas. Essa pulsão sexual tende a se generalizar, sem complexos, por toda a parte, em que belos corpos desejam outros belos corpos e se empenham para manter-se saudáveis. A "tirania" da beleza estética, motivadora da pulsão sexual e de vínculos centrados num amor menos estabilizado, dita a tendência e as buscas dos novos sujeitos pós-modernos (cf. Menezes, 2008). Essa tendência cultural-civilizacional não esgota a possibilidade de buscar o amor como sentido último para a vida humana.

A experiência profunda que constitui a pessoa tem formas distintas. Enquanto sentimento especificamente humano, o amor significa uma adesão desejada (prazerosa) a alguém ou a alguma coisa. Não é simplesmente desejo de alguma coisa que alguém aspira a ter, mas sentimento que se satisfaz e se recria também na posse. O amor humano, enquanto sentimento que brota do fundo do coração, tem sempre como objeto de posse ou de desejo alguma coisa que a pessoa considera boa para si. Entre o amor – que é expressão de uma vontade interior – e o bem – que é a razão/forma sob a qual o ser humano busca o que busca – há uma íntima relação que tem seu fundamento na própria natureza humana, ordenada para o bem, como a filosofia reconhece[9].

O amor erótico não é uma simples *philia*, uma "amizade" – como se costuma traduzir esse termo –, nem uma forma de ágape, um amor dedicado a outrem enquanto ser humano. *Eros* é a mais poderosa e a mais característica das emoções humanas; trata-se do desejo ardente de estar unido – alma e corpo – ao ser humano. É por isso que não se pode estar apaixonado sem saber por quem. Amar, a partir dessa perspectiva, é sempre amar "esta pessoa", "aqui", "agora" (cf. Marzano, 2012, p. 78).

Não se pode negar que a orientação do *eros*, num contexto moral de uma relação estável e perene (o casamento), entra em crise na Modernidade. Da moral estoica, que defendia a procriação como finalidade e justificação do casamento, passamos à cultura da erotização. A valorização do amor individual, presente na ideo-

---

9. Sobre a profundidade e o sentido do amor, é extremamente relevante compreender a perspectiva que Santo Tomás de Aquino apresenta sobre isso. Ele foi o primeiro teólogo a introduzir, em sua teologia, um verdadeiro tratado sobre as paixões. Para ele é possível compreender o amor humano (paixões) e o amor divino (ágape), também chamado de caridade. O amor humano, no contexto das paixões, é um meticuloso estudo sobre os apetites: o natural, o sensível e o espiritual. Segundo ele, o apetite não é instinto, mas uma inclinação, uma tendência, uma orientação para um fim. Cf. Crispiero (1994).

logia burguesa, estabelece o casamento por amor, amor-paixão, com predomínio do erotismo na relação conjugal. Esse novo ideal de casamento impõe aos esposos que se amem ou que pareçam se amar e que tenham expectativas a respeito do amor e da felicidade no matrimônio (cf. Ariès, 1987).

Segundo Ferreira (2001), na transição da sociedade antiga para a moderna, a divisão do trabalho, a industrialização e a urbanização foram responsáveis por fazer com que o indivíduo perdesse seus vínculos com a sociedade. Devido à falência das instituições ou dos laços primários que forjam a sociedade e sociabilizam os indivíduos, as pessoas se tornaram frágeis e isoladas, o que possibilitou que os meios de comunicação culturalmente criados ganhassem função de reinserir esses indivíduos na sociedade a seu modo.

O sujeito pós-moderno está caracterizado, atualmente, pelo individualismo, que decorre da lógica em torno do mutável e da necessidade de escolhas singulares (cf. Castells, 2000). Essa característica se sustenta por meio da sociedade tecnológica e capitalista (cf. Schmitt; Imbelloni, 2011). Nesse contexto em que se vive há uma degradação da subjetividade do sujeito, trazendo, consequentemente, um vazio existencial que busca ser preenchido por meio da tecnologia e do consumo desenfreado (cf. Pereira; Gonçalves, 2010). Para Bauman (2004), a necessidade de se relacionar virtualmente é explicitada pela necessidade de fazer surgir e desaparecer um romance quase que de modo instantâneo.

Essa experiência passageira e efêmera nos vínculos e laços afetivos, geradores da experiência amorosa, é fruto da passagem civilizacional de uma sociedade centrada no encontro e no afeto para uma sociedade da indústria cultural, própria dos meios de comunicação. A "indústria cultural" – conceito criado por Adorno e Horkheimer (1985) – constitui-se como uma forma de narrativa do sistema capitalista e ideológico dominante, que, repetindo valores de entretenimento e de consumo de mercadorias, imprimiria um caráter de leveza e de domínio da consciência das pessoas (cf. Fabiano, 2004).

No atual contexto, expandiu-se a visão de um amor centrado numa relação matrimonial a dois para se discutir e viver o amor numa perspectiva mais interpessoal. Uma relação alicerçada no amor é, antes de tudo, uma relação que se desenvolve e evolui a partir da certeza de que é o outro que se procura para superar sua própria falta, com quem se partilha esse algo de ausente que persegue todo ser humano e constitui o próprio sinal de sua finitude. Essa superação e essa partilha ocorrem, todavia, sempre ao preço de uma renúncia, que não passa do abandono da pretensão de tornar-se o "tudo" do outro numa confiança total e sem falha.

Percebe-se que a sexualidade, nas eras moderna e pós-moderna, constituiu-se como um conjunto de processos sociais, culturais e históricos. Ao longo da história, a atividade sexual e amorosa sempre foi objeto de preocupação moral, e, como tal, submetida a dispositivos de controle de práticas e comportamentos moralmente aceitos ou não. Na atual conjuntura contemporânea, vislumbram-se mudanças no amor, no casamento e na sexualidade, geradoras de transformações radicais na intimidade e na vida pessoal dos indivíduos. Dois fenômenos históricos foram fundamentais para essa evolução: a revolução sexual e a emancipação feminista[10].

Segundo Giddens (1993), a transformação nos relacionamentos amorosos não apenas impactou a sexualidade, mas também resultou em mudanças em todos os tipos de vínculos entre as pessoas. Segundo ele, as novas formas de relacionamentos que resultaram dessas mudanças têm como base a igualdade e os princípios democráticos. Nessa teia de perspectivas, três categorias básicas foram fundamentais: o amor confluente, a sexualidade plástica

10. Não aprofundaremos esses dois fenômenos de alta complexidade aqui. Em algum momento da obra, retornaremos a essa dupla realidade que redimensionou a história do amor e da sexualidade da Modernidade em diante.

e o relacionamento puro. Para Giddens (2001), essas tipologias de amor são a marca de uma época. Essa transição do modelo de amor romântico para o amor confluente é a passagem de uma época que faz com que as relações entre homens e mulheres sejam mais igualitárias e menos desiguais.

A grande marca do amor, no atual contexto pós-moderno, é a da vida consumista, a qual favorece a leveza e a velocidade – características que, para a psique atual, promovem e facilitam os relacionamentos, sem exageros ou continuísmos afetivos. No conjunto da percepção contemporânea, o *homem consumens*, aliado ao *homo sexualis* e dissociado do *homo faber* (cf. Bauman, 2004), pauta a agenda da experiência amorosa de modo explícito nas relações entre as pessoas.

No cenário afetivo pós-moderno, o amor, de compromisso duradouro, está circunscrito à conexão afetiva. Isso não significa que as pessoas deixam de buscar vínculos duradouros, estáveis e efetivos, mas estão influenciadas, a todo momento, pela interconexão amorosa e afetiva. Segundo Bauman (2004, p. 78):

> Uma mensagem brilha na tela em busca de outra. Seus dedos estão sempre ocupados: você pressiona as teclas, digitando novos números para responder às chamadas ou compondo suas próprias mensagens. Você permanece *conectado* – mesmo estando em constante movimento, e ainda que os remetentes ou destinatários invisíveis das mensagens recebidas e enviadas também estejam em movimento, cada qual seguindo suas próprias trajetórias. Os celulares são para as pessoas em movimento. Você nunca perde de vista o celular. Sua roupa de *jogging* tem um bolso especial para ele, e você nunca sai com aquele bolso vazio, da mesma forma que não vai correr sem o seu tênis. Na verdade, você não iria a nenhum lugar sem o celular ("nenhum lugar" é, afinal, o espaço sem um celular, com um celular fora de área ou sem bateria). [...] Encasulado numa teia de chamadas e mensa-

> gens, você está invulnerável. As pessoas ao seu redor não podem rejeitá-lo e, mesmo que tentassem, nada do que realmente importa iria mudar.

Assim, em meio às muitas crises e descobertas sobre o sentido do amor na cultura atual, compreende-se que a democratização das relações e a busca pelo bem-estar se constituíram como elementos fundamentais para a mudança das relações. Essa igualdade nas relações e no diálogo sobre o amor proporciona a "quebra" de uma rigidez no trato de gênero. Não se pode negar que a intimidade e o diálogo, vividos de modos responsáveis, favorecem a busca por um amor que aprofunda o verdadeiro sentido da existência.

3.2 A pessoa e a sexualidade: uma visão integral

Há diversos caminhos para nos aproximarmos do mistério humano da sexualidade com a intenção de compreendê-lo. Ela poderia ser descoberta por meio de um estudo comparativo com o comportamento sexual animal; mediante uma comparação das compreensões históricas que os homens têm tido acerca de sua realidade sexual; ou, ainda, pela via da antropologia sexual, seguindo a gênese do conhecimento humano sobre essa realidade a partir das exposições das mais notáveis figuras da sexologia.

A sexualidade humana supõe, expressa e realiza o mistério integral da pessoa. Por isso, não se pode entendê-la a partir de uma consideração reducionista, repressora, permissiva ou promíscua. Uma compreensão alargada e integral do ser humano – e de sua sexualidade – pressupõe um esforço interdisciplinar de diversos conhecimentos articulados em conjunto. Precisamos, hoje, reintegrar o amor, a pessoa e sua sexualidade a uma metafísica que conduza a um pensamento profundo do "ser". Essa visão pode ajudar o ser humano a ser mais lúcido sobre o que ele é, sobre a exigência da unidade de sua vida, além da complexidade de seu condicionamento diante de várias experiências humanas (cf. Philippe, 1998).

É verdade que há uma longa tradição que abordou a sexualidade a partir de atos e de uma moralidade simplista. Contudo, foi se impondo, a partir do Concílio Vaticano II, uma tendência de análise que se aproximasse mais da dignidade pessoal do corpo, que, contra todo tipo de dualismo, entra na dimensão unitária da pessoa. Assim, é sempre a partir da pessoa – enquanto sujeito em relação – e de sua unidade que a teologia moral mais recente procurou discernir a maneira correta de compreender a moralidade sexual em seu conjunto (cf. Zuccaro, 2004, p. 37). Essa abordagem precisa ser afirmada, principalmente diante de uma simplificação e de uma radicalização em torno de questões morais por parte da cultura ocidental atual e de um tipo de catolicismo que se distanciou de sua referência personalista maior: Jesus Cristo.

A teologia cristã recorreu ao termo "pessoa" não com a intenção ética que hoje prevalece, mas como instrumento expressivo, sinônimo de hipóstase, na difícil missão de servir de veículo para a complexidade da nascente dogmática trinitária e cristológica. Isso determinou uma prevalência tão forte do aspecto ontológico que deixou na penumbra sua fecundidade ética (cf. Caffarena, 1999).

De um modo geral, há certa insistência em reduzir o mistério da sexualidade – inserido no grande mistério da pessoa – à discussão em torno do pecado. Esse mesmo fenômeno é fortemente visto diante de uma tendenciosa ou redutiva leitura que se faz do sexto mandamento da lei de Deus, muitas vezes sem o apoio de uma exegese mais séria e uma antropologia integral. Trata-se de uma perspectiva que os bons moralistas contemporâneos já abandonaram há bastante tempo. Contudo, persiste o fenômeno de substituição de uma ética "crítica" por outra de caráter mais "impositivo".

Essa dificuldade de uma abordagem mais ampla e sistêmica dá-se diante da natureza complexa e, ao mesmo tempo, simples da sexualidade. De fato, por um lado, ela assinala e chama a atenção para a transversalidade de todos os âmbitos da vida humana, e, por outro, a sexualidade participa da unidade da pessoa. Por esse motivo, para um discurso moral não equivocado sobre a sexualidade, é preciso considerar seus diversos pontos de vista.

Culturalmente, ainda somos reféns de um olhar antropológico para a sexualidade a partir de uma visão dualista, repressiva e pouco integradora. Enquanto a antropologia de base não for superada por uma visão menos "moralista" e mais integradora, discursos, pregações e catequeses pouco integradores ocuparão a base da formação do povo de Deus e de lideranças. Impõe-se, hoje, o retorno a uma compreensão mais metafísica e integral da pessoa que apresente a alargada capacidade de amar, atingindo sua verdade espiritual e contemplativa. O contemplativo "quer ir sempre mais longe, porque ele contempla o amor no amado; ele sabe que está diante de uma realidade que o ultrapassa e ele tem sempre que a descobrir, revelá-la" (Philippe, 1998, p. 190).

A ideia de pessoa procura abranger todos os elementos que constituem o ser humano como tal, fixando-se, especialmente, naqueles que afetam sua condição de ser autônomo e livre, sujeito de direitos e de deveres. É, de certo modo, um conceito elástico, enquanto não comporta necessariamente matizações de ordem antropológica ou jurídica, mas responde a uma ideia precisa do que o homem é e significa enquanto compartilha com os demais seres humanos uma dignidade comum e direitos iguais em relação ao mundo em que vive (cf. Flórez, 2008).

O respeito à dignidade do ser humano e à sua sexualidade não se inspira no fato de uma pessoa em especial estar na posse plena de suas faculdades humanas, mas no princípio de que participa da comum dignidade do ser humano desde o momento em que faz parte da família humana. Reconhece-se e se respeita na pessoa humana inclusive aquilo que não chegou ainda a se desenvolver como uma qualidade ou um valor real, ou que se acha obscurecido por causa de impedimentos naturais ou violentos.

O conceito de pessoa surgiu no contexto dos debates teológicos: na discussão cristológica surge o conceito de pessoa como ser livre; na discussão trinitária surge a pessoa como ser aberto aos outros, em sua capacidade de relação. Um dos contributos filosóficos mais significativos do cristianismo para a cultura ocidental é precisamente o conceito de pessoa, que constituiu um elemento essencial na fundamentação da ética (cf. Piana, 2001).

Na história do pensamento ocidental, foi marcante a definição de Boécio ("*persona est rationalis naturae individua substantia*"), que salientou a individualidade do ser racional e a sua irrepetibilidade. Ricardo de São Vitor e Tomás de Aquino aprofundam o conceito nessa linha de pensamento. As diversas filosofias medievais caracterizam o conceito de pessoa a partir da racionalidade e da individualidade, acentuando a substância. Essas reflexões pretendiam atribuir à pessoa uma subsistência própria, não repetível, um ser que existe em si e por si mesmo. A sua dignidade vem dessa característica de existir por si próprio.

As filosofias mais recentes acentuam também como dimensão constitutiva da pessoa a sua relacionalidade, corporalidade, comunicabilidade e abertura ao outro. Nesse conceito de pessoa, convergem, portanto, as dimensões de unicidade irrepetível, de relacionalidade e de corporeidade (cf. Coutinho, 2005). O caráter relacional, ou dialógico, da pessoa humana faz dela um ser aberto à alteridade, aberto para Deus, para as outras pessoas e para o próprio conhecimento de si, das próprias potencialidades e, enfim, da própria condição sexual em sua profundidade.

A sexualidade humana desempenha, nessa trama mais alargada da pessoa, uma função que consiste em aproveitar as qualidades e os traços específicos do masculino e do feminino com o objetivo de estimular, aperfeiçoar e enriquecer as relações humanas. A sexualidade da pessoa exerce uma força de aproximação humana na dinâmica social, contrapondo-se a outros fatores involutivos da sociedade, tanto de caráter racial, econômico e político quanto cultural. As relações sociais adquirem seu verdadeiro sentido humano, sua justa tonalidade e plenitude, quando são integradas na força interior da pessoa. Para isso, é necessário decodificar o funcionamento da pessoa, de sua sexualidade e de suas dimensões estruturantes.

3.3 Dimensões da pessoa e da sexualidade

A sexualidade é como um dinamismo difuso e operante em todo o ser humano. Impregna todas as faculdades e as atividades pessoais e caracteriza o eu como indivíduo singular. O ser humano é um ser totalmente sexuado, embora a sexualidade não seja o único constitutivo dele. A faculdade de raciocinar, de querer e o próprio crer e amar com caridade se expressam segundo uma forma de individuação. Nesse sentido, mais do que abordar a sexualidade em si, enquanto dimensão instintiva ou libidinal, convém compreendê-la no horizonte de personalização.

Ao compreender em profundidade os mecanismos da sexualidade, alarga-se o campo de visão sobre o que é o ser humano. A sexualidade, difundida e operante em todo o ser da pessoa, influencia e revela a evolução do eu, seu amadurecimento e sua progressiva transformação em adulto. Ao mesmo tempo, o incessante dinamismo sexual torna o eu insatisfeito, sempre orientado para um amadurecimento ulterior, em busca de uma comunicabilidade cada vez mais profunda e de uma expressão de autêntica entrega oblativa (cf. Goffi, 1989). Assim é a pessoa e a sua constante descoberta em vista de uma personalização mais aprofundada.

Na sexualidade a pessoa encontra o convite para se comprometer de forma renovada na superação da incomunicabilidade que se aninha nas profundezas do eu, para suprimir a incompreensão que ofusca todo o espírito humano e para se tornar pobre entre os pobres, sofrendo com os que sofrem para subtraí-los de sua marginalização solitária. Eis a necessidade de estudar a pessoa sexual ou a sexualidade da pessoa a partir do modo como ela mesma se impõe ao sujeito e de ir percebendo a abrangência consciente da pessoa a partir de seu amadurecimento. As dimensões da sexualidade da pessoa exprimem simplesmente essa abertura gradual e substancial de um prazer solitário e autoerótico à tão sonhada heterofilia agápica.

A seguir, serão apresentadas, de modo sucinto, as principais dimensões da sexualidade e o seu enraizamento no contexto da pessoa. Compreendemos que os componentes biológicos, a dimensão psíquica e psicanalítica e as referências socioculturais da pessoa e de sua sexualidade auxiliarão numa possível abordagem mais plena e humanista da moral sexual. Qualquer avaliação sobre a sexualidade humana necessita de um olhar abrangente, integral e humanizador. No entanto, é a partir de uma perspectiva específica que se torna possível perceber aquilo que é próprio desse fenômeno no ser humano.

3.3.1 Os componentes biológicos

A sexualidade é uma das energias estruturantes do ser humano que perpassa toda a realidade. Ela está presente em todos os campos do agir humano, mas o ser humano não pode ser reduzido à sua sexualidade, por mais abrangente e profunda que ela seja considerada. Por atravessar toda a complexidade da dimensão humana, a sexualidade tem uma dimensão de estabilidade dentro da personalidade humana: o núcleo biológico da pessoa. A função biológica, enquanto necessidade primária, se insere no contexto sociocultural do qual o indivíduo faz parte. Ela se manifesta em todas as fases da vida humana e tem, na genitalidade, apenas um de seus aspectos – talvez nem o mais importante.

Cada pessoa tem uma história que apresenta sua origem na dimensão biogenética. É a primeira e mais decisiva para a diferenciação sexual, pois se manifesta nos milhares de genes agrupados nos cromossomos humanos (cf. Moser, 2003). A diferença entre o homem e a mulher se impõe por uma série de características morfológicas que nos permite identificá-la em qualquer pessoa humana. No entanto, a distinção biológica entre "homem" e "mulher" é muito mais complexa do que a definição tradicional, que se baseava em uma configuração descritiva da genitalidade (cf. Solomon; Sanders, 1978).

A sexualidade humana, em sua expressão biológica, tem ao menos três categorias básicas: a configuração cromossômica (ou genética); o sexo gonadal (ou genital); e o sexo hormonal. Essas três distinções exprimem a complexidade da origem biológica do ser humano e o seu contínuo processo de desenvolvimento, que denota a estabilidade da sexualidade humana. Essa função ou dimensão sexual surge como necessidade primária, mas se desdobra numa estrutura psíquica e no contexto sociocultural (cf. Pereira, 2017).

Desse modo, a evidência dos componentes biológicos da sexualidade não deve ceder lugar à tentação de poder, legitimamente, derivar critérios imediatos de juízo moral da composição física da natureza. O processo de sexualização inicia-se no momento da concepção, quando se encontram os dois gametas (masculino e feminino), os quais, conforme os cromossomos que são colocados em comum (ambos X, ou X e Y), determinarão o sexo genético do sujeito que se desenvolverá a partir daquele determinado zigoto. Por isso, se não houver anomalias, do zigoto com dois cromossomos X se desenvolverá uma mulher, ao passo que aquele que contém um cromossomo X e um cromossomo Y dá origem a um homem (cf. Zuccaro, 2004).

O desenvolvimento do zigoto, em progressivos estádios intimamente conectados entre si e sem qualquer salto ou interrupção, prepara a segunda importante fase da diferenciação sexual, que acontece já de maneira diversa, com base no diverso sexo genético. Assim, as gônadas – glândulas seminais –, até esse momento indiferenciadas, especificam-se de maneira nítida, com programas genéticos totalmente diversos, fixando para sempre o sexo gonádico. Então, "a configuração cromossômica, mediante intermediários químicos, provoca o aparecimento dos caracteres sexuais primários (glândulas genitais) e dos caracteres sexuais secundários" (Pereira, 2017, p. 44).

A sexualidade, em sua expressão biológica, tem ainda a dimensão dos hormônios a serem levados em consideração. Os hormônios sexuais são substâncias produzidas nas gônadas: testosterona nos testículos (em indivíduos do sexo masculino) e progesterona e estrógeno nos ovários (em indivíduos do sexo feminino). Durante a infância, esses hormônios são inibidos, tendo sua produção iniciada durante a puberdade e sendo responsáveis pelo aparecimento das características sexuais secundárias. Os ritmos sexuais biológicos do ser humano são modulados pelos hormônios sexuais por meio de sua ação sobre os centros sexuais do cérebro, sendo considerado o "hormônio do desejo". Assim, o papel desses hormônios influencia o comportamento sexual por meio de sua interação com neurotransmissores que modulam os impulsos neurais dentro dos circuitos sexuais (cf. Vitiello; Rodrigues Júnior, 1997).

Do ponto de vista biológico e hormonal, assim, a unidade do ser humano é assegurada pelas glândulas endócrinas e produtoras de hormônios pelo sistema nervoso. Portanto, para que a pessoa possa ter plena consciência de si e ultrapassar sua individualidade, dispõe dessa complexa rede nervosa superior, presente no córtex cerebral. Este capacita e sintetiza as mensagens dos sentidos que conduzem à consciência de si mesmo, o que implica possibilidade de domínio sobre o próprio comportamento.

Os componentes biológicos da sexualidade nos indicam que a atividade sexual humana não é, como nos animais, um instinto que depende exclusivamente da ação de hormônios sobre os centros nervosos. A sexualidade humana é relativamente independente dos hormônios e sobrevive à sua supressão (cf. Forcano, 1996). Mais do que um instinto imposto organicamente, é um comportamento aprendido por uma necessidade cerebral posta em jogo por diversos fatores.

A dimensão biológica da sexualidade humana – a partir da configuração cromossômica (ou genética), do sexo gonadal (ou genital) e do sexo hormonal – revela a possibilidade de o ser humano desdobrar sua potencialidade relacional e psíquica. Antes de estabelecermos um juízo moral sobre o comportamento sexual de qualquer pessoa, emerge a necessidade de conhecer esse substrato orgânico biológico da pessoa. Conhecer o funcionamento do princípio corporal-biológico é fundamental para o passo seguinte: o aprimoramento humano a partir de uma psique em evolução e humanização.

Compreender a pessoa e sua constituição biológica é contemplar um mistério que não se pode objetar totalmente, embora a condição biopsicossocial se imponha desde o primeiro instante da existência. Essa peculiaridade humana exprime a tensão dialética de permanente posse de si e abertura a um outro. Pela instância biológica, o ser humano se impõe como ser de presença frente a outras presenças. Contudo, vai se distinguindo paulatinamente à medida que se percebe aberto à comunhão com os outros e ao seu constante amadurecimento. A dimensão psíquica revela essa ontológica expressão de dom e de abertura constante frente à sua realização plena.

3.3.2 A dimensão psíquica e psicanalítica

O ser humano sente a necessidade de se comunicar, de estabelecer relações com os demais. É nesse processo que a pessoa vai se sentir aceita ou rejeitada, com tudo o que isso envolve em termos de autoimagem. Nenhum ser humano está psiquicamente pronto; existem processos em movimento e amadurecimento que exigem uma estrutura estável (componentes biológicos). É por meio da dimensão psicológica que se compreende melhor o processo de maturação da pessoa e de sua sexualidade. Essa dimensão nos faz perceber o que se denomina identidade sexual, a qual pode ser avaliada, ao menos, a partir de quatro aspectos: biológico, de gênero, de orientação sexual e de valores (cf. Mifsud, 1994).

No animal, o desejo sexual (instinto de acasalamento) é determinado por um mecanismo instintivo que exclui completamente as áreas cerebrais superiores, não muito desenvolvidas. No ser humano, ao contrário, é essencialmente ali que nasce o desejo. Mesmo que este seja certamente mediado por mecanismos fisiológicos de tipo instintivo, a dinâmica sexual é sempre induzida por componentes voluntários (cf. Leone, 2004). Então, não é o peso hormonal que desempenha o papel decisivo, mas o sistema nervoso central em seus centros mais desenvolvidos.

Desse modo, a sexualidade é compreendida também a partir do *eros*, isto é, do desejo, e não só pelo instinto. Por desejo sexual se compreende um apetite ou impulso produzido pela ativação, no cérebro, de um sistema neural específico, ao passo que as fases de excitação e orgasmo envolvem os órgãos genitais (cf. Kaplan, 1979). A dimensão psicológica aprofunda a dimensão da afetividade e do desejo sexual, compreendendo sua total interdependência à totalidade do amadurecimento do ser humano.

A pessoa se relaciona por meio de um corpo sexuado que transcende a si mesmo à medida que se abre a um outro, mas também se recolhe em sua interioridade. A corporeidade indica uma abertura psíquica e uma linguagem a ser codificada na relação. O ser humano interpreta os sinais de si e dos outros, descobrindo neles os significados que provocam uma resposta não predeterminada, mas a ser decidida por ele. Entende-se, nesse sentido, quando Edgar Morin (1979, p. 31ss.), ao falar da "revolução biossociológica" dos animais, alarga o horizonte estreito que se tinha da vida instintiva animal. A pessoa superou essa condição por meio de sua vida psíquica e afetivo-sexual.

Os estudos psicanalíticos levaram a identificar e a descrever a gênese da sexualidade desde os primeiros anos de vida. As modalidades que caracterizaram o seu surgimento são assinaladas por três aspectos peculiares: a satisfação de um instinto do qual se obtém "prazer"; a ausência de um verdadeiro e exato "objeto sexual"; e o "posicionamento" do interesse sexual por áreas corporais muitas vezes diversas. Quando se considera a evolução sexual da criança, convém conjugar essa evolução afetiva, visto que as duas estão intimamente ligadas entre si.

Do ponto de vista psíquico, a sexualidade-afetividade tem sua gênese na concepção e na acolhida à existência da criança, mesmo que ainda em sua fase intrauterina. Em seguida, ocorre o nascimento, experiência primordial na vida do ser humano. A criança vive essa experiência como a "expulsão" brusca de um ambiente fechado que era seu. Em certo sentido, nascer é ser separado, é perder algo, é saltar de um mundo obscuro que se abandona. O "nascer" em si é um bem, mas carrega consigo uma contradição ainda não consciente ou conhecida pela criança. A psicologia do profundo mostra sua importância e ressalta como a existência humana é inaugurada por um acontecimento verdadeiramente dramático (cf. Vidal, 2003).

Após o nascimento há uma série de fases que o ser humano – ainda criança – vive sem muita consciência, mas que será determinante para o restante de sua vida, do ponto de vista psicoafetivo-sexual. São as fases: oral, sádico-anal e genital. Cada uma dessas fases representa um momento no processo de amadurecimento da criança rumo à sensibilidade em torno do desejo sexual. A fase oral aparece durante os primeiros meses e está ligada ao prazer que a criança obtém pela sucção do seio e do leite materno. A boca propicia à criança o conhecimento do mundo à sua volta, e o seio da mãe é o primeiro objeto da pulsão sexual. A fase sádico-anal refere-se à mucosa do intestino, fonte de excitações intensas, facilmente observadas por meio dos frequentes distúrbios intestinais da primeira infância. O objeto que caracteriza a fase sádico-anal são as fezes, utilizadas pela criança como moeda de troca na relação com o seu cuidador. Por fim, a fase genital se constitui com base na presença e na ausência do pênis. A primazia não é dos órgãos genitais, mas do falo. Assim, o falo não se reduz ao pênis, mas à sensação de totalidade e falta (cf. Couto, 2017).

Em suma, a dimensão psíquica e psicanalítica da sexualidade indica o complexo processo de desenvolvimento no interior da subjetividade humana, marcado por altos e baixos. Ela não se reduz ao dado biológico, anatômico e fisiológico apenas, mas evolui também para dimensões interiores, até constituir, lentamente, um "eu" capaz de se situar e compreender suas próprias sensações. O modelo freudiano não é o único; ele apenas situa a identidade sexual no contexto do complexo de Édipo e na conflitualidade latente[11]. Já a visão cognitiva a insere no desenvolvimento paulatino, centrado sobretudo numa concepção para os valores.

Para se ter uma visão mais completa sobre o desenvolvimento sexual da pessoa, convém compreender as referências culturais e seu impacto na condição real. De antemão, pode-se dizer que o ser humano e sua sexualidade também se constituem na relação, já que não há indivíduo isolado e alheio à realidade. A sexualidade como fato sociocultural aponta para a necessidade de expandir os conflitos e as desintegrações numa possível alteridade relacional.

3.3.3 As referências socioculturais

A dimensão propriamente sociocultural da sexualidade humana revela a complexidade da convivência dos seres humanos entre

11. Não pretendemos aprofundar a visão freudiana nem outras, apenas indicar a importância de se ter acesso às linhas gerais do desenvolvimento psíquico-sexual na criança e nas fases posteriores. Seria possível alargar, aqui, para a visão de Piaget e de Kohlberg, além de outras correntes.

si. Nesta, é possível captar quais são os muitos mecanismos, os condicionamentos e as dependências de heranças culturais, sociais, políticas e determinantes da pessoa em seu contexto. Sociedade e cultura têm um vínculo muito estreito na constituição da pessoa, o que também atravessa a significação cultural da sexualidade e o modo como nos relacionamos socialmente.

Enquanto o enfoque biopsicossocial enfatiza a dimensão estrutural, estável e progressiva da pulsão sexual no ser humano, as referências socioculturais apontam para demandas exteriores que exigem da pessoa respostas sobre o sentido da sexualidade a partir de seu envolvimento num dado grupo humano. Ao se tratar sobre essa dimensão não se pode negar a complexidade das noções de gênero, os papéis sociais, as diferenças inerentes a homens e mulheres e o que se construiu, gradual e culturalmente, com suas respectivas distinções[12].

Na percepção contemporânea da sexualidade as relações humanas são essencialmente dependentes da totalidade do que é ser pessoa. Isso supõe uma integração constante consigo, com as pessoas e no coletivo. Se antes considerava-se que, socialmente, uma pessoa sexualmente realizada era a satisfação físico-sexual, hoje essa perspectiva se alarga. Ser sexualmente satisfeito é muito mais do que ter ou não satisfação física do prazer que pode ser obtido pelo sexo genital: implica a aceitação da própria autoimagem corporal e dos sentimentos sobre essa imagem, a percepção da própria identidade de gênero, a capacidade de expressá-la livremente, a possibilidade de estabelecer relações afetivas e a experiência de amar e ser amado (cf. Canosa, 2020).

---

12. Há um importante estudo sobre o sentido da sexualidade enquanto construção histórica e sociológica a ser mais aprofundado: Laqueur (2001). No capítulo seis, "O sexo socializado", o autor analisa, historicamente, uma série de textos da Europa Ocidental em que, em contextos específicos, os sexos opostos incomensuráveis passaram a existir.

A dimensão sociocultural da sexualidade humana indica essa total abertura que a pessoa tem em sua expansão para a relação e para a realização com o outro, além da própria conexão do ser humano em seus processos de socialização, desde a tenra idade até a máxima realização social. A pulsão sexual está presente o tempo todo nas trocas de ideias, reflexões, aprofundamentos, sensibilidades e no fluido processo de identidade em meio às complexidades relacionais (cf. Fumagalli, 2017b).

Ao menos três aspectos diferenciais e peculiares do comportamento sexual humano estão na base do aspecto sociocultural da sexualidade. O primeiro deles é a formação de um excedente impulsivo sexual; o segundo é a considerável redução que na pessoa sofreu o instinto; e o terceiro é a possibilidade de separar o prazer sexual da finalidade biológica (cf. Vidal, 2003).

Com relação ao primeiro, sabe-se que, no ser humano – contrariamente ao que acontece no animal –, a sexualidade não está restrita aos limites de uma periodicidade estabelecida. Há, na pessoa, uma presença ininterrupta do impulso sexual. Isso faz originar um excedente de força sexual que pode ser direcionado para um contexto de satisfação. Com relação ao segundo, isto é, a redução do instinto, conhece-se a plasticidade, proveniente da redução do controle automático inferior e da presença de um controle superior e mais perfeito: zonas superiores do cérebro.

A regulação social da sexualidade ajuda a buscar sua finalidade não por meios automáticos instintivos, mas por meios superiores de canalização social. Com relação ao terceiro, a sexualidade humana pode ser libertada, pelo sujeito humano, de uma finalidade biológica, até porque, no humano, há toda uma dinâmica pessoal e intersubjetiva (cf. Vidal, 2003). Desse modo, entende-se o "erotismo" enquanto capacidade de carregar de prazer sexual quase todas as estruturas e formas de comportamento sexual.

Percebe-se, portanto, que a sexualidade humana não é uma realidade da pessoa em si, enquanto indivíduo isolado, mas depende de uma superestrutura sociocultural no comportamento que tenta compreender e interpretar a pulsão sexual. Se a sexualidade tem total relação com o entorno histórico-social, a pessoa é influenciada – quando não condicionada – por ele.

A erotização exacerbada denuncia essa dimensão. Nasce da peculiaridade do impulso sexual no ser humano de ter um grande excedente de energia com relação à finalidade biológica. A sociedade não apenas "excita" o erotismo humano, mas principalmente o transforma em fato social, fruto de um processo de consumo e sedução. A partir disso, percebe-se que o mundo se "sexualizou" (cf. Laqueur, 2001).

Com a revolução sexual muitas formas manipuladoras de desmascarar a sexualidade foram conhecidas e até disseminadas. Citamos as seguintes: sexualidade como "distração"; sexualidade como "consumo"; sexualidade como fator de "repressão sexual"; e sexualidade como "falsa sacralização" (cf. Vidal, 2003). O desafio posto pelas referências sexuais nos conduz a entender que, como seres de cultura, devemos tomar consciência de uma série de situações que podem gerar ou um "moralismo culpabilizador" ou uma forma de realização humanizadora.

3.4 De um moralismo sexual a uma ética sexual da pessoa: da culpa à realização

O tema do amor, na história da civilização ocidental, foi tratado sob muitas perspectivas multifacetadas que necessitam ser analisadas e integradas em uma unidade epistemológica. Ele ocupa um lugar especial nos escritos dos poetas, dos romancistas e mesmo dos teólogos, mas poucos filósofos trataram dele. A sexualidade e o amor – expressões máximas da subjetividade humana – estiveram sempre presentes em todas as culturas, ora sendo cultivadas, ora sendo rejeitadas ou reprimidas.

Muito antes de a psicanálise ter sido criada por Freud, os filósofos se perguntavam sobre a origem e a natureza do amor. Os escritores contavam mirabolantes histórias de amor e morte, e os poetas enalteciam em seus versos os sonhos, as saudades e as tristezas dos amantes. Na literatura ocidental, a partir do século XII, o discurso do amor se associa à dor, ao sofrimento e à promessa de felicidade. Aqueles que eram feridos pelas setas de Eros ficavam à mercê da ventura e da desventura, da boa e da má sorte, da fortuna e do infortúnio, como diziam os antigos (cf. Ferreira, 2004).

Antes mesmo do emergir da cosmovisão cristã que orientou os caminhos da moralidade ocidental, os gregos já se questionavam sobre o amor, a culpa, o desejo e a sua realização. Embora seja verdade que existia outra visão sobre o ser humano, havia já uma perspectiva de busca pela verdade e pelo lugar do homem no mundo. Uma boa parte da filosofia antiga se posiciona frente ao desejo, não porque ele seja "mau" em si, mas por ele ser a fonte de uma energia que, se levada ao excesso, pode, no caso, vir a acarretar desordem e violência (cf. Guillebaud, 1999).

Foucault explica bem essa paulatina construção do amor, da sexualidade e do prazer ao longo da mentalidade ocidental. Segundo ele:

> A relação com os desejos e os prazeres é assim concebida como uma relação de luta. Diante deles deve-se manter a posição e o papel de adversário, seja segundo o modelo do soldado combatente, seja sob o do lutador em um concurso. [...] A longa tradição do combate espiritual (cristão), que viria a assumir formas diversas, estava já claramente articulada no pensamento grego clássico (Foucault, 1998, p. 191).

Para a maior parte dos antigos, esse elogio da continência, ou mesmo da castidade, fazia parte – como acontecerá no século XIX burguês – de uma obsessão bastante difundida: o medo de um enfraquecimento do homem devido à perda de seu sêmen. Desse modo, pode-se dizer que o pessimismo sexual na Antiguidade derivava – não como ocorria depois no cristianismo – da maldição do pecado e da punição a ele, mas sobretudo de considerações médicas (cf. Ranke-Heinemann, 1996).

Entende-se, antropologicamente, que o amor em sua expressão erótica (*eros*) foi bem-delineado pelos gregos, já que exprime a complexa condição física e de absoluto que o ser humano carrega em si. O paradoxo desse amor absoluto e do absoluto contraria a tradição amorosa da Modernidade que reduz a experiência ao sentimento subjetivo traduzido em estética da atração e da impulsividade (cf. Lancelin; Lemonnier, 2008).

Essa mudança de cosmovisão, de um amor direcionado ao absoluto do ser – próprio dos gregos (ocidentais) – para um amor centrado na subjetividade erótica, marcou boa parte da literatura contemporânea sobre esse tema. Devido à evolução antropológica, o amor também recebeu seus impactos com seus cambiamentos e suas perspectivas próprias. Para os gregos, o *eros* e a *philia* eram compreendidos dentro da lógica de um absoluto ao qual o ser humano era direcionado. Para a visão cristã, o ágape se caracterizava pela perda do eu e a assunção do próximo. A relação entre essas três experiências não é simples para nenhuma pessoa, já que o amor erótico não é de resto uma simples *philia*, uma "amizade", nem uma forma de "ágape"; é a mais poderosa e a mais característica das emoções humanas. Trata-se do desejo ardente de estar unido – alma e corpo – ao ser amado. É por isso que não se pode estar apaixonado sem saber por quem. Amar é sempre amar "esta pessoa", "aqui", "agora" (cf. Marzano, 2012).

É dessa ambiguidade que todo ser humano carrega em seu corpo, em sua história e em sua subjetividade que se compreende a realidade da culpa, do desejo e da realização no amor. A separação entre o desejo sexual e o amor data de longo tempo e assumiu significações diferentes a cada vez. O sentimento de separação e não realização do amado, numa experiência de amor, é o que comumente se caracteriza como culpa ou ruptura mediante uma dor psíquica. O desejo de experienciar o amor em sua plenitude é impossibilitado pela própria condição humana. Esse processo pode ser decomposto em três tempos: começa com uma ruptura, continua com a comoção psíquica que a ruptura desencadeia e culmina com uma reação defensiva do eu para proteger-se da comoção. Em cada uma dessas etapas domina um aspecto da dor (cf. Nasio, 1997).

A ênfase na dimensão espiritual revela a tendência – de matriz platônico-estoica – que prevaleceu, principalmente com a construção de um discurso religioso que nem sempre prioriza as dimensões mais profundas do ser humano e do seu corpo, mas enfatiza a existência humana sob a prática de um pastoreio administrador da culpa.

O fenômeno modernista encarrega-se de provocar esse contexto de sujeitos apequenados diante do sentimento de culpa, desarmonizando hábitos antigos aos novos. Isso repercute na existência do sujeito em seu exercício da razão – a liberdade empírica-argumentativa; na autoridade da subjetividade frente à lei objetiva – a verdade provinda não do objeto (lei); e no movimento da história – sendo um processo em contínua metamorfose. Dessa forma, esses três elementos constituem um enfrentamento às convicções religiosas, como às fórmulas da fé e à observância das mesmas (cf. Salzman; Lawler, 2012).

Mas na atual conjuntura pós-moderna, de ênfase na visão centrada da pessoa, os interditos ou a cosmovisão religiosa – carregada de tabus e interditos – pouco interferem na decisão dos novos sujeitos. É possível observar que, na cultura pós-moderna, surge um imperativo: o direito ao prazer. Esse direito é ancorado na "liberdade dos costumes", nascido com a revolução sexual de 1968, e tem como pilar sustentador a transgressão da moral tradicional e a suspensão dos tabus que regiam a sociedade (cf. Almeida, 2019). No tocante às repercussões da visão de prazer na sexualidade pós-moderna, Lipovetsky (2005b) afirma que algo bastante notório está no fato de que ela consagrou a possibilidade de viver sem sentido, ou seja, de não crer na existência de um único categórico sentido, mas de apostar na construção permanente de sentidos múltiplos, provisórios, individuais, grupais ou simplesmente fictícios. Por isso, a cultura pós-moderna se tornou o porto seguro daqueles que defendem a satisfação aqui e agora, tornando-se avessa aos valores que conferem sentido à vida.

Tendo em vista que na tradição cristã foi possível observar os meandros pelos quais a concepção de prazer precisou atravessar, na Pós-modernidade essa concepção surge de forma plural, fragmentada e reducionista. Ao passo em que a humanidade atravessa uma grande crise, ela assiste ao advento de inúmeros dilemas que, por sua vez, caracterizam a era pós-moderna: a fragmentação da vida humana, a valorização de uma moral hedonista, a ascensão do niilismo – e, com ele, a ausência de valores e de sentido para a vida –, o apego ao narcisismo exacerbado, uma ampla adesão ao consumismo e, dentre as diversas peculiaridades, ainda é possível ver como um forte ideal o individualismo sem precedentes.

Hoje, tornam-se cada vez mais insistentes os questionamentos sobre o aspecto ético na questão da sexualidade, envolvendo significados de ordem pessoal, relacional, comunitária e ligados ao prazer e ao futuro. Essa nova sensibilidade moral equilibra, de certo modo, a tendência concomitante de retirar a sexualidade do domínio da moral para incutir-lhe uma indiferença ética que a translada drasticamente para o âmbito do privado. O contexto pós-moderno radicaliza e acelera esse complexo movimento.

Em tempos de mudança e de afirmação do diferente frente ao globalizado e ao diverso, imperam dois tipos de reações sociais.

De um lado, os que se apegam a um discurso repressivo, negando qualquer acesso à informação e qualquer possibilidade de mudança. Segundo essa perspectiva, deve-se estar entrincheirado numa atitude de suspeita contra todo tipo de atitude ou conduta que afronte o tradicionalmente estabelecido. Do outro, há os que se apegam a uma discursividade permissiva e liberal, instrumentalizando e reduzindo a sexualidade a um mero espaço de prazer ou *locus* de reivindicação de direitos (cf. Lapalma, 2022). O fato é que, em tempos de mudanças, afloram novas questões que pedem novas respostas, impossível de serem encontradas nas elaborações ou nos modos de interpretação do passado. São perguntas que questionam as garantias que se tinham até então.

Portanto, superando essas duas atitudes extremas – e outras que se impõem nas várias narrativas –, devemos considerar a situação de mudança como uma oportunidade, reconhecendo que a vida é vida quando está em movimento, e é nesse movimento vital que vamos aprendendo sobre nós mesmos e a relação com todos, com os diferentes, os diversos e os antagônicos. É hora de refletir e repensar sobre como entendemos a sexualidade até agora, a fim de continuar amadurecendo o processo de compreensão. O amor, sendo uma experiência complexa, que se edifica e enriquece a pessoa a partir de sua polaridade entre desejo e culpa, é um processo que precisa ser respeitado. Embora atravesse a vida da pessoa em sua dimensão pessoal, relacional e transcendente, também percorre a via do comportamento, tocando em aspectos morais. Contudo, no atual contexto, é necessária uma atitude de tolerância, escuta e sensibilidade para com o próximo e sua diversidade.

3.5 Considerações finais

Neste capítulo analisamos o sentido da sexualidade dentro do horizonte da constituição da pessoa e suas características gerais. Como foi mencionado, ela é exigente e multivetorial, pois exige uma retomada panorâmica de vários saberes e várias construções de "verdade" sobre o que é a pessoa e sua sexualidade, para depois articulá-los na dita "verdade constitutiva da pessoa".

Para se entender a questão da sexualidade não se pode isolá-la do tema mais abrangente: o amor. A Modernidade e a Pós-modernidade nos oferecem elementos importantes a se captar no que tange ao sentido do amor e da própria sexualidade humana. Esse lastro contemporâneo sobre o sentido do amor possibilita desmistificar uma série de tabus ou preconceitos e situar o amor sexual no horizonte da pessoa.

Ao compreender essa teia de relações entre o amor, a sexualidade, a pessoa e o contexto do *ethos*, avistamos a necessidade de aprofundar as várias dimensões da pessoa e da sexualidade que constituem a subjetividade, a corporeidade, o psiquismo e a própria convivência humana com outras pessoas.

Ao longo do capítulo apresentamos os componentes biológicos da sexualidade, a dimensão psíquica e psicanalítica e as referências sexuais. Por si, essas peculiaridades – e não apenas características isoladas da pessoa – irrompem como realidades constitutivas do ser humano. Essas realidades constitutivas da existência humana, compreendidas em conjunto, possibilitam alargar a compreensão de sexualidade.

Enfim, pode-se dizer que uma visão personalista sobre a sexualidade é necessária em tempos como o nosso. A teologia também é convidada a não se isentar em dizer algo. Essa possível fala e interpretação depende de uma aberta e multidisciplinar acolhida de novos elementos provenientes de outras áreas do saber. Contudo, isso não retira a responsabilidade da teologia de apresentar o específico do seu objeto epistemológico.

PARTE II

A sexualidade e o amor na tradição cristã e eclesial

O retorno a uma fundamentação antropológica é uma necessidade que se impõe diante dos riscos que vivemos em torno do futuro da humanidade. Inserem-se nessa dimensão de caráter mais universal as religiões e, em particular, a teologia. Esta oferece um horizonte de sentido para o ser humano, embora, na atualidade, enfrente uma crise de identidade social e de plurais possibilidades de fundamentação. De todo modo, o seu objeto continua sendo o mesmo: Deus. Dele podem ser "deduzidas" quaisquer possibilidades humanas e questões éticas.

Na relação com a teologia entra também a sexualidade humana. Esta, como já foi indicada, desafia-nos e convida-nos a superar os limites tradicionais do passado, para ressignificar sua linguagem. Na tradição cristã, a sexualidade sempre ocupou um papel de primeiro plano e, a partir de manuais, monopolizou a reflexão moral, principalmente tratando o agir moral, de forma minimalista, ao pecado. Uma visão negativa, desenvolvida no fim do período patrístico e nascida da "contaminação" do cristianismo das origens com correntes de pensamento de matriz dualista, assumiu conotações mais doutrinais e rigoristas do que personalistas. De uma realidade complexa e até "problemática", a tradição acabou restringindo a sexualidade, destituindo-a da expressão afetiva, amorosa e intersubjetiva.

Cabe à teologia moral contemporânea recolocar o lugar do ser humano e suas aspirações na ordem do dia. Isso não significa optar por um antropocentrismo. Antes, revela a necessidade de colocar ao centro as "alegrias e esperanças" da humanidade como "alegrias e esperanças" da teologia e da Igreja. Para isso é necessário método, diálogo e capacidade de síntese. Esta segunda parte da obra tratará desse esforço!

Aqui, serão abordados a sexualidade e o amor como realidades essenciais na tradição cristã e eclesial. Para isso, optamos por uma via que dê o enfoque em desafios, propostas e encaminhamentos. Serão desdobrados quatro capítulos que objetivam alargar a concepção de sexualidade, principalmente em tempos de ignorância religiosa, fundamentalismo, moralismo e simplismos em torno da sexualidade humana. Eis os capítulos: "Inimigos da sexualidade no horizonte do cristianismo: ontem e hoje"; "A sexualidade e o amor na Sagrada Escritura: textos fontais e basilares"; "A sexualidade e o amor no desdobramento eclesial cristão"; e "A sexualidade e o amor no contexto do magistério recente: textos, perspectivas e análises".

4
Inimigos da sexualidade no horizonte do cristianismo: ontem e hoje

O fenômeno da sexualidade, do ponto de vista histórico, foi motivo de incompreensões e até de negações humanas. Contudo, hoje temos um conhecimento aprofundado que nos possibilita integrá-la de forma positiva no grande edifício da vida humana. Por um lado, ela despertou fascínio e sedução; de outro, desconfiança e até desconcertos. A sexualidade aponta para uma realidade mais complexa do que aparenta exteriormente: a de que a vida humana é breve e frágil. Justamente por indicar o caminho de realização ou de destruição, a sexualidade pode orientar para o mistério indecifrável, como também nos manter em condição de total alienação.

Torna-se necessário dizer que, no caminho de decodificação histórica, nem sempre cultural, social e religiosamente, a sexualidade foi bem compreendida, edificada e motivo de integração para as pessoas. Convém aqui, neste capítulo, enumerar e analisar alguns "inimigos", isto é, condicionamentos históricos que impediram um olhar positivo sobre a realidade da sexualidade. Ao usar a denominação "inimigos" não se pretende reduzir a um sentido pejorativo, mas apenas analógico, enquanto elementos que impedem uma maior "amizade" em relação à unidade corpo-psiquismo-espírito. Não queremos apenas apresentar referências de "gênese" histórica, mas tentar indicar, de modo geral, as suas influências em novos dispositivos religiosos-eclesiais e seus influxos na consciência dos fiéis cristãos.

Para isso, partiremos do tradicional e conhecido dualismo grego corpo-alma até os mecanismos de controle dos corpos por meio de narrativas e discursos dos novos grupos religiosos influenciadores. Sabemos que "inimigos" do passado não morreram. Eles vivem e sobrevivem em corpos ou subjetividades divididas. Para bem conscientizar, convém trazer à tona esses "inimigos" da integração sexual, com o intuito de denunciar os antigos tabus repressores e, assim, auxiliar as novas gerações a buscar uma salutar integração humano-sexual.

4.1 O dualismo grego corpo-alma

Se o cristianismo pode esquivar-se com êxito do perigo dos cultos mistéricos, teve maiores dificuldades e riscos em seu encontro com a ideologia-filosófica dominante no império: tanto a ética rigorista estoica quanto a filosofia neoplatônica dualista e, muito especialmente, o gnosticismo. Quando se censura o cristianismo por sua leitura negativa da sexualidade é preciso levar em conta, sobretudo, a contribuição dessas novas correntes que, em linhas gerais, estarão em aberta contradição com os postulados da Sagrada Escritura, especialmente com o Antigo Testamento.

O dualismo grego corpo-alma é o *leitmotiv* central de uma certa "inimizade" entre a sexualidade e o cristianismo. A natureza sensual, infinitamente desejante do ser humano, do *eros*, é a questão grega por excelência. Ela se torna uma questão – posteriormente romana – e culmina na angústia cristã sobre o pecado, a fragilidade e a força da carne. Na perspectiva grega, o corpo tem uma força muito complexa e abrangente que nem sempre pode ser compreendida, integrada e controlada pela alma ou pela inteligência (cf. Sissa, 2003, p. 6).

O dualismo é uma das correntes filosóficas e antropológicas que percorrem toda a história humana. Ele afirma que o ser humano se compõe de duas substâncias heterogêneas completas. Na forma radical, o dualismo não admite que corpo e alma dependam um do outro no agir; cada qual age e sobrevive segundo energias e leis próprias (cf. Rabuske, 2000, p. 31). Por trás do dualismo há a tese de que corpo e alma estão separados de modo excessivo. A tese central é a coexistência de dois princípios antagônicos, podendo se integrar ou não. Isso implica a dificuldade em uma união e interdependência para uma unidade psicofísica. Existe uma variada gama de concepções dualistas, como "espírito e matéria, alma e corpo, razão e sentidos, liberdade e paixões", entre outras.

Essa constatação justifica-se diante da ideia de que, no mundo antigo, tudo era explicado a partir de uma visão naturalista e religiosa. O mundo antigo era dominado por deuses e demônios. Por isso mesmo, não causa surpresa o fato de também a sexualidade vir comandada pela religião e pelos deuses. Estes, além de serem sexuados, mantinham zelosamente em suas mãos todos os mecanismos do amor e da transmissão da vida. Daí a existência de cultos religiosos em que vestais e sacerdotes, ao mesmo tempo, encarnam o que há de mais sublime e o que há de mais profano (cf. Moser, 2003, p. 129).

Sabe-se que a ambígua e longa visão ocidental sobre o corpo, influenciando o cristianismo, desempenhou um papel essencial para compreender o drama do pecado, do mal, do vício e do destino eterno do ser humano, em detrimento à sua finitude corporal. Os teólogos tentaram resolver o paradoxo da perfeita humanidade de Jesus e de sua divindade, desenvolvendo a doutrina da sua imaculada concepção por uma virgem e aprofundando os vários relatos neotestamentários que valorizavam positivamente a encarnação do Verbo (cf. Almeida, 2021b, p. 91).

Com o passar do tempo, o dualismo corpo-alma, entre outros conceitos, foi sendo solidificado dentro do próprio seio do cristianismo, sendo inúteis as tentativas de frear a sua influência por parte dos grupos no seio do cristianismo que se opunham à adoção de tais conceitos. Segundo a visão crítica de Comblin (2005, p. 12-13):

> Desde a Idade Média e mais ainda depois de Trento, o culto ficou no centro do cristianismo. O clero tornou-se um poder social importante em virtude da sua função cultual, não em virtude do Evangelho. O corpo clerical ficou sublimado. O corpo do sacerdote ou do religioso e da religiosa é um corpo já sacralizado, espiritualizado, em que as funções naturais são escondidas ou suprimidas e o que aparece são as funções simbólicas. O corpo transforma-se em símbolo. Por isso a multiplicação das marcas de respeito e admiração pelo corpo do padre e da freira. O corpo está bem escondido para que apareça melhor o seu caráter simbólico. Os fiéis beijam devotamente o anel ou a mão do bispo, do padre ou do religioso ou da religiosa. São corpos espiritualizados pela sua função cultual. Veneram e tratam com respeito as vestes litúrgicas e todos os objetos que tocam no corpo do bispo ou do sacerdote.

Essa abordagem de teor crítico explicita algumas das influências do dualismo grego corpo-alma na evolução do cristianismo histórico, bem como seus reflexos na vida moral e comportamental das pessoas. A noção de que o corpo – esse rebelde e indisciplinado que precisa ser controlado e vigiado – encontrará na vida monástica, nos primórdios do cristianismo, sua forma básica de explicitação.

A relação entre corpo e alma impactou sobremaneira na sexualidade humana, gerando tanto um fascínio quanto um temor. O fascínio remete a uma intuição muito profunda: a de que a sexualidade pode ser um caminho para a felicidade pessoal e social por meio do amor. O temor remete a outra intuição igualmente profunda: a de que a mesma sexualidade pode estar na origem dos conflitos mortais, novamente tanto no âmbito pessoal quanto no social (cf. Moser, 2005). Com isso, a sexualidade configura-se, ao mesmo tempo, como possibilidade de realização e de frustração, de vida e de morte.

Hoje, o dualismo corpo-alma encontrou, nas tecnologias, uma nova forma de antagonização ainda em processo de implementação cultural. Segundo Sibilia (2015), com a teimosia orgânica, o corpo humano resiste à digitalização, recusando as tentativas de total submissão às modelagens desdobradas pelas tecnologias da virtualidade. Mas, mesmo assim, o sonho persiste nesse imaginário: a ideia de abandonar o corpo – ou, pelo menos, *este* corpo – para adentrar um mundo de etérea perfeição digital, povoado de nuvens e de avatares. Um universo ainda adjetivado como "virtual", que tem a luz elétrica como matéria-prima e se atreve a ignorar as limitações que constringem os toscos corpos vivos. Assim, no cerne de uma sociedade em feroz corrida tecnológica – avidamente consumista e adoradora da "boa forma" física –, pode parecer paradoxal que, nesses ambientes de ponta, esteja surgindo um conjunto de discursos que assinalam a impureza ou a inadequação como características inerentes à materialidade corporal – traços estes que, por serem obviamente indesejáveis, deveriam ser eliminados ou ultrapassados (cf. Sibilia, 2015, p. 95).

O dualismo grego corpo-alma, com suas novas versões ou adaptações, interpela a consciência contemporânea – principalmente na sexualidade humana, dimensão estrutural da pessoa. Do dualismo e da separação do corpo-alma, caminhamos, hoje, ao corpo reduzido à carne, ao ciberespaço e à manipulação tecnológica. Convém assumir o questionamento de Le Breton (2003, p. 136) sobre o destino do corpo:

> Se o corpo não é mais a pessoa, se ele está cada vez mais distante de um indivíduo de estatuto cada vez mais indecidível, se o dualismo não se inscreve mais na metafísica, mas decide o concreto da existência e funciona como um modelo de correntes múltiplas da tecnociência ou da cibercultura, então toda a antropologia ocidental, e todo o humanismo implícito e explícito que ela sustentava, são postos em questão.

4.2 O jansenismo e o puritanismo: desafios a uma moral sexual integral

O jansenismo leva o nome do bispo holandês de Lovaina, na Bélgica, Cornélio Jansênio (1585-1638). Em seu livro intitulado *Augustinus*, tentou levar a rigorosa moralidade sexual agostiniana contra todas as recentes tendências à tolerância e enfrentar uma visão mais centrada no prazer ou no desejo sexual. Ele foi professor de Sagrada Escritura na Universidade de Louvain e, depois, se tornou bispo de Ypres.

Para o bispo Jansênio, a motivação para o sexo conjugal tem de concentrar-se inteiramente na procriação e jamais no prazer. Como Agostinho, o único tipo de ato sexual que admite, além do sexo para a procriação, é o sexo para cumprimento do débito conjugal. O ideal é haver relações livres do desejo. Mesmo o obscurecimento da vontade para procriar pela expectativa do prazer é passível de culpa. Jansênio relata que passou a vida inteira às voltas com as obras de Agostinho: leu vinte vezes algumas passagens, outras chegou a ler trinta, e sentiu-se ultrajado pelo fato de o ensinamento de Agostinho – que ele não poupou esforços para compreender – ter sido distorcido pelas novas doutrinas (cf. Ranke-Heinemann, 1996, p. 280).

A elaboração dessa síntese agostiniana sobre a salvação e a graça era uma contraofensiva destinada a enfraquecer a importância das opiniões molinistas ensinadas por alguns jesuítas. A publicação de sua obra *Augustinus* violava as decisões pontificais que proibiam disputas sobre esses temas a partir do encerramento das congregações *De auxiliis*. Essa foi a razão de uma primeira série de condenações – sendo a principal delas a bula *In Eminenti* (1642, publicada em 1643). Essa censura foi explicitamente apresentada como não questionando o estatuto privilegiado do agostinismo acerca dessas questões. A contenda destacou-se na França, assumindo, nesse país, o matiz político-religioso que a caracterizaria até o fim. Um amigo de Jansênio, Jean du Vergier de Hauranne, abade de Saint-Cyran (1581-1643), exercia aí uma grande influência, preconizando uma reforma católica com base no modelo da Igreja primitiva e uma espiritualidade de renovação interior. Ele fez de um mosteiro de religiosas cistercienses, Port-Royal, o foco de irradiação dessas perspectivas. Opondo-se às alianças protestantes de Richelieu, ele também se mostrara adversário do cardeal no que se referia à penitência. Ele encarregou um de seus discípulos, doutor da Sorbonne – Antoine Arnauld (1612-1694) –, de expor a tradição antiga da Igreja sobre a penitência e a Eucaristia, e essa exposição enfrentou algumas dificuldades em Roma (cf. Gres-Gayer, 2004, p. 925).

O jansenismo é pessimista com relação à vida física e sexual da pessoa. Essa apreciação é proveniente do fato de saber que todo homem, independentemente de seus méritos, está predestinado à salvação ou à condenação. Além disso, o ser humano está corrompido e profundamente dominado pela concupiscência, sendo incapaz, por si só, de evitar o pecado. Somente a graça pode libertá-lo da escravidão da concupiscência e conduzi-lo à posse dos bens celestes. A partir da leitura agostinista, essa concupiscência, transmitida aos descendentes de Adão pelo corpo, faz com que a alma também experimente suas influências, transformando o corpo em uma dimensão influenciável por esse mal.

A partir dessa perspectiva, o propósito da moral cristã é entendido como uma tentativa de combater sistematicamente a concupiscência mediante a renúncia, o desapego radical, a indiferença, a desconfiança e, ainda, o desprezo e a fuga do mundo e de seus bens. Essa ascese se projeta de uma maneira especial no âmbito da vida matrimonial e sexual. A prevenção, o desgosto, a renúncia e a severidade sobem de grau em um campo no qual as inclinações, a atração e o prazer são particularmente intensos e tendem a "rebaixar" o homem, manchando sua dignidade e sua liberdade. O corpo da pessoa é considerado, em suas inclinações e seus desejos – principalmente sexuais –, como a parte inferior e vil, a qual é preciso macerar e sujeitar (cf. Forcano, 1996, p. 23-24).

Já o puritanismo teve origem nos países anglo-saxões nos séculos XVIII e XIX. Em geral, atribui-se a gênese mais radical do puritanismo a Calvino e ao movimento de Reforma Protestante; contudo, essa percepção não é totalmente correta do ponto de vista histórico e teórico. Trata-se, essencialmente, de um movimento em defesa da reforma eclesiástica, da renovação pastoral, do evangelismo e do avivamento espiritual, como expressão direta do zelo pela honra de Deus (cf. Ryken, 2013).

No século XIX – época do vitorianismo, Período Vitoriano ou Era Vitoriana –, a sexualidade foi, paulatinamente, deixando de fazer parte da vida. Esse período coincide com o início da expansão da Revolução Industrial e foi o auge da repressão sexual, de fortes tabus, da hipocrisia e do duplo padrão moral. O indivíduo precisava negar a sexualidade. As temáticas de culpa, pecado, indecência e imoralidade tornaram-se frequentes. O pudor e a vergonha regiam os comportamentos. A sexualidade foi associada à procriação; como consequência, foi rejeitada toda atividade destinada apenas ao prazer, inclusive a atividade pré-conjugal. O ideal da esposa vitoriana é a mulher que despreza o sexo (cf. Carelli, 2017, p. 14).

Caracterizado por um exagerado puritanismo em relação ao sexo, a tudo o que concerne aos costumes e, particularmente, a qualquer atividade ou circunstância que envolvia a exibição relativa ao corpo, o moralismo vitoriano direcionava, assim, a tensão sexual para uma versão aburguesada e anódina do amor cortês em sua vertente romântica. A isso vinha-se somar uma cristalização – agora na sociedade burguesa liberal – de certos dogmas ou meras práticas que remontavam, obviamente, a tempos imemoriais: a castidade como atestado do valor da mulher, uma hiperproteção das mulheres conjugada à sua condição ainda submissa; e a institucionalização de uma clara clivagem entre as mulheres "amantes" e as mulheres "esposas", refletindo uma nítida separação entre o desejo sexual real e o ideal moral (cf. Wolf, 2014).

A história do estudo da sexualidade humana tem como ironia marcar seu início na Era Vitoriana, período em que a mera menção ao sexo representava um tabu estrito. Isso significa dizer que a repressão sexual e a afetação tanto impediram quanto estimularam o desenvolvimento da sexologia. Os sexologistas eram perseguidos, e um exemplo disso é a obra de Havelock Ellis, de 1897, que foi proibida na Inglaterra e publicada na Alemanha. Nela existe a primeira definição dos componentes fisiológicos envolvidos na resposta sexual humana, divididos em duas fases distintas: tumescência e detumescência (cf. Pereira, 2017). Na tumescência há a congestão sanguínea no aparelho genital; na detumescência, a descongestão; e, nesse ínterim, ocorre uma relação energética de descarga de tensão acumulada. O tema essencial de sua pesquisa é que a resposta sexual é claramente um imperativo fisiológico, mas sua expressão pode se modificar conforme os padrões sociais envolvidos (cf. Gregersen, 1983).

Do ponto de vista religioso, o puritanismo é um desdobramento da moral religiosa de controle sobre a sexualidade e os respectivos comportamentos. Pregavam a moralidade ascética, já que o ponto de partida da ética é um pessimismo absoluto quanto à natureza humana. Por força do pecado, ela é corrompida e nada produz que não mereça condenação. Por conseguinte, todo o bem que se faz vem de Deus (cf. Comparato, 2006).

Não seria exagero dizer que o jansenismo e o puritanismo, em suas respectivas vertentes históricas, influenciaram a consciência de muitas pessoas religiosas, adeptas de experiências religiosas rigoristas. Em novas versões – *neojansenismo* e *neopuritanismo* –, muitos corpos, muitas pessoas, muitas subjetividades e muitas sexualidades são ressignificadas, traumatizadas e até despedaçadas com narrativas e discursos que não fomentam um amadurecimento interior e comunitário. Apesar de o cristianismo ter sido o primeiro a assumir o corpo – até mesmo o erotismo como tema explícito de reflexão –, parece inegável que ele carrega consigo desconfianças em relação ao prazer. Analisar historicamente esses "sistemas" antropológicos ajuda num melhor conhecimento das novas versões e aplicações a serem aprofundadas e interpeladas.

4.3 Hermenêutica "apressada" de posicionamentos do magistério eclesial

Do ponto de vista histórico-teórico, desde os princípios do século XX, observa-se um progressivo deslocamento quanto ao ponto de partida da reflexão ética em filosofia e em sua forma de fundamentação. Já não é o ser – nem a consciência –, e sim o fato linguístico, isto é, o fato de que emitimos mensagens que fazem parte da linguagem. Essa questão vem preocupando os pensadores – filósofos e teólogos – no que comumente foi denominado de "virada linguística" da ética contemporânea (cf. Oliveira, 1997).

Todo fato moral – seja em sua dimensão teorético-reflexiva, seja em sua expressão prático-concreta – é interpretado mais a partir dos significados das expressões linguísticas do que no específico campo de análise do fato em si. Essa mudança cultural impacta a forma como se analisa o fato moral e a decisão da pessoa em direção à verdade. Paralelamente, observa-se a disseminação de movimentos fundamentalistas que objetivam impor suas crenças e sua moral religiosa a uma sociedade plural e secular, combatendo a diversidade constitutiva da comunidade humana.

Essa realidade de crise da linguagem com a simplificação de uma interpretação da vida moral toca a noção de "magistério" eclesial e sua proposta de integração da sexualidade em vista do processo de personalização da pessoa. Essas duas realidades convergem para um "apressamento" em "opinar" ou "julgar" a vida real das pessoas, sem fazer uma ponderação mais profunda com elementos de complexidade. Aliás, ao avaliar os "atos" da pessoa, isolados do conjunto do "agir" da própria pessoa, corre-se o risco não apenas de violentar a consciência humana, mas principalmente de negar a pluralidade, podendo fomentar atitudes de exclusão, xenofobia, rejeição, violência e terror (cf. Bonome, 2009).

O fato de existir um magistério em moral não significa, de modo geral, que os cristãos respondem ou aceitam os ensinamentos em uma atitude de fé divina. Os ensinamentos oficiais da Igreja a respeito de questões morais específicas são corretamente considerados palavras autorizadas, mas não infalíveis de modo definitivo. São muito relevantes as ideias sobre o magistério do teólogo francês Bernard Sesboüé, acerca de um conflito de *ethos* na relação entre Igreja e sociedade. Segundo ele:

> Apesar do *aggiornamento* desencadeado pelo Vaticano II, o discurso da Igreja ao longo das últimas décadas foi tomando uma distância cada vez maior da figura moderna da consciência e de suas aspirações. Vemos por um lado a figura da Igreja, sempre hierárquica, autoritária, falando a linguagem da obrigação e do tabu e manifestando um temor quase obsessivo pelo menor desvio daquilo que ela considera a verdade, mesmo fora do perímetro da fé propriamente dita. Seu discurso, muito objetivo, raramente apela à consciência e aos seus direitos como aos seus deveres. Não leva muito em conta a sensibilidade da nossa época e não perde tempo para que se compreenda pastoralmente a legitimidade de suas posições. Por outro lado, a figura moderna da consciência comporta uma aspiração ao diálogo, à liberdade de pensamento, à autonomia do agir, um apelo ao direito da consciência nos seus juízos sobre questões de moral, um gosto pela partilha e a corresponsabilidade. Aqui não se pode deixar de constatar um conflito de *ethos* entre o magistério da Igreja e a consciência contemporânea. A maneira de administrar o problema da verdade difere radicalmente de uma parte para a outra (Sesboüé, 2004, p. 348).

Essa abordagem de Sesboüé alude à ideia de que o magistério da Igreja oferece um serviço de formação da consciência dos cristãos, para que estes não se desviem do propósito da bondade e da verdade moral, sem, no entanto, ter como objetivo controlar ou reduzir a pessoa à obediência cega de elementos que lhe são desconhecidos. A noção de magistério não pode ser interpretada de modo simplista, mas deve-se perceber sua evolução e suas dificuldades de intepretação que surgem a partir dos novos desafios colocados à consciência humana. Uma leitura "apressada" de textos do magistério sobre a sexualidade humana, desviada de seu foco de integração, indica um reducionismo de teor fundamentalista e fanático.

Congar (1997) já constatava que, na Antiguidade, na Idade Média e no início da Era Moderna, ainda não existia, de forma clara, a noção de magistério. Este se desenvolveu de forma mais orgânica a partir do século XIX. Nos primórdios do cristianismo, o surgimento de uma "autoridade" deu-se devido à rápida disseminação de perversões ou heresias que comprometiam o ensino dos apóstolos e dos bispos. O "frágil" senso dos fiéis – neoconvertidos –, num ambiente ainda incerto, conduziu a uma salvaguarda de verdades nas figuras dos ministros ordenados, sucessores dos apóstolos. Os concílios e os bispos, no início, buscavam evitar os excessos de interpretações heréticas, mas sempre indicando em que se deve crer e viver, contrapondo-se aos erros de algumas ideias que se opunham à fé transmitida (cf. Lonergan, 2012).

Essa tensão criativa e produtiva, no contexto dos primeiros séculos do cristianismo, contribuiu para a delimitação do papel dos ministros ordenados e o seu magistério específico. Já na escolástica apareceu uma forma de se pensar o conteúdo da fé cristã de forma analítica e questionadora, lançando mão de recursos filosóficos, não apenas na forma, mas também no conteúdo (cf. Dulles, 2001). Para Tomás de Aquino, a autoridade do bispo é um poder instituído, em contrapartida da autoridade do doutor, que constitui uma competência pessoal reconhecida publicamente (cf. Congar, 1997).

O ensino e a pregação do Evangelho eram de competência primordial dos bispos, papel recebido como uma missão. A partir do século XIII já é possível identificar algo como um magistério doutoral. Além do ensino científico, os teólogos, paulatinamente, assumiram um lugar de autoridade, cabendo-lhes o poder de decisão. Era comum aos papas recorrerem aos professores universitários antes de publicar alguma decisão ou se posicionar sobre novas questões. Essa perspectiva de mútua colaboração entre bispos e teólogos se manteve no Concílio de Trento. Apesar da resistência de alguns, o papel dos teólogos foi, aos poucos, reconhecido como indispensável. Teólogos expressavam suas opiniões em assembleias, eram escutados pelos bispos que coletavam suas opiniões para formular decretos, porém, antes de publicá-los, submetiam os textos ao crivo dos teólogos. Contudo, com a reação contra a Reforma Protestante, o racionalismo moderno e alguns movimentos sociais, houve uma tentativa de responder a esses excessos, invocando a noção de "autoridade" (cf. Congar, 1997). Nesse período, os grandes teólogos e as universidades da Europa contribuíram para a formulação de respostas e reações a novas questões que surgiram (cf. Dulles, 2001). Tais fatos, possivelmente, colaboraram para a noção pejorativa e autoritária das funções do magistério.

O Vaticano II criou as coordenadas eclesiológicas que, teoricamente, fariam esperar uma nova era nas relações entre teologia e magistério. O Concílio renovou o relacionamento entre os teólogos e o magistério (*Dei Verbum*, n. 10; *Lumen Gentium*, n. 12, 21 e 25), dando ênfase maior ao magistério dos bispos em colegialidade como romano pontífice.

Contudo, o clima de contestação e ruptura da unidade católica posterior ao Vaticano II – ocasionado, em parte, pela nova conjuntura social e pelos meios de comunicação – foi agravado, pois os fiéis passaram a formar suas opiniões sobre os mais variados temas, lançando mão não apenas do ensino oficial da Igreja. Isso também afetou o trabalho dos teólogos, que passaram a atuar de forma independente dos cânones eclesiásticos e do magistério, os quais impunham certas regras e limites a seus trabalhos (cf. Oliveira, 2020). Muitos teólogos entenderam que seu trabalho se assemelhava ao das diversas ciências presentes nas universidades seculares.

Nasce, então, no contexto do período pós-conciliar, uma desfiguração do sentido do magistério eclesial e seu uso indevido por parte de grupos fundamentalistas. Se, de um lado, houve o desenvolvimento de uma dimensão mais espiritual, misteriosa e descentralizada, a partir da ideia de "povo de Deus", em detrimento de uma imagem mais jurídica e centrada no poder eclesiástico, de outro, houve resistências e até um movimento cismático – o velho tradicionalismo "lefebvriano" –, que reivindicava a obediência à "verdadeira tradição", em oposição ao denominado "neomodernismo infiltrado na Igreja" (cf. Libanio, 2000, p. 96-97).

Nas três últimas décadas, as formas de união de vida em casal e as circunstâncias de vida familiar de numerosas pessoas transformaram-se visivelmente. Para entender a relevância de tal mudança basta assinalar, de forma sucinta, os desenvolvimentos mais importantes: a tendência para contrair matrimônio decresce; o número de uniões de vida não matrimoniais e de lares unipessoais aumenta; a taxa de natalidade reduz-se até valores situados abaixo do nível de substituição de gerações; o número de casais sem filhos, de famílias reconstituídas e de famílias adotivas continua a crescer; o casal formado por duas pessoas com carreiras profissionais faz surgir o papel de dono de casa e o mito dos "novos pais"; as famílias monoparentais, ou as chamadas famílias *patchwork* (compostas por retalhos), deixaram, há algum tempo, de ser uma raridade; as comunidades de vida alternativas e os casais homossexuais são socialmente tolerados e juridicamente reconhecidos. Se tivermos presente esse desenvolvimento, torna-se manifesto que de modo algum se tratam de fenômenos marginais, mas sim de vastas tendências de mudança profunda que não se detêm nem sequer diante das estruturas sustentadoras do nosso mundo da vida, a saber, a realidade social do matrimônio, o casal e a família (cf. Schockenhoff, 2018, p. 19-20).

Sabe-se que há uma institucionalização da sexualidade no matrimônio no grande contexto da cultura ocidental. A questão que se coloca é como a sexualidade – em seu sentido profundo de descoberta de um "tu", de uma alteridade – pode submeter-se à prova da instituição sem perder o seu valor. Há uma tensão entre a sexualidade – tal como se apresenta: caótica, instintiva e impulsiva – e a instituição.

É verdade que a natureza do matrimônio se dá no amor mútuo dos cônjuges. Essa experiência amorosa supõe uma vivência profunda de união e atração por um outro. O ser finito tem uma carência, é um ser referido para a contemplação por parte de outra realidade. Também o ser humano é um ser carente que tende para uma plenitude com a ajuda de bens materiais, biológicos e espirituais (cf. Kasper, 1993, p. 18).

A alteridade, o respeito ao outro como outro, sempre põe, de algum modo, a instituição em questão, pois a ultrapassa, não se pode esgotar nela. Por outro lado, a instituição questiona a verdade da descoberta do outro enquanto constrange a vivência do amor na dura ascese do real, do dia a dia. A instituição possibilita a criatividade do amor por meio de todos os obstáculos e problemas que se lhe ponham, e a ordenação da sexualidade a um projeto de vida (cf. Taborda, 2005, p. 22).

O sentido da instituição é proteger a alteridade do outro, inserindo o prazer num projeto comum. Com isso, o prazer não se reduz à fugacidade de um momento pontual, mas confirma e consolida o projeto comum e o transforma também em prazer. E vice-versa: o projeto comum garante a humanização do prazer e o respeito à alteridade. Na longa tradição cristã, a sexualidade foi compreendida dentro do matrimônio sacramental. Isso não significou que a sexualidade foi resolvida em todas as suas complexidades no contexto da instituição sacramental. Nem sempre a conjugação entre sexualidade e matrimônio foi harmonizada de modo equilibrado.

Um dos motivos que condicionou a lenta separação entre a instituição matrimonial e a sexualidade é a mudança de cenário socioeconômico ocasionada nas últimas décadas. Desse modo:

> A sociedade atual encontra-se na era do monopólio do orgasmo, do "sexo de resultados" e do mercado da sexualidade. A imposição do prazer parece gerar insatisfação e a tirania do gozo continua enclausurando o desejo. [...] a sociedade contemporânea não é sinônimo apenas de liberação sexual. As conquistas eróticas e as liberdades individuais que foram alcançadas após os anos "dourados" da revolução sexual passaram a conviver com a revitalização de tabus sexuais e a renovação de interditos morais. O hedonismo das décadas de [19]60, [19]70 e [19]80 foi abalado pelo renascimento do puritanismo e ressurgimento da moral sexual. Prevalece, na atualidade, uma dupla linguagem do desejo, marcada pela repressão e liberação, interdição e permissão (Dantas, 2010, p. 721).

Do ponto de vista histórico, os estudos sobre a sexualidade humana – em particular, a feminina – foram bastante férteis e "transgrediram" os ditames tradicionais no que se refere aos preconceitos com relação ao corpo e à sexualidade. As opiniões dos médicos mais ousados "[...] foram abafadas por vozes muito mais sombrias, que negavam à mulher sadia e respeitável qualquer inclinação erótica natural" (Gay, 1999, p. 116). Nesse sentido, a sensualidade feminina era vista como anomalia, aberração da natureza e degradação moral.

Assim, percebe-se que a realidade da família e dos relacionamentos humanos, no contexto da cultura ocidental, se vê profundamente afetada por mudanças que aconteceram nos últimos séculos e, especialmente, nas últimas décadas. Os fatos que mais influenciaram nas formas de vida da família estão relacionados com o fenômeno da industrialização e com o desenvolvimento moderno dos poderes do Estado. Se, antes, a Igreja tinha uma proposta de moralidade familiar-sexual, centrada na procriação e na vida definitiva, hoje, o cenário conduziu a própria Igreja e a teologia a rever posicionamentos estáticos de uma vez por todas. Há a necessidade de ler, interpretar e integrar o ensino do magistério eclesial dentro dessas mudanças, não a fim de "abrandá-lo", mas com o objetivo de resguardar o princípio e, com discernimento, "aplicá-lo" na prática do acompanhamento.

4.4 De uma pastoral do controle de "corpos" e da subjetividade ao acompanhamento pelo discernimento: *Amoris Laetitia*

No atual contexto, eclodem muitas formas de manipulação e até de abuso da consciência das pessoas, mediante uma discursividade religiosa que reduz o sentido dos textos religiosos a uma aplicação simplista e literalista. Mesmo que o Vaticano II tenha protagonizado uma pastoral que viabilizasse o diálogo sincero com a sociedade e a incorporação de elementos culturais que explicitam o *ethos* das pessoas e de um povo, há forças obscuras que bloqueiam uma verdadeira pastoral, uma identificação ao Cristo Bom Pastor. Uma pastoral do controle de corpos e de subjetividades caminha em oposição à proposta de uma Igreja Povo de Deus, que é dócil às fragilidades das pessoas e ao desejo de superar as dificuldades.

Quando utilizamos a expressão "pastoral", aludimos à figura do "Bom Pastor", metáfora que Jesus usou de forma privilegiada em suas parábolas para definir as relações dele com sua primeira comunidade. Toda pastoral da Igreja é reprodução e perpetuação da ação pastoral de Jesus Cristo, modelo de Bom Pastor. Na pastoral, o pastor e o cristão dedicam-se ensinando e educando o seu rebanho com a mesma docilidade de Jesus. As ações pastorais não são uma forma de controlar, dominar ou subjugar um outro mais vulnerável ou frágil, mas sim de acompanhá-lo na misericórdia e na integração eclesial pelo Espírito Santo (cf. Fuentes, 2008).

O serviço de acompanhamento pastoral das pessoas exige um sentido missionário, um olhar atual sobre as situações que afetam e desafiam a vida em sua inserção cultural, que incidem sobre a existência. Esse serviço supõe, em alguns momentos, até um "silenciamento" frente à vida real da pessoa, para que haja uma manifestação de sua verdade. Nem sempre há um reconhecimento respeitoso pela vida real da pessoa, pela consciência em que sua dignidade se afirma.

Um compromisso de acompanhamento real e verdadeiro das pessoas, numa dinâmica pastoral, supõe: *vida teologal* (espiritualidade fundamentada nas virtudes teologais: fé, esperança e caridade); *eclesialidade* (união com a comunidade); *sacramentalidade* (vivência dos sacramentos numa comunidade que, em torno de Cristo vivo, alimenta suas esperanças); *dimensão missionária* (sede de anunciar o reino com alegria e despojamento); e *compromisso transformador* (responsabilidade social de se engajar nos desafios que afetam os empobrecidos, preferidos do Senhor). Essas características são essenciais para compreender o sentido último de uma pastoral que, a exemplo de Jesus Cristo, respeite as pessoas e as auxilie no crescimento e na integração eclesial (cf. Fuentes, 2008).

Nem sempre essa preocupação de "acompanhamento" é colocada em prática. Há uma tentativa de impedir que as pessoas reais, emancipadas em suas consciências, sejam elas mesmas em suas dignidades e verdades. A religião e o poder, usados sem o sentido teológico-espiritual do Cristo Bom Pastor, podem se tornar, em vez de um serviço de acompanhamento e de formação de pessoas, uma forma de subjugar sujeitos a outros sujeitos. Esse é um fenômeno muito sutil, que exige um aprofundamento à luz da filosofia de Michel Foucault, já que ele faz uma análise do uso do poder pastoral.

Para Foucault (2006; 2008), a Modernidade trouxe duas novidades fortemente interligadas no que tange ao exercício do poder e do condicionamento das pessoas: o poder disciplinar, no âmbito dos indivíduos; e o poder da sociedade estatal, no âmbito do coletivo. O poder disciplinar surgiu em substituição ao poder pastoral (no campo religioso), poder esse exercido verticalmente por um pastor que depende de seu rebanho e vice-versa. No poder pastoral, o pastor deve conhecer individualmente cada membro de seu rebanho, se sacrificar por eles e salvá-los. No campo político, a sociedade estatal veio em substituição ao poder de soberania, vem da lógica pastoral, embora não possa ser salvacionista, nem piedoso, nem mesmo individualizante. Assim, o poder de soberania tem um déficit em relação ao poder pastoral.

Para preencher essa lacuna, esse vazio da ausência do poder pastoral, surge o poder disciplinar, com efeitos individualizantes, vigilantes, a fim de preencher os espaços vazios do campo político. Esse caráter de proximidade que deveria ser abarcado pela sociedade estatal pode ser bem identificado no estado de bem-estar social que surgiu exatamente para suprir as necessidades básicas dos novos sujeitos (cf. Ferreirinha; Raitz, 2010). Essa breve ponderação indica que o poder religioso, no contexto da passagem da economia neoliberal para o tempo presente, se estrutura numa nova forma de controle de corpos e subjetividades.

Esse mecanismo acelerou-se, principalmente, a partir da transição democrática na América Latina e no Brasil. As discussões sobre a questão de gênero e da sexualidade, após o longo processo de emancipação de movimentos feministas e da diversidade sexual e de gênero, ainda em regimes ditatoriais, promoveram a visibilidade de novos atores com debates em torno da liberdade do uso dos corpos. Não obstante essas novas formas de existir com direitos e cidadania garantidos, crescem e se organizam novos grupos religiosos e políticos, os quais tensionam a disputa em torno de propostas e de liberdade sexual (cf. Sívori *et al.*, 2017).

Frente não apenas à secularização instalada no mundo pela Modernidade, mas também ao novo contexto de sociedades democráticas, plurais e complexas, levantou-se o movimento fundamentalista (cf. Armstrong, 2001). Este – hoje presente em alguns grupos surgidos no interior das grandes tradições religiosas – pretende defender os fundamentos da fé cristã a partir de uma leitura "fundamentalista" e "literalista" das Escrituras Sagradas.

Do ponto de vista moral, esses posicionamentos apologéticos, defensivos e rigoristas são situados na pauta de grupos político-religiosos que cada vez mais buscam visibilidade na cena político-partidária. Há uma pretensão restauracionista, cujo método é o do discurso em torno de um "moralismo", centrado na pedagogia do "terror" e da fobia sobre pautas em torno de costumes. Segundo Coleman (1992, p. 55), esse "projeto" tem um objetivo: "[...] visa-se recuperar a autoridade sobre uma tradição sagrada que deve ser reintegrada como antídoto contra uma sociedade que se soltou de suas amarras institucionais".

Nesse cenário complexo de sociedade e Igreja há uma tendência de substituir o sentido pastoral de acompanhamento para um discurso controlador, fundado em uma restauração do poder religioso sobre a tendência moderna. Essa é a transposição para a moral – o "moralismo" – do dogmatismo fundamentalista. A verdade religiosa – lida e interpretada fora do alcance mais alargado da hermenêutica – é destituída do caráter de provisoriedade e, assim, aplicada sem o rigor da interpretação no caso particular.

Por trás de discursos rígidos, fundamentalistas e de "controle" das pessoas há a pretensão de considerar como verdade algo que é inquestionável a partir de uma leitura de mundo estática. Essa é uma mentalidade alicerçada no fanatismo, que é uma "cega obediência a uma ideia, servida como zelo obstinado, até exercer uma violência para obrigar outros a segui-la e punir quem não está disposto a abraçá-la" (Bobbio; Matteuci; Pasquino, 1998, p. 464).

Na Exortação Pós-Sinodal *Amoris Laetitia*, texto conclusivo do processo sinodal de 2016, encontramos um antídoto ou remédio diante das "doenças" existentes em torno da consciência de massa da parte de muitos cristãos. O discernimento da consciência enquanto luz e orientação para a busca do bem na família é nítido no próprio modo como o papa desejou redigir a exortação. Ele mesmo diz: "[...] considerei oportuno redigir uma exortação apostólica pós-sinodal que recolhia contribuições dos dois Sínodos recentes sobre a família, acrescentando outras considerações que possam orientar a reflexão, o diálogo ou a práxis pastoral, e simultaneamente ofereçam coragem, estímulo e ajuda às famílias na sua doação e nas suas dificuldades" (*Amoris Laetitia*, n. 4). Para o Papa Francisco, o discernimento não era a aplicação casuística de uma lei a um caso particular, mas o próprio exercício dinâmico de uma consciência livre e responsável da pessoa em um determinado contexto[13].

Essa sensibilidade é perceptível no capítulo terceiro ("As circunstâncias atenuantes no discernimento pastoral") e no capítulo oitavo ("Acompanhar, discernir e integrar a fragilidade") da Exortação Apostólica *Amoris Laetitia*. Sem me demorar nessa hermenêutica magisterial[14], convém indicar o seguinte: em *Amoris Laetitia* o acento está na lógica da misericórdia, e não na aplicação legal de um princípio. Esta, embora possa conduzir a um enfraquecimento da disciplina eclesial, na verdade é um convite a confrontar essa realidade objetiva com a situação concreta da pessoa. Francisco inverte o "procedimento" axiológico sobre a avaliação moral. A

13. Cf. Fumagalli (2017a), obra em que há uma boa apresentação sobre o sentido do discernimento à luz da *Amoris Laetitia*.

14. Sobre esse tema, cf. minha reflexão em: Almeida (2017).

lógica é a da capacidade eclesial em assumir a misericórdia como único e essencial paradigma pastoral, já que sua fonte é o Evangelho e a prática de Jesus.

Assim, é urgente retomar a ideia de uma pastoral de acompanhamento das pessoas em suas fragilidades, mediante um processo de discernimento real, o qual exige uma postura de respeito pela pessoa em sua integral condição de descoberta de si. Supõe distinguir o que a pessoa é em sua realidade do que ela pode atingir a partir de seu esforço de integração. Também requer uma acolhida da comunidade eclesial, reconhecendo seu limite em dar a última palavra à pessoa que busca acompanhamento e discernimento.

4.5 Considerações finais

Após ter refletido sobre o sentido dos ditos "inimigos" da sexualidade – limites históricos e paradigmáticos da sexualidade – no contexto do amor e da sexualidade na tradição ocidental, convém agora aprofundar textos e referências no interior da tradição bíblica e eclesial.

Discorrer sobre esses desafios – dualismo, rigorismo, jansenismo histórico e sua nova versão, interpretações apressadas e simplistas do magistério eclesial, batalhas religiosas em torno da sexualidade, redução da sexualidade a uma única visão familiar e, por fim, uma pastoral não de acompanhamento real das pessoas, mas de "adestramento" ou controle dos corpos e subjetividades – possibilita ler e interpretar pontos importantes da tradição bíblico-teológica a partir da chave do presente, sem alienação ou reducionismos.

Os limites de abordagem sobre a sexualidade, no fundo, deturpam uma visão integral e equilibrada sobre o amor e a sexualidade na perspectiva cristã e indicam que há um mal-estar na forma de viver o grande dom do amor sexual. Esses "inimigos" foram sendo gestados lentamente na historicidade entre o cristianismo e os vários contextos. Conhecê-los, mesmo que de modo panorâmico, possibilita-nos desconstruir as falsas conjecturas criadas por movimentos que se distanciaram do verdadeiro sentido do Evangelho. No próximo capítulo, pretende-se analisar justamente essa fonte da moral de inspiração cristã: a Sagrada Escritura e seus significados sobre o amor e a sexualidade.

5
A sexualidade e o amor na Sagrada Escritura: textos fontais e basilares

O matrimônio, o casal e a família são apresentados na Sagrada Escritura em relação de práxis, usos e sensibilidades das diversas épocas históricas às quais a composição dos textos se referem. Eis por que é fundamental que esses textos – historicamente distantes de nós, contemporâneos, com outra sensibilidade de sentido e de história – passem por um processo de interpretação e exegese.

Justamente porque esses textos remontam a processos de "moralização" de povos e culturas com axiologias próprias é que necessitamos estudar, interpretar e atualizar essas noções e imagens subjacentes, sem reduzi-las anacronicamente a uma intepretação fundamentalista ou literalista. Os ensinamentos bíblicos devem ser vistos sobre o pano de fundo de seu tempo, dentro do quadro das condições culturais e sociológicas que caracterizam sua época.

Afirma-se a ideia de que a sexualidade e o amor precisam ser abordados de um modo integral e includente. A Sagrada Escritura não deve ser considerada como um repositório de prescrições absolutas com referência à sexualidade. Instruções específicas condicionadas pela cultura não podem reclamar validade para todos os tempos. Precisam ser interpretadas e atualizadas, também, à luz da ciência. A Sagrada Escritura não é um manual de ética ou moral. Ela contém uma variedade de enunciados sobre o sexo e algumas exigências concretas que têm caráter paradigmático, mas não absoluto. Dela se pode extrair apenas algumas linhas gerais ou orientações, as quais hão de ser interpretadas historicamente, recorrendo-se a um conhecimento científico mais apropriado de nossos tempos.

5.1 A sexualidade e o amor no Antigo Testamento

Para a Sagrada Escritura, a moral, também no terreno da sexualidade, é a forma concreta de viver a aliança entre Deus e o ser humano, de responder ao diálogo amoroso iniciado por Deus e de tornar presente já em nosso mundo o Reino de Deus pela força do espírito.

Consequentemente, não nos interessa tanto encontrar uma série de leis e normas concretas, mas sim um *ethos*, uma vontade moral pela qual vamos descobrindo qual deve ser a forma de atuação do "homem novo", criado e remido por Cristo, e, já concretamente, como se vivem "no Senhor" a sexualidade e o matrimônio no contexto do amor.

Como documento de um período de mil anos na história de um povo e de sua evolução religiosa, o Antigo Testamento encerra diversas teologias e atitudes com relação à sexualidade. O destaque dado ao sexo nos cultos pagãos – ao menos assim como os autores bíblicos os encaram – obrigou os profetas e os chefes religiosos de Israel a tomarem uma atitude enérgica com referência a quaisquer práticas sexuais que parecessem relacionadas ao culto. Sobretudo após o exílio, a preservação e a propagação do povo escolhido tornaram as relações sexuais mais do que assunto privado. Os filhos eram um dom de Deus (Sl 127,3), e as crianças, uma bênção (Sl 128,4). Embora com o correr do tempo se espiritualizasse dentro de uma estrutura cultural, o próprio termo "bênção" parece que se referia, originalmente, ao poder da fertilidade (Gn 1,22).

5.1.1 A narrativa javista

O ensinamento do Antigo Testamento sobre sexualidade, amor e matrimônio deve ser situado no contexto das culturas do antigo Oriente Próximo com as quais os povos bíblicos tinham vínculos muito estreitos. Essas culturas foram todas sincretistas, e nelas havia as figuras arquetípicas do deus-pai e da deusa-mãe, fontes da vida universal nos domínios divino, humano e natural. Mitos celebravam o matrimônio, a sexualidade e a fertilidade desse par divino, simultaneamente divinizando a sexualidade e legitimando o matrimônio, a relação e a fertilidade de cada par terreno (cf. Salzman; Lawler, 2012, p. 40).

A narrativa javista, datada do século X a.C., presente em Gênesis 2, é a mais antiga sobre a criação do homem e da mulher. A terminologia "javista" indica Deus com o tetragrama sagrado e impronunciável YHWH, Javé (cf. Ravasi, 2005, p. 567). A perícope em questão (Gn 2) trata de uma profunda reflexão sobre o significado da sexualidade e sobre a misteriosa força de atração entre o homem e a mulher expressa em forma de narrativa, com linguagem imaginativa e muito evocativa. O autor – após ter descrito a criação de Adão a partir do pó da terra (Gn 2,7) e a sua colocação no jardim para cuidar e cultivar (Gn 2,15) – nos apresenta a primitiva vocação à comunhão, junto à ilimitada solidão. Segundo o texto: "[...] não é bom que o homem esteja só; quero fazer uma ajuda que lhe corresponda" (Gn 2,18).

A visão hebraica da sexualidade e do matrimônio promove um rompimento radical com a perspectiva politeísta. A sexualidade não é divinizada. Não existe nenhum casal deus-deusa, apenas Javé, que é único (Dt 6,4). Não existe nenhuma deusa associada ao Deus criador. No ápice da criação de Javé está *'adam*, homem e mulher reunidos. O fato de Javé dar o nome de *'adam* para homem e mulher – isto é, habitantes da terra ou humanidade – funda a igualdade entre homem e mulher como seres humanos. Eles são "osso dos meus ossos e carne de minha carne" (Gn 2,23) e, por serem iguais, podem unir-se e tornar-se "uma só carne" (Gn 2,24). No matrimônio, homem e mulher iguais assumem os papéis de gêneros distintos de marido (*'ish*) e mulher (*'ishsha*), o que confere etiologia e base para o patriarcado bíblico (cf. Salzman; Lawler, 2012, p. 40).

O texto javista supõe o matrimônio patriarcal com a correspondente superioridade do homem sobre a mulher (ele é criado primeiro, dá nome à mulher, proclama seu domínio). Não obstante, a lógica da revelação vai, de alguma forma, romper com esse condicionamento cultural. Em Gn 3,16 acentua que a superioridade do homem recebeu pelo pecado o seu peso negativo. A tradição javista da criação supõe também que o matrimônio nas origens era monogâmico.

A tese geral desses textos é a seguinte: Javé é o Deus que criou esta maravilha que é o mundo – e, em especial, a Terra. Deus criou primeiro o varão e, depois, procurou-lhe uma ajuda adequada, tanto nos animais quanto, sobretudo, na mulher, que foi retirada de uma costela de seu corpo, como carne de sua carne e osso de seus ossos. O relato deste capítulo aparece como um "mito" original, mas, na verdade, refere-se à atual história do povo de Israel, suas tentações e sua queda "com simbologia mitológica". Trata-se de uma leitura profética que vai na contramão do sistema politeísta e poligâmico próprio dos cananeus (cf. Benetti, 1998, p. 84).

Os relatos da criação contêm, na forma de sua apresentação, uma consequente desdivinização da sexualidade e, ao mesmo tempo, uma afirmação plena dos valores humanos a ela associados. A dualidade sexual não é, como no mito platônico, uma existência cindida em que o homem foi arrancado de uma unidade originária; ao contrário, ela é querida como primigênia e fonte de consolação (cf. Fraling, 2011, p. 149).

As tradições javista e sacerdotal não são meras descrições de um fenômeno natural, mas teologia, desmitologização da natureza. Não há mais deuses que determinam o rumo do cosmo e da criação, mas unicamente Javé é o criador de tudo. Também o matrimônio é desmitologizado nessa visão teológica. Ele não é imitação de um matrimônio sagrado entre divindades, mas sim mera obra criada pelo Deus da aliança.

5.1.2 A narrativa sacerdotal

Na ótica do Antigo Testamento, a compreensão autêntica da sexualidade é proveniente somente dentro do quadro de referência interpessoal entre homem e mulher, no horizonte da lei do amor que salvaguarda o sexo de uma consideração puramente instintiva (cf. Zuccaro, 2002, p. 27). Israel, na luz da fé a Javé e na aliança, desenvolveu uma compreensão original do uso da sexualidade e do matrimônio que não permaneceu sem efeitos também do ponto de vista das estruturas normativas e institucionais.

A narrativa sacerdotal, datada do século VI a.C., presente em Gênesis 1, é a mais recente sobre a criação do homem e da mulher. Nessa narrativa, mediante a ideia de "imagem e semelhança", são expressas, de modo solene, a unidade do homem e da mulher e a finalidade procriativa da sexualidade. Após ter criado todas as coisas em seis dias, chega, enfim, o momento da criação do homem e da mulher, como o ápice de um crescimento, já que a criatura humana é a mais importante e significativa da inteira criação (Gn 1,26-27). Deus cria simplesmente ao enunciar uma palavra criadora (Gn 1).

O texto sacerdotal (Gn 1,27s.) entende o ser humano não como realidade genérica, abstrata, mas como homem e mulher. Como sexuados, são imagem de Deus, e, assim, homem e mulher são iguais.

O relato sacerdotal, em que aparece o binômio homem-mulher como o ápice e a coroa de toda a obra criadora, acentua o aspecto procriador da sexualidade: "Deus os abençoou e lhes disse: Sede fecundos, multiplicai-vos, enchei a terra [...]" (Gn 1,28). O relato não deixa dúvidas: é o destino assinalado ao primeiro casal humano e aos que dele vão surgir, para que assegurem a multiplicação dos seres sobre a terra. Com essa finalidade, foram criados como homem e mulher à imagem de Deus. O específico do homem, expressamente assinalado, é converter-se em ícone e epifania do ser que lhe deu a vida. É a vida trinitária em comunhão de amor que doa à criação seu amor e sua expansão de ser, convidando ao amor (cf. Azpitarte, 1997, p. 79-80).

Nesse relato sacerdotal, a igualdade dos sexos aparece mais assinalada em todos os aspectos da vida humana: união sexual, fecundidade e domínio sobre a criação. Não é mencionada a atração sexual nem o domínio do varão sobre a mulher; é um texto sacerdotal que ordena a sexualidade em função de dois objetivos claros: fecundidade matrimonial e domínio (cuidado) da natureza. Todavia, a tese de fundo é: tudo o que Deus cria é bom, e o que cria no sexto dia é muito bom (cf. Benetti, 1998, p. 116).

Desse modo, a sexualidade e a fecundidade humanas são não só criaturas de Deus, mas criaturas boas, algo pensado e criado por Deus como expressão da sua bondade e santidade. Quando a sexualidade é desqualificada ou reduzida a pecado (atos sexuais), quando ela é considerada algo indigno, o seu autor e criador está sendo menosprezado. Os gnósticos, posteriormente, precisarão dizer que Javé não era um Deus verdadeiro e bom, mas um deus falso e mau, tendo em vista que Ele criou o ser humano sexuado e o mundo corporal.

Os relatos do Gênesis – tanto o javista quanto o sacerdotal – desmitologizam a concepção de matrimônio dos povos cananeus. Para estes, o processo da natureza era controlado pelas relações sexuais entre a divindade masculina e a feminina. Daí a prática da prostituição sagrada: as atividades sexuais dos fiéis encorajam os deuses a fazerem o mesmo e, assim, garantem a fertilidade e a fecundidade da terra. O processo de desmitologização operado pelas narrações dos primórdios no Gênesis consiste em mostrar a sexualidade e o matrimônio como obra de Javé na criação.

Matrimônio e sexualidade são dessacralizados e, assim, restituídos a seu caráter plenamente humano, libertados da atmosfera de medo religioso. Eles adquirem sentido autônomo, não sendo mais possível considerá-los numa perspectiva utilitarista (relações sexuais para influenciar sobre os deuses). Matrimônio e sexualidade têm sentido em si, não são meios para fins alheios à esfera humana. Devolvido o caráter criacional, o matrimônio pode, posteriormente, servir de metáfora para o amor de Deus ao povo (aliança).

5.1.3 O amor e a sexualidade no contexto dos profetas

Os profetas tiveram a missão de ler e interpretar, à luz da aliança com Javé, a história ocorrida com o povo de Israel. Eles não falam diretamente do matrimônio, do amor e da sexualidade, mas várias vezes, para exprimir a relação de amor e de fidelidade entre Deus e seu povo, recorrem a imagens e temas da vida matrimonial: Deus é o esposo, o apaixonado fiel ao pacto de amor, enquanto Israel é a esposa ou a enamorada frequentemente infiel. A justaposição entre o matrimônio humano e a relação privilegiada entre Deus e Israel serve aos profetas para superar uma leitura legal da aliança e sublinhar as dimensões íntimas e pessoais.

A teologia dos profetas marca uma nova etapa na revelação bíblica do amor entre o homem e a mulher. Os profetas servem-se da imagem do matrimônio para explicar as relações entre Deus e Israel. Javé é o esposo, e o povo é a esposa. O drama do casal humano, drama de amor e de infidelidade, é a melhor comparação para entender o drama das relações de Deus com seu povo. Israel é apresentado como a esposa infiel, repetidas vezes perdoada por seu esposo. Ele a conduz ao deserto, como nos dias de sua juventude, para iniciar uma nova vida matrimonial. Essas passagens contam-se entre as mais belas, literariamente, e entre as mais profundas, teologicamente, do Antigo Testamento: Os 1–3; Is 54; Jr 2,20-25; 3,1-5; 31,2-6; Ez 16 (cf. Bonnin, 2003, p. 50).

Oseias é o primeiro a utilizar a nova linguagem para explicar a comunidade de amor entre Javé e seu povo (Os 1-3). Sabemos como os profetas – e, em geral, os autores sagrados – valeram-se sempre de gestos simbólicos para expressar a mensagem divina, mas, nesse caso, é a própria vida do profeta, e seu matrimônio em concreto, que se convertem em símbolos da verdade que prega. Oseias é convidado por Deus a tomar como esposa Gomer, uma prostituta entregue aos cultos cananeus de fecundidade. Depois de algum tempo, ela o abandona para cair de novo em adultério, dando-se a outros amantes.

O Livro de Jeremias usa também, de maneira constante, o símbolo do matrimônio. Estigmatizaram-se, com a alegoria conjugal, o pecado de Israel, sua infidelidade, sua idolatria e seus excessos sexuais ligados ao culto dos deuses. Há um primeiro momento de nostalgia (Jr 2,2), mas a vida ulterior mudou por completo a paisagem de esperanças e anseios (Jr 3,20). A imagem do adultério torna-se familiar em suas afirmações e alude-se uma vez mais à proibição legal de um segundo matrimônio nessas condições (Jr 3,1). Apesar de todas as ameaças, o profeta termina apontando a fidelidade infinita de um amor que não acaba nem se esgota (Jr 31,3-4). Mais além, entretanto, vislumbra-se, de longe, a nova e definitiva aliança, que constitui o cume espiritual da mensagem de Jeremias (31,33). A vivência do amor conjugal implica perspectiva de fidelidade, dentro dos limites do direito vigente, e por isso pode servir como símbolo adequado para vislumbrar o significado da aliança da graça. Mas Deus romperá inclusive essas mesmas limitações jurídicas para desvelar a eternidade do amor que prometeu em suas bodas com os homens.

O Profeta Ezequiel, em longa alegoria, reproduz a história inteira de Israel com relevo singular. O capítulo 16 é de ternura impressionante. Jerusalém surge como menina recém-nascida, desnuda e abandonada em pleno campo, coberta por seu próprio sangue, sem que ninguém lhe preste os cuidados e os carinhos necessários. Deus passa junto dela, recolhe-a, guarda-a e cuida dela até se enamorar (Ez 16,8). Amplia-se a descrição com muitos e valiosos presentes, que lhe deram o esplendor e a majestade de rainha. A união parece ainda mais firme pelo nascimento de filhos e filhas (Ez 16,2). Uma infidelidade então se revestiria do caráter de crime imperdoável; no entanto, de novo entra em cena a tragédia, e agora com especial dramatismo. O pagamento volta a ser a prostituição, mas feita de maneira constante (Jr 16,25). Esquece-se inteiramente a história passada (Jr 16,22). E mais, em vez de receber o pagamento por seu comportamento, ela própria oferece os presentes e as joias de seu casamento para atrair os amantes (Jr 16,33-34). Mas a perspectiva fica de novo aberta ao arrependimento e ao perdão (Jr 16,60).

Os cânticos de Isaías reproduzem as linhas indicadas: a ruptura com Sião não será definitiva e o retorno ao lar da esposa abandonada vai se realizar mais adiante (Is 54,6-7), serão tempos de amor permanente (Is 54,10). O resultado desse matrimônio restabelecido é impressionante. A esposa de Javé não será só o povo, mas a humanidade inteira transformada pela graça (Is 54,1-3).

A visão profética de amor está centrada no *Ahabah*. Significa um irresistível senso de responsabilidade na comunidade. Tanto a lei quanto os profetas lembravam a Israel a solidariedade e a igualdade dos tempos no deserto e o permanente convite à fraternidade constante da aliança (cf. Cole, 1967). Se o amor estava mais restrito à família, ao clã e à nação, com a pregação profética essa experiência se torna mais universal e será assumida em chave sapiencial.

5.1.4 A sexualidade e o amor nos Sapienciais e em Cântico dos Cânticos

A literatura sapiencial exalta e propõe, com referência à vida diária, os valores do matrimônio ofuscados pela grande mensagem profética. Oferecem-nos o lado profundamente humano do amor e da sexualidade. Confirma, antes, a ideia de que a sexualidade está direcionada a ser vivida na vida matrimonial. Em linhas gerais, os textos sapienciais descrevem as alegrias do matrimônio e da família, e, em particular, o dom dos filhos. Exorta-se a evitar irresponsabilidades, ter cuidado com os estrangeiros; fala-se muito em conselhos aos jovens, feitos pelos anciãos para a boa escolha no amor, aceitando, de modo geral, o quarto mandamento como regra suprema.

Reinke (2014), no estudo do Antigo Testamento, relata que a época de Salomão representou o grande nascimento das Artes e da Literatura em Israel. A literatura sapiencial aparece fortemente sob a égide da retórica do Rei Salomão, e a poesia encontra grande desenvolvimento nos livros poéticos da Bíblia, inclusive – e principalmente – no Cântico dos Cânticos, trazendo uma reflexão profunda sobre os sentimentos humanos e sua existência.

Os textos sapienciais nos ensinam o lado profundamente humano do amor e da sexualidade. A maior parte dessas obras surgiu da comunidade judaica de Alexandria e em contato com a civilização grega, de mentalidade bastante diferente. A experiência do exílio produziu mudanças sociológicas que afetaram a vida moral, familiar e religiosa do povo. Daí que o conjunto de seus ensinamentos tenha matizes diferentes dos de outras épocas (cf. Azpitarte, 1997, p. 90).

É no Cântico dos Cânticos que o amor sexual fica enaltecido até limites que resultaram desconcertantes. Ele foi chamado de "um evangelho do amor erótico e da sexualidade" (Schillebeecks, 1969, p. 50). Além disso, o livro se lê como coleção de canções para uma boda e de diálogos entre noivos: esperando e recordando. Ele e ela, sem nomes próprios, são todos os casais da história que repetem o milagre do amor. Poemas de amor, carregados de emoção e de paixão pela beleza física da pessoa amada.

O Livro de Cânticos é um conjunto de poemas de amor entre homem e mulher, mas poderia ser, na intenção imediata do autor, uma alegoria para o amor entre Javé e seu povo. Segundo

Stadelmann (1993), o conteúdo de sua mensagem para a sociedade judaica tem como objetivo a restauração da monarquia davídica em Judá, após o exílio. Em qualquer hipótese, vale observar a concepção de matrimônio subjacente a esse longo poema sobre o amor.

A visão do amor é enaltecida, em Cânticos, até limites que se tornaram desconcertantes para muitas mentalidades. O amor que seus versos celebram é *único*, mais do que monogâmico; *eterno*, e não só formalmente indissolúvel; *paritário*, sem qualquer subordinação do papel feminino; *unitivo* e, portanto, fecundo, mais do que instrumentalmente reprodutor; *total*, na plenitude de sua expressão corpórea (cf. Leone, 2004, p. 83).

Em Cânticos, a sexualidade e o amor são indivisíveis. Cada um dos dois amantes aparece ao outro como o único, ele só, aquele que é "como o lírio entre os espinhos" ou como "a macieira entre as árvores da floresta" (Ct 2,2-3). O ideal monogâmico de Cântico dos Cânticos é afetivo, antes que institucional. Os amantes proclamam a perenidade de seu amor (Ct 8,6-7). Há uma total unidade, que significa inseparabilidade e, por isso, perenidade: não só uma, mas uma para sempre.

A posição da mulher na sociedade hebraica era de evidente submissão: familiar, religiosa e social. Em Cânticos aspira-se um ar diverso (Ct 2,16; 6,3; 7,11). Se o homem e a mulher se encontram em um plano de perfeita paridade, são plenamente justificados os convites que a mulher dirige ao próprio amado. O amor dos dois esposos é um amor total, que não exclui potencialidade alguma: é a união enquanto tal para ser fecunda. Nessa perspectiva há uma menção indireta à narrativa javista, em que a criação da mulher tem um significado prioritariamente relacional e só sucessivamente reprodutor (cf. Leone, 2004, p. 86).

Em síntese, pode-se dizer o seguinte sobre o Cântico dos Cânticos, a sexualidade e o amor: num ambiente que não rejeita em princípio a poligamia, os Cânticos cantam um amor único e indivisível, expressamente em oposição ao do rei com seu harém (Ct 6,8). Em um ambiente em que o divórcio é possível, Amado e Amada celebram seu amor como eterno e indissolúvel (Ct 8,6s.). Em um ambiente patriarcal, no qual a mulher é considerada inferior, os dois protagonistas se apresentam em relação de paridade e pertença mútua (Ct 2,16; 3,1-4; 5,1-16). O Cântico dos Cânticos inscreve a paixão levada ao extremo, no estado mais elevado, em que um para o outro não tem defeito, é glorioso como um corpo divino.

5.2 A sexualidade e o amor no Novo Testamento

O Novo Testamento, assim como o Antigo, não se preocupa em estabelecer uma ética sistemática completa sobre a conduta sexual. Os enunciados de Jesus e os escritos da Igreja neotestamentária sobre a sexualidade são todos ocasionais, condicionados por questões concretas originadas de circunstâncias particulares. Consequentemente, os juízos e as asserções paulinas sobre moral sexual não podem ser extraídos simplesmente de seu contexto e aplicados a situações do presente. Eles representam a aplicação do Evangelho às circunstâncias da comunidade cristã do século I dentro da perspectiva necessariamente limitada daquele tempo.

Assim como a filosofia teve um impacto sobre o judaísmo helenista, da mesma forma a ética dos estoicos influenciou o pensamento de São Paulo. A moralidade do Novo Testamento não pode simplesmente ser identificada com a do Antigo Testamento. Mudaram as circunstâncias culturais e sociais e os pontos de vista religiosos. Não se pode negar que o que mais importa é o Reino de Deus; todas as realidades humanas e culturais ficam relativizadas diante dessa revelação sobre o reinado de Deus que Jesus propõe.

A teologia do Novo Testamento com referência à sexualidade humana – bem como a do Antigo – está historicamente condicionada. O pressuposto fundamental para todos os enunciados de ordem ética no Novo Testamento, inclusive da ética sexual, é que a Igreja é a comunidade dos últimos dias. Jesus pregou que o Reino de Deus já está chegando (Mc 1,15). São Paulo estava convencido de que "passa a aparência deste mundo" (1Cor 7,31). Qualquer exegese do Novo Testamento, pois, deve ser histórica e crítica. É necessário levar-se em consideração a doutrina do Novo Testamento em toda a sua amplitude, dando-lhe especial atenção aos valores e às intenções que embasam suas normas éticas. O próprio Jesus utilizou esse tipo de exegese com relação à questão do divórcio (Mt 5,31-32) e contrariou a norma divina explícita (Dt 11,1-4; 30,16) com base na intenção da lei e dos valores fundamentais que ela visava defender (Gn 1,27; 2,24).

5.2.1 O amor e a sexualidade na prática de Jesus Cristo

Os evangelhos dão testemunho não apenas do Jesus histórico, mas também da fé da Igreja pós-pascal que acreditava nele como o Cristo ressuscitado. Eles encerram não simplesmente uma informação factual sobre Cristo, mas também uma interpretação teológica de seu significado. A pesquisa crítica sobre o Novo Testamento já reconhece que não é possível construir uma biografia de Jesus e em muitos casos garantir suas palavras exatas. Não temos um retrato feito com profundidade de Jesus. Mas a investigação bíblica crítica consegue discernir as características relevantes que mais distinguiram Jesus de seus contemporâneos. Entre esses traços distintivos da doutrina e das atitudes de Jesus, alguns têm significado especial para uma ética cristã com relação à sexualidade.

Como nos informa o exame histórico-crítico dos evangelhos, Jesus se opôs energicamente à pretensão de se reduzir a lei mosaica a simples exterioridades. Ele interiorizou a lei. A moralidade, para

Ele, significava mais do que a observância externa de prescrições legais (Mt 5,8). Não são os atos externos que tornam a pessoa impura, mas aquilo que procede do coração (Mt 15,1-20). O amor é a palavra-chave para a assimilação do projeto e da pessoa de Jesus Cristo, dada a tônica de seu discurso ter como fonte o "amar a Deus de todo o coração, com toda a alma, com todo o pensamento e com toda a força; e, amar o próximo como a ti mesmo" (Mc 12,29-31; Mt 22,37-40).

Tal experiência amorosa origina-se no movimento de Jesus para fora, num constante êxodo, em direção ao outro, sendo desprovido do dado passional para formular nesse amor o serviço a Deus e comportamento com viés mais social. Essa referência neotestamentária parte dos textos hebraicos e da tradição profética, em que, respectivamente, demonstram a integração entre o amor por Deus ao próximo (Dt 6,4-5; Lv 19,18) e o âmbito do direito e da fidelidade em amar como caminho a ser trilhado (Mq 6,8; Os 2,17; Is 38,3).

Jesus não proclamou nenhuma ética sexual nova como tal; contudo, o amor foi tão central em Jesus que ele delineou toda a sua vida de forma radical. Constitui-se como abnegado e incondicional (ágape) no viver e no morrer (cf. Genovesi, 2008). Entretanto, para qualquer ética cristã da sexualidade, são de significado indireto, mas profundo, os ensinamentos de Jesus sobre a igualdade essencial do homem e da mulher, sua proibição do divórcio, a afirmação da fidelidade dentro do matrimônio para ambos os sexos e a primazia que Ele dava à lei do amor; em suma, seu personalismo. Afirmando a dignidade humana, Jesus resistiu à casuística do legalismo e insistiu no "mais importante" na lei, isto é, seu espírito e sua intenção. Jesus humanizou a lei no sentido de que, para Ele, o que representava a vontade de Deus era justamente nossa alegria, nossa santidade vista como integridade, o bem-estar e a felicidade humana (cf. Kosnik, 1982, p. 36).

A vida e a pregação de Jesus teve como centralidade o "evangelho" da vida, do amor, do prazer e do encontro com o próximo. Em Jesus há uma ética da vida que promovia a totalidade das potências presentes no coração humano. É dali que brota todo tipo de ressignificação humana. Para Castillo (2010, p. 20):

> A ética de Jesus é a ética da vida, do prazer e do desfrute da vida. Jesus não foi um asceta do deserto. Nem foi um penitente que castigava seu corpo, como o fazia o Batista. Jesus acreditava na vida. E queria (e quer) que todos vivamos e gozemos da vida. O que acontece é que todo o mundo quer desfrutar, porém desfrutar ele próprio, ele, acima de tudo. E a muitos, pouco importa que os demais passem bem ou mal. A ética de Jesus é a ética do prazer de viver para todos, do prazer compartilhado por todos, sem excluir ninguém. E isso é o que mais custa assumir e aceitar como projeto de vida, porque a ascética mais dura não é a da renúncia, mas sim a da doação. Nós, cristãos, vivemos durante vinte séculos a ascética da renúncia. Está amanhecendo o dia luminoso da doação.

O princípio básico que direcionou a vida e a prática de Jesus foi o "mandamento novo". Foi o convite a encarnar o amor com que Ele amou que se tornou a regra para todo discípulo ou discípula. Amar até o fim (Jo 13,1) significa amar de maneira total e definitiva. O empenho relacional da sexualidade, na perspectiva da caridade de Cristo, deve tender até o extremo limite, deve envolver profundamente a pessoa em sua totalidade psicofísica.

Amar com a mesma caridade de Cristo quer dizer tornar-se "uma só coisa" (Jo 17,2-9) à imagem de sua unidade com o Pai. A totalidade unitiva, realizada pela sexualidade, torna-se, então, imersão na vida trinitária, quase como uma reação a essa realidade misteriosa e amorosa. Talvez possa parecer uma interpretação apressada, mas essa fusão dos dois em um – na qual "uma só carne" indica não a simples corporeidade, mas a total criaturalidade do ser humano – deveria se entender uma imagem privilegiada do mistério trinitário. Tal é de fato, em relação à copresença dialética em Deus, de unicidade e multiplicidade (cf. Leone, 2004, p. 87).

Os evangelhos apresentam Jesus como um modelo ético e a vida cristã como seguimento de Jesus (Mc 8,34; 10,21; Jo 13,15), especialmente em seu amor desinteressado (Jo 13,34), seu serviço ao próximo (Mc 10,44-45; Jo 13,1-15) e sua capacidade de perdoar (Mt 6,12; Lc 17,3-4). O personalismo de Jesus e o primado atribuído à lei do amor (Mc 12,28-34) têm implicações profundas na ética sexual (Lc 7,36-50). Para Jesus, antes das obrigações "religiosas" estão as obrigações "éticas", desde que, por "obrigação cristã", entenda-se a plena realização do humano, o verdadeiramente humano que há em nós. Segundo Castillo (2010, p. 60): "[...] justamente na realização do humano é que podemos encontrar o Deus que se humanizou no homem Jesus de Nazaré".

A visão de Jesus sobre a sexualidade não se caracteriza como algo isolado, mas dentro do sentido de matrimônio, afirmando a fidelidade e proibindo o divórcio. Os evangelhos se apoiam nessa ideia descrevendo a Jesus e sua missão com a imagem de uma festa de bodas. Jesus é comparado a um noivo (Mt 25,1-13; Mc 2,19), e o Reino de Deus a um banquete (Mt 22,1-14). Ao considerar a união do homem e da mulher como um símbolo messiânico, os evangelhos demostram uma afirmação do matrimônio e do gozo que o acompanha. A mesma atitude podemos encontrar na história de Jesus nas bodas de Caná (Jo 2,1-12).

5.2.2 O reino, a família e o sentido do amor oblativo

A prática e a pregação de Jesus é central na teologia neotestamentária. O Reino de Deus, por Ele anunciado, é o que mais importa. Todas as outras realidades humanas e sociais ficam relativizadas diante da prioridade do primado desse reino na proclamação de Jesus. A família e a experiência do amor são, agora, na economia da pregação de Jesus, relativizadas, embora mantenham sua importância dentro do projeto salvífico divino.

É verdade que Jesus nasceu numa família humana e a ela atribuiu a máxima importância, até porque ela está presente no desígnio criador de Deus. Foi nela que Ele experimentou o amor, a pobreza, a obediência, o trabalho e o cumprimento das leis sociais e religiosas. Contudo, a família – tal como herdou da tradição veterotestamentária – está subordinada ao Reino de Deus. Ela não é um absoluto nem deve se transformar num ídolo ou numa instância essencialmente importante. A paz e a harmonia familiares devem subordinar-se ao reino (cf. Bonnin, 2003, p. 60).

Percebe-se isso do seguinte modo: a) para seguir Jesus, o discípulo se verá frequentemente confrontado com seus próprios familiares (Lc 12,51-53; Mt 10,21-22); b) o seguimento de Jesus está acima, inclusive, do amor legítimo ao pai e à mãe (Mt 10,37-38; Lc 14,12-14; 14,26-27); e c) ao discípulo pode ocorrer – como a Jesus – que seus próprios parentes sejam aqueles que menos o entendam e mais se escandalizem por causa dele (Mc 3,21; 6,1-6). O Reino de Deus implica ser seus filhos de adoção (Mt 23,9) e, consequentemente, começa a fazer parte da grande família de Deus (Ef 2,19). A ela deve estar inteiramente subordinada a família humana, a qual nada perde com isso e assim se abre ao amor universal (cf. Almeida; Albuquerque, 2024).

Se, no contexto geral do Antigo Testamento, a família repousa seu sentido numa estrutura patriarcal de parentesco, essencialmente patrilinear e endógama, cujo principal cuidado é a perpetuação de uma linhagem, no Novo Testamento – e, de modo particular, na prática de Jesus –, sofrerá uma subversão de significado. O casamento e a família são o pano de fundo de muitas parábolas e ditos de Jesus, e encontra-se neles pelo menos uma tomada de posição contra o direito israelita da família – no caso, a rejeição do divórcio (Mt 5,27s.: 19,9; Mc 10,11s.: Lc 16,18; 1Cor 7,10).

Quando Jesus formulou, pela primeira vez, a possibilidade da escolha celibatária e virginal, Ele mesmo sublinhou o aspecto paradoxal da proposta (Mt 19,11-12). Esse é o texto mais antigo sobre o celibato e se encontra inserido na discussão sobre o divórcio, no qual vem reiterada a lei da indissolubilidade do matrimônio. Os discípulos permanecem espantados diante das severas palavras do mestre e observam: "Se esta é a condição do homem no confronto da mulher, não convém se casar" (Mt 19,10). Em resposta, Jesus diz:

> Nem todos podem entender, mas só aqueles que são dados conhecê-lo. Há, de fato, eunucos que são nascidos do ventre da mãe; há outros que foram feitos eunucos pelos homens; e há outros que foram feitos eunucos pelo Reino de Deus. Quem puder compreender, compreenda (Mt 19,10-12).

Nas primeiras comunidades cristãs a expectativa da parúsia, que se julgava iminente, levou certamente a duvidar se convinha fundar uma família. Essa reticência deveria dissipar-se à medida que a parúsia era adiada para o futuro: porém deixará uma marca, a atribuição de um significado escatológico impressionante ao celibato "escolhido pelo reino". Mais importante, sem dúvida, é o aparecimento, muito cedo, de "códigos domésticos" para os cristãos casados, códigos amplamente inspirados por modelos fisiológicos gregos e que mostram uma Igreja preocupada em ter uma linguagem normativa sobre a vida familiar (cf. Cahill, 2004, p. 714).

Percebe-se que os cristãos, imbuídos da revelação deixada por Jesus Cristo, lentamente vão transformando as realidades humanas – outrora centrada numa perspectiva naturalista – em uma perspectiva de saída de si para algo maior: o amor oblativo. É nesse tópico, desse amor referencial, que se compreende o desdobramento do sentido da família, das relações biológicas entre as pessoas que vivem relacionamentos, para uma ordem da fé de uma concepção de amor mais alargada.

Se Deus se revela ao ser humano como amor, ágape (1Jo 4,8), isso implica que Ele se faz conhecer pelo amor: conhece-se a Deus amando-o e amando seu próximo. Porém, o ser humano também tem uma experiência de amor independente do amor de Deus: ama-se a si mesmo, buscando sua felicidade, ama o outro por inclinação, desejo ou paixão. Todas as instituições ou realidades humanas passarão por essa mudança de significado no cristianismo, que se dissemina a partir dessa experiência de Jesus Cristo. De uma experiência amorosa de *philia*, os cristãos vão captando o ágape, isto é, a oblatividade, enquanto realidade essencial no seguimento e na experiência eclesial primitiva (cf. Philippe, 1998, p. 78).

Na nova realidade do Reino de Deus, anunciado por Jesus e difundido pelos apóstolos, o matrimônio e a vida sexual são vistos como uma forma de vida que se liga à criação e que tem entre os cristãos um sentido e algumas exigências particulares. O primeiro na ordem da pregação e da graça de Jesus Cristo não é o matrimônio, mas o Reino de Deus, e, dentro dessa mensagem evangélica, o seguimento de Jesus, a fidelidade a seu testemunho de vida, a salvação que vem por meio da fé em sua pessoa, a prática da verdadeira justiça e do amor. Consequentemente, a relevância que o matrimônio tem na vida do ser humano em todas as culturas – inclusive na judaica – exponencia-se no cristianismo pela urgência e pelo atrativo da exigência espiritual da fé. Para os primeiros fiéis, o verdadeiro noivo que se deve esperar com prazer e receber com entrega é o próprio Jesus.

5.2.3 O amor e a sexualidade na teologia paulina

Com a morte e a ressurreição de Jesus, os discípulos se tornaram protagonistas da pregação do reino e da mensagem da salvação. Os seguidores de Jesus encaravam a Páscoa como confirmação divina de seu Evangelho, mas apenas como o início (1Cor 15,20). A Igreja esperava a consumação final com a segunda vinda de Cristo, que então seria na glória. Em sua ansiosa antecipação, a Igreja do Novo Testamento esperava que a consumação acontecesse em breve (1Ts 5; 2Ts 2); o tempo era curto (1Cor 7,29s.).

Toda a "moral sexual" ensinada por Paulo está fundamentada, de um lado, em sua fidelidade à visão evangélica básica, do amor, e, de outro, em sua fidelidade às compreensões culturais de sua época e às discussões circunstanciais de suas comunidades. Em tudo há a experiência marcante e pessoal de Paulo, seu envolvimento no corpo de Cristo que é a Igreja (cf. Mora, 1999).

Para ele, em razão do batismo, o ser humano por inteiro, até em seus elementos e suas estruturas corporais, foi transformado pela presença renovadora do espírito de Cristo. É lapidar o que ele mesmo diz: "Pois todos vós que fostes batizados em Cristo, vos revestistes de Cristo; já não há judeu nem grego, nem escravo nem livre, nem homem nem mulher, pois todos vós sois um só em Cristo Jesus" (Gl 3,27-28). Há uma profunda experiência místico-espiritual por trás de sua visão sobre o ser humano e seu destino escatológico, inclusive de seu corpo, de suas paixões e de seus afetos[15].

Paulo nunca abordou o assunto da sexualidade humana de maneira sistemática, mas falou bastante sobre ela em resposta a perguntas particulares. Contudo, em Tessalonicenses (1Ts 4,1-8) sugere que seu ensinamento básico para uma comunidade de novos convertidos abrangia o comportamento sexual. Isso só será esperado no mundo greco-romano, onde várias formas de licenciosidade eram comuns. Paulo agora lembra aos cristãos de Tessalônica que

---

15. Um estudo atual e profundo sobre a questão da sexualidade e a teologia paulina pode ser encontrado na seguinte obra: Petrà (2021). O autor, percorrendo a formação e o desenvolvimento da ética sexual católica, ao partir do ensinamento do Apóstolo Paulo, coloca luz no modo como a fidelidade a tal ensino pode assumir, atualmente, modalidades diferentes das que indicou Paulo, embora este tenha se guiado sempre pelo princípio da realidade. O cenário hoje mudou. O agir moral não é mais estabelecido pela configuração jurídica da relação entre as pessoas, mas da forma existencial de tais relações, independentemente da forma jurídica e objetiva.

a vontade de Deus para a santificação deles exigia abstinência de *porneia* (1Ts 4,3, "imoralidade"). Essa palavra de origem grega e seus cognatos usados por Paulo significam toda espécie de coito ou relações sexuais ilegítimas – extraconjugais ou anormais. Os tessalonicenses não devem ceder a suas paixões com os gentios que não conhecem a Deus (1Ts 4,4-5), mas controlar o corpo (ou, possivelmente, os órgãos sexuais), ou conservar as esposas ou se casar, o que sugere que o adultério estava particularmente em vista: "[...] que ninguém aja em detrimento do seu irmão [...] nesta matéria" (1Ts 4,4) (cf. Wright, 2008, p. 1160-1161).

A afirmação que Jesus faz da dignidade humana e sua atitude diante da lei repercutiram em São Paulo, especialmente quando defende a igualdade (Gl 3) e a liberdade (Gl 4) cristãs. Opondo-se ao ascetismo exagerado, São Paulo afirmou a bondade e a legitimidade do sexo (1Cor 7), mas sem hesitar expressou sua preferência pessoal pelo celibato à luz da volta de Cristo na glória, que Paulo acreditava ser iminente. A escatologia de São Paulo, o clima moral depravado de seu tempo e a influência da filosofia estoica em seu pensamento, tudo deve ser levado em conta para uma correta interpretação de suas referências ao matrimônio e a assuntos relativos ao sexo.

O ensinamento mais extenso sobre a sexualidade do Novo Testamento encontra-se em Coríntios (1Cor 7), aparentemente em resposta a uma questão por eles colocada: "É bom ao homem não tocar em mulher?" (v. 1). A resposta de Paulo, sob o pressuposto equivocado de que o fim dos tempos havia chegado (v. 31), é uma passagem confusa. Ele prefere o celibato ao matrimônio no contexto do fim dos tempos, mas, "para evitar a fornicação, tenha cada homem a sua mulher e cada mulher o seu marido" (v. 2). É "melhor casar-se do que ficar abrasado" (v. 9). O matrimônio é bom, até para os cristãos, ele parece dizer, contra os encratistas ascetas e os gnósticos que determinavam o celibato para todos os cristãos, ainda que apenas como salvaguarda contra os pecados sexuais (v. 5-9). Quando um homem cristão e uma mulher se casam, sugere Paulo, a aliança que firmam um com o outro é uma aliança de parceria igual e íntima, e que inclui nela a atividade sexual humana. Essa é uma ideia que o Vaticano II aprofundaria vinte séculos mais tarde (cf. Salzman; Lawler, 2012).

Na Epístola aos Efésios (Ef 5,21-33), o autor dessa carta apresenta a sexualidade, no contexto do matrimônio, não mais como um símbolo da aliança de união entre Javé e Israel, mas como uma imagem da relação entre Cristo e a nova Israel, a sua Igreja. Ela é central para o desenvolvimento de uma visão cristã de matrimônio e sexualidade. A perícope em questão está situada em um contexto mais amplo (Ef 5,21–6,9), que estabelece uma lista de deveres domésticos existentes em uma família naquele tempo e lugar.

Pelo fato de todos os cristãos terem sido advertidos a submeter-se uns aos outros, não causa surpresa a instrução de que uma esposa cristã deva submeter-se a seu marido, "como ao Senhor" (Ef 5,22). Para além dos detalhes escriturísticos sobre a questão da submissão, o foco está na instrução referente ao amor. Um marido é também instruído a amar sua esposa, pois "quem ama a sua mulher ama a si mesmo" (Ef 5,28). Do mesmo modo como os cristãos devem submeter-se uns aos outros, assim também cada um deve amar um ao outro como a si mesmo, inclusive um marido e uma mulher no matrimônio. Esse amor é essencial ao matrimônio, e o matrimônio que ele funda revela um profundo mistério sobre Cristo e sua Igreja.

O ensinamento paulino, portanto, aprofunda o sentido teológico do matrimônio, apresentando-o à luz da nova realidade do reino de Jesus, que se torna visível na comunidade dos fiéis. Para os esposos cristãos, o matrimônio é um chamado a viver o amor de Cristo na comunidade do casal e da família. Relacionando o amor dos esposos com o amor de Cristo pela Igreja, Paulo eleva o matrimônio cristão à condição de sinal do mistério da Igreja, que é mistério de amor e de fecundidade. Se não podemos deduzir imediatamente dessa relação ou comparação que o matrimônio cristão é um sacramento tal como a teologia o entenderá mais tarde, já encontramos aqui a chave para entender que o matrimônio não é uma realidade indiferente para a Igreja, que a caridade de Jesus Cristo quer se difundir por meio da união matrimonial e da família, que é sua consequência natural.

5.2.4 A sexualidade e o amor como mistério sacramental e escatológico

Pode-se afirmar que a doutrina da Igreja Católica, até o Vaticano II, sobre a sexualidade e o matrimônio, esteve fundamentalmente baseada na reflexão que, formulada por meio das controvérsias antignósticas e antimaniqueias, conflui para o pensamento sistematizado por Santo Agostinho. A influência dele persiste sobre toda a Idade Média. Santo Tomás e a Escolástica posterior recolhem, enriquecendo-a. É desse desenvolvimento dinâmico – mas não sem controvérsias e incompreensões – que a sexualidade e o amor foram sendo assumidos na reflexão sobre o sentido sacramental e o destino humano.

A realidade sexual entra, com sua consistência corpórea e com seus significados espirituais, com suas possibilidades e seus riscos, naquele diálogo entre Deus e o ser humano que constitui a história da salvação. Nesse diálogo, o ser humano encontra, inicialmente, a confirmação e o fundamento mais seguro de sua validade humana e descobre que é feito à imagem de Deus, encontrando em Deus fundamento para a compreensão de seu ser criatural.

O ensinamento de Paulo foi a primeira tentativa de situar o matrimônio na perspectiva da fé cristã. Nele se defende a legitimidade de duas vocações diferentes: a do celibatário, que aspira a estar livre das ataduras humanas para poder servir melhor ao Senhor; e a do casado, que está disposto a assumir os deveres do estado matrimonial. Tanto em 1Cor 7 quanto em Ef 5 encontra-se uma primeira tentativa de se situar a sexualidade e o amor conjugal na esfera do mistério sacramental e escatológico.

Enquanto sacramento, o matrimônio cristão – e a sexualidade – pertence à ordem da redenção, da graça de Jesus Cristo e da vida da Igreja. Participa dos frutos da Paixão do Senhor, traz em si mesmo as marcas do Ressuscitado, anuncia e difunde os dons que o espírito derrama sobre a Igreja. O Sacramento do Matrimônio tem características especiais no que diz respeito a seus fundamentos bíblicos como também a seu significado teológico. É um sacramento atípico, paradigma de uma ideia da sacramentalidade que não precisa ter conhecimento do momento histórico em que Cristo institui o sacramento, inspirada diretamente no significado que se deduz de sua condição sagrada, enquanto realidade destinada por Deus para servir aos fins de sua obra criadora e redentora. Assim, a sacramentalidade do matrimônio deriva do fato de que o matrimônio é obra de Deus e adquire um significado próprio na comunidade santificada pela graça de Jesus Cristo (cf. Flórez, 2008).

Há uma verdade fundamental na relação entre a vida divina e a humana: todo ser é um princípio aberto ao outro. Toda a humanidade está sujeita ao apelo interior de Deus. A própria vida no mundo pertence ao conteúdo da palavra interior de Deus (cf. Schillebeecks, 1968, p. 20). Esta é uma releitura teológica que se pode fazer do dinamismo interior presente no ser espiritual por excelência – o ser humano – no contexto da revelação cristã. A forma de viver essa vida interior extravasa-se para um outro, mediante uma linguagem carregada de afetividade e inclinação amorosa.

O projeto criativo e salvador de Deus é o último segredo da verdadeira identidade do ser humano. É a luz que ilumina e dá sentido a todas as outras camadas do seu ser. Ora, esse projeto atribui à sexualidade humana, além de função generativa, em colaboração com o amor criativo de Deus, também a função de sinal de uma vocação espiritual. A complementaridade da qual é feita, estendendo-a à pessoa toda, torna-se um apelo para investir a experiência sexual do significado espiritual do amor. Essa vocação ao amor não é, por outro lado, algo de paralelo ou de justaposto à missão procriativa: é sentido e energia criativa. É muito significativo que, no ser humano, a transmissão de uma vida, que é sempre assinalada pelo espírito, possa ser apenas um fato de natureza espiritual que leva o pai e a mãe a se colocarem em sintonia com a energia criadora, que origina cada vida e é o próprio amor de Deus (cf. Gatti, 1985, p. 82-83).

Há uma dimensão teológico-sacramental-mistérica na sexualidade humana. Do ponto de vista da fé, a existência humana dá-se numa experiência de abrir-se a um amor maior, de viver essa abertura a um outro que se pode tocar e de aprofundar uma relação amorosa. Desse modo, a sexualidade humana é um sinal desse mistério sacramental da presença de Deus no mundo. É um sinal eficaz da vocação constitutiva do ser humano de não se bastar a si próprio, de realizar-se na comunhão. Sendo um dom, a sexualidade dá-se na realidade corpórea imediata, mas também antecipa essa condição de destino e de espera escatológica que a pessoa vive em sua condição pessoal e conjugal.

Essa experiência sacramental aponta para a escatologia. A sexualidade conduz ao amor. A Igreja indica o Cristo, mistério de Deus no mundo. A provisoriedade inicial ao amor aponta para a indissolubilidade. A vida sexual, tal como se vive no matrimônio, não só é chamada a expressar e a aumentar o amor, mas também está orientada para a fecundidade (cf. Bonnin, 2003). Tudo na vida cristã parte do mistério de Cristo e do retorno a Ele, centro da experiência salvífica e escatológica. O amor sexual não é diferente. Embora o amor humano se "acomode" ao modelo sociológico, ele é chamado a superá-lo, mediante a mútua doação.

Assim, convém recordar as sábias e profundas palavras dos padres conciliares acerca do amor conjugal. Segundo eles:

> A íntima comunidade de vida e de amor conjugal, fundada pelo Criador e dotada de leis próprias, é instituída por meio do contrato matrimonial, ou seja, com o irrevogável consentimento pessoal. Desse modo, por meio do ato humano com o qual os cônjuges mutuamente se dão e recebem um ao outro, nasce uma instituição também à face da sociedade confirmada pela lei divina. Em vista do bem tanto dos esposos e da prole como da sociedade, este sagrado vínculo não está ao arbítrio da vontade humana. O próprio Deus é o autor do matrimônio, o qual possui diversos bens e fins, todos eles da máxima importância, quer para a propagação do gênero humano, quer para o proveito pessoal e sorte eterna de cada um dos membros da família, quer mesmo, finalmente, para a dignidade, estabilidade, paz e prosperidade de toda a família humana [...]. Esta união íntima, enquanto dom recíproco de duas pessoas, assim como o bem dos filhos, exigem a inteira fidelidade dos cônjuges e requerem a indissolubilidade da sua união [...] O autêntico amor conjugal é assumido no amor divino, e dirigido e enriquecido pela força redentora de Cristo e pela ação salvadora da Igreja (*Gaudium et Spes*, n. 48).

5.3 Considerações finais

Matrimônio, família e sexualidade são apresentados na Sagrada Escritura em relação com a práxis, os usos e as sensibilidades das diversas épocas históricas às quais se remonta a composição dos textos. É necessário que a releitura e a interpretação desses textos, feitas num contexto posterior, estejam em sintonia com a sensibilidade contemporânea.

Tanto a tradição vétero quanto a neotestamentária apresentam alguns elementos essenciais que brotam das fontes com seus significados. Do Antigo Testamento, pode-se dizer que a sexualidade é um componente constitutivo da pessoa que é convidada a aderir ao projeto de Deus. Também há uma dignidade profunda que se exprime na diferença sexual, condição para a atração e o desejo sexual. Mas não só: a sexualidade humana é ontologicamente superior ao instinto animal, tendo uma perspectiva profundamente relacional.

Do Novo Testamento encontramos uma teologia sobre Cristo, o reino, o discipulado e o matrimônio – este lido à luz dos relatos da criação e do profetismo. Embora em Jesus não se encontre textos explícitos sobre a sexualidade, há, sim, perícopes que tratam sobre o amor e a transformação das relações humanas. Em Paulo já pode-se ver a ideia de "casar-se no Senhor" (1Cor 7,39). Existiam, sim, listas de vícios e pecados em alguns textos, mas estes eram analisados à luz do não amadurecimento da graça redentora de Cristo.

A sexualidade e o amor na Sagrada Escritura oferece-nos uma ampla gama de possíveis significados a serem interpretados e sempre ressignificados. Os textos não mistificam a sexualidade e o matrimônio como uma imitação da sexualidade e do matrimônio de algum par divino, nem os idealiza além da capacidade de qualquer homem ou mulher personificados. Ao contrário, deixam a sexualidade e o matrimônio como são, como realidades humanas nas quais um homem e uma mulher buscam tornar-se uma única pessoa em uma comunhão de vida íntima e igual, amor e serviço.

No próximo capítulo será apresentada uma análise reflexiva sobre o sentido da sexualidade e do amor no desdobramento eclesial cristão, posterior à fonte bíblica. Serão abordadas as principais fases da evolução teológica até o Concílio Vaticano II, momento de renovação e de mudança.

6
A sexualidade e o amor no desdobramento eclesial cristão

Neste capítulo pretende-se apresentar o sentido da sexualidade e do amor na fase posterior à revelação bíblica, a saber, o momento do enraizamento do cristianismo na cultura e na história. No cristianismo primitivo houve a emergência de diversas tendências ideológicas, com as quais esteve amiúde em contato, deixando-se influenciar por elas. Essas correntes depositaram na mensagem bíblica originária uma camada de pessimismo e de desvalorização da sexualidade e da corporeidade, que depois penetrou de maneira evidente na literatura patrística.

A reflexão, nesta sessão, seguirá esse caminho em seis partes, encadeadas a partir de uma abordagem temática e reflexiva: a primeira apresenta uma visão geral da sexualidade e do amor no cristianismo primitivo; a segunda enfatiza a sexualidade e o amor no período patrístico, salientando alguns momentos de ricas produções teológicas; a terceira trata da sexualidade e do amor no período medieval; a quarta aborda a teologia escolástica de Alberto Magno e Tomás de Aquino; a quinta trata do amor e da sexualidade na Modernidade, em Trento e nos movimentos rigoristas; e, por fim, a sexta esboça uma visão geral da sexualidade e do amor no mundo contemporâneo até o Vaticano II, com alguns pressupostos de renovação já pós-conciliar.

Trata-se de fazer uma "viagem" panorâmica sobre alguns modelos ou paradigmas de "moral sexual" que foram sendo gestados lentamente ao longo da história. Compreendendo-os de um modo "geral", será possível perceber seus alcances "ideológicos" até o momento presente, no qual há a retomada de alguns pressupostos históricos já ultrapassados. Será feita uma leitura analítico-crítica desses "estágios" do complexo desdobramento eclesial ao longo da história ocidental.

6.1 A sexualidade e o amor no cristianismo primitivo: visão geral

Os padres reagiram a um estilo de vida marcado pela decadência imputável a diversos fatores: um conceito demasiadamente antropomorfo das divindades, práticas sexuais associadas com a idolatria e com as divindades matriarcais, e certas especulações sofisticadas do pensamento grego. No seio do paganismo, filósofos e poetas sérios investiram contra a ampla corrupção que caracterizava a deterioração do Estado e da religião no mundo greco-romano.

O mundo greco-romano dos três primeiros séculos é um ambiente hostil perante as realidades do amor e da procriação. Por um lado havia um rigorismo antissexual, mas, por outro, toda a espécie de depravações e de libertinagens. As comunidades cristãs reagem procurando o equilíbrio nem sempre possível. Para isso, servem-se da Sagrada Escritura, interpretada sobretudo alegoricamente, e, em especial, dos dados que lhes proporciona a ética estoica. Convém, todavia, não esquecer que a antropologia que os santos padres manuseiam é aquela de origem platônica, na qual não se alcança a reconciliação entre o espiritual e o corporal na pessoa humana (cf. Bonnin, 2003, p. 67-68).

Ao menos três correntes religiosas e culturais influenciarão e até condicionarão determinados posicionamentos ou condicionamentos dos santos padres e teólogos: o gnosticismo, o maniqueísmo e o estoicismo. Vamos abordá-los a seguir, de forma sintética, para melhor compreender a lógica subjacente.

- *Gnosticismo*: Trata-se de um movimento religioso que, nos primeiros séculos do cristianismo, se desdobra numa multidão de seitas que partilhavam uma comum concepção de gnose, combatida e rejeitada pela Igreja. Ao menos quatro características podem conceber o gnosticismo: 1) Um fator dualista, que leva a separar totalmente o mundo sensível, dominado pelas potências más ou limitadas, e o mundo espiritual, domínio de Deus transcendente e "desconhecido". É dele que emanam as almas, as pessoas, o salvador. Esse dualismo explica-se pela prioridade dada ao problema do mal. 2) A ideia de um conhecimento privilegiado, transmitido por meio de uma tradição secreta que desvela os mistérios do mundo celeste. 3) Uma especulação que explora a plenitude do divino e indaga as entidades que o formam, de um modo que leva com frequência a uma verdadeira mitologização. 4) Um antijudaísmo que não quer ver no "deus dos judeus" senão o demiurgo criador do universo (cf. Braun, 2004, p. 773).
- *Maniqueísmo*: O dualismo grego foi exasperado com a chegada do maniqueísmo no cristianismo. Ele originou-se com o sacerdote Mani. É uma mistura imaginosa de elementos gnósticos, cristãos e orientais, sobre as bases do dualismo da religião (cf. Abbagnano, 2007b, p. 641). O maniqueísmo, como o dualismo, afirma a existência dos dois princípios (bem e mal), os quais são anteriores à criação do mundo. Insiste na radical oposição e separação entre os dois, tendo em comum apenas o fato de que são eternos. Um dos fortes propagadores do maniqueísmo foi o bispo cristão Fausto, com o qual Agostinho teve uma ferrenha disputa. Para Fausto, é impossível atribuir qualquer coisa de material a Deus. Por essa razão, a criação, por si mesma, é má, não estando ligada ao princípio

do bem, mas ao princípio do mal. O corpo humano e o prazer estão ligados ao material e, portanto, ao princípio do mal. Logo são elementos negativos. E não só isso. A partir da queda de Adão, os dois princípios estão em guerra permanente que envolve os seres humanos. Essa guerra durará até o fim dos tempos, e até lá só resta opor-se ao princípio do mal, rejeitando tudo aquilo que a ele está ligado. Cabe dizer que, segundo o maniqueísmo, o princípio do bem é andrógino (masculino, macho). Na guerra entre os dois princípios, os machos são sempre seduzidos pelas fêmeas (mulheres), as quais pertencem ao reino do mal. Isso levou a uma desvalorização total do feminino e da mulher, que passou a ser vista como a sedutora, aquela que arrasta os homens para a perdição (cf. Bazán, 2002, p. 189-200). Essa visão maniqueísta foi se difundindo cada vez mais até chegar à exasperação. A moral sexual, ao longo da história, ficou resumida à questão de saber se é pecado ou não a busca do prazer. Só a procriação é positiva, e, por causa dela, pode-se conceder certa absolvição ao prazer sexual. Mas este continua sendo considerado intrinsecamente mau (cf. Autiero, 1997, p. 1149).

• *Estoicismo*: Uma das grandes escolas filosóficas do período helenista, assim chamada pelo pórtico pintado (*Stoá poikílê*) onde foi fundada, por volta de 300 a.C., por Zenão de Cítio. Os principais mestres dessa escola foram – além de Zenão – Cleante de Axo e Crisipo de Soles. Com as escolas da mesma época – epicurismo e ceticismo –, o estoicismo compartilhou a afirmação do primado da questão moral sobre as teorias e o conceito de filosofia como vida contemplativa acima das ocupações, das preocupações e das emoções da vida comum. Seu ideal, portanto, é de ataraxia ou apatia (cf. Abbagnano, 2007a, p. 375). A moral dos estoicos traduz na prática uma doutrina do mundo, uma explicação universal da ordem do cosmo, de um panteísmo segundo o qual o ser humano participa de uma razão divina. O estoico se esforça por explicar as leis do cosmo observando essa vontade divina e o modo pelo qual o mundo é governado. Ele, no fundo, deve se persuadir que tudo o que lhe acontece – tanto o bem quanto o mal – é da ordem do mundo querido pela providência. A grandeza do ser humano, nesse sentido, consiste em aceitar esse plano maior, e a sabedoria dá-se na capacidade de relativizar as escolhas particulares diante dessa esfera mais abrangente e importante (cf. Plé, 1984, p. 64).

A incorporação, principalmente das ideias éticas, pelos Padres da Igreja conduziu a uma supervalorização da abstinência sexual como virtude essencial. Tratava-se de uma forma de libertação do peso da matéria, do corpo e da sensualidade sobre o espírito e a alma. O intuito dessa idealização da continência e da castidade seria a erradicação das paixões e das necessidades corporais.

6.2 A sexualidade e o amor no período patrístico

Os Padres da Igreja, seguindo a tradição de Jesus e seus apóstolos, não resolveram a atitude ambivalente comum dos cristãos em relação à sexualidade. Reafirmaram o que havia sido ensinado anteriormente acerca da unidade e da indissolubilidade do matrimônio, acerca dos deveres recíprocos dos esposos, acerca da pureza de coração e da fidelidade que deveriam caracterizar as relações conjugais.

O juízo do cristianismo antigo acerca da sexualidade humana, sua origem e seu significado dentro da nova economia da salvação sempre constituíram objeto de tensões latentes, às vezes explodidas em conflitos abertos e dramáticos. A razão disso deve ser procurada nas implicações espirituais e eclesiológicas, além daquelas propriamente teológicas e antropológicas, de uma decisão nesse campo (cf. Beatrice, 2002, p. 1281).

A doutrina patrística do matrimônio sofreu influência de vários fatores peculiares a essa época. Ao menos quatro elementos eram marcantes, e os padres buscaram dialogar com eles, compreendê-los e refutá-los: os erros resultantes do pensamento religioso e filosófico pagão predominante; a crescente prioridade dada à virgindade e ao celibato como valores evangélicos e cristãos; o desenvolvimento de um conceito de sacramentalidade do matrimônio; e o aparecimento da legislação eclesiástica no domínio da disciplina sexual.

Desse modo, a maneira como os padres abordaram cada um desses desafios e problemas ajudou a moldar a atitude e a doutrina deles acerca da sexualidade em geral e em relação ao matrimônio. Sabe-se que a primeira pregação e exposição do cristianismo teve estrutura semítica.

6.2.1 Os séculos II e III

Nos primeiros séculos do cristianismo, a sexualidade não ocupava, obviamente, a mesma importância que para nós, contemporâneos. Para os cristãos e as cristãs, a revelação bíblica do amor e da sexualidade não era uma teoria a ser debatida ou questionada, mas se fazia presente mediante uma mística, isto é, um modo de viver o compromisso com Jesus Cristo. O amor devia dar sentido à vida concreta e até heroica no contexto do martírio e das perseguições.

A literatura de cunho moral não priorizou o casamento nem a família, mas o ascetismo, cujos valores essenciais eram a virgindade e a continência. Dirigida a homens ou a mulheres, tratou-se, em suma, de propaganda de renúncia, de luta pela castidade, e as interpretações doutrinárias da época extraíam dos textos apostólicos, em maior ou menor grau, tudo o que as pudesse fundamentar (cf. Vainfas, 1986, p. 7).

Entre as fontes básicas dessa pregação encontra-se a exortação de Paulo apóstolo aos coríntios: que os homens permanecessem celibatários (1Cor 7,8); que as viúvas se mantivessem castas (1Cor 7,40); que as solteiras ficassem virgens (1Cor 7,38). Essa exortação deve ser lida como um texto da literatura do cristianismo primitivo com forte teor apocalíptico, em que apontava para o próximo fim dos tempos e recomendava a renúncia da carne aos que tencionassem ganhar o Reino dos Céus[16].

No século II, o cristianismo, difundindo-se em áreas de cultura helenístico-romana, reveste-se de formas de pensamento ocidental e apropria-se de modelos expressivos da filosofia greco-romana; às vezes, impregnado de médio-platonismo e, depois, de neoplatonismo. Considera-se a presença do estoicismo prevalente até Clemente de Alexandria, por volta do ano 230, quando começou a predominar a influência platônica (cf. Tibiletti, 2002, p. 515).

O pensamento dos Padres Apostólicos é prevalentemente moral, e a espiritualidade, essencialmente bíblica. A vida cristã é proposta como escuta da palavra e obediência à vontade de Deus, encontrando sua inspiração de fundo na imitação de Cristo e sendo orientada à união com Cristo mediante a graça, realizada por meio de um esforço de assimilação que impulsiona ao martírio. O empenho cristão é caracterizado por uma atitude ascética e mística. Em tal contexto, o matrimônio não é rejeitado, mas os cristãos são chamados a vivê-lo no Senhor. De forma concreta, isso significa que a virgindade adquire uma grande importância, no sentido de assumir a castidade no modelo da virgindade (cf. Crispiero, 1994).

Os principais nomes desses dois séculos, entre os Padres Apostólicos, são: Atenágoras, Inácio, Tertuliano, Cipriano, Novaciano e Orígenes – dos quais os mais importantes sobre esse tema foram Tertuliano e Cipriano. Para todos eles, a virgindade vai adquirindo uma grande importância, em detrimento do matrimônio no Senhor. Tertuliano é o primeiro a traçar um quadro completo da

16. Essa perspectiva mais paulina já foi abordada numa sessão anterior.

virgindade cristã. Ele a exalta acima do matrimônio. Para ele, a virgindade constitui uma união especial com Deus, tendo uma dimensão cultural, que a coloca próxima ao martírio.

Em Tertuliano (*c.* 160-220) encontra-se, pela primeira vez, a ideia fundamental da virgindade como "esponsalidade" a Cristo, junto à sua dimensão eclesial[17]. Essa dimensão esponsal da virgindade aparece integrada à realidade eclesial e como participação à esponsalidade da Igreja mesma. Tertuliano tinha diante de si a imagem bíblica da Igreja esposa de Cristo, virgem e mãe fecunda. Surgia espontaneamente nele a interrogação: *Virgines ecclesiam, an ecclesia virgines ornat Deo, sive commendat?* As ideias de Tertuliano sobre a virgindade remontam ao período em que a heresia montanista estava bem disseminada. Ele, assim, buscava apresentar uma visão mais equilibrada, embora a tônica central fosse compreender a vida cristã na relação entre Cristo (esposo) e a Igreja (esposa).

Já em Cipriano (século III-258), o matrimônio, depois da vinda de Cristo, completou sua função. Ele inculca a continência a todos[18]. Os seus textos mais significativos são aqueles relativos à virgindade, ricos em imagens e de expressões extremamente sugestivas: as virgens são as filhas mais belas e caras da Igreja, pois exprimem a fecundidade e a alegria. As virgens são concebidas como pessoas consagradas a Cristo e devotadas a Deus, pois pertencem a Cristo como o Senhor e à sua cabeça. Essa relação é esponsal, até o ponto em que a infidelidade se torna adultério, no qual o esposo ofendido é Cristo mesmo (*Non mariti sed Christi adulterae*). Do ponto de vista da dignidade, a virgindade vem logo depois do martírio, enquanto representa a realização mais perfeita da imagem de Cristo, inscrita na alma do batizado.

---

17. As principais obras de Tertuliano referentes à virgindade e à castidade que se tem conhecimento são: *Exortação à castidade*, *O casamento único* e *O véu das virgens*.

18. A principal obra de Cipriano sobre a virgindade é *De habitu uirginum*.

Em Orígenes (*c.* 185-253) – o maior erudito da Igreja Antiga – há um maior aprofundamento teológico e sistemático sobre o matrimônio, a virgindade e a castidade[19]. Para ele, a vida cristã, em geral, é concebida como uma relação esponsal com o Verbo, e o cume da santidade como um matrimônio espiritual. Mas o caráter esponsal pertence, antes de tudo, à Igreja, e só no contexto eclesial os fiéis podem participar. No seio da Igreja, segundo ele, distinguem-se várias categorias de pessoas, em razão dos diversos graus em relação de intimidade com seu esposo, Cristo. Esses são os graus de perfeição: por isso, toda a perfeição cristã é concebida em chave de esponsalidade. A união com Deus é uma união de consagração, sempre a partir de uma separação do mundo. Em dependência e em função da castidade há vários graus de perfeição cristã, tais como: os mártires, as virgens, os continentes e os cônjuges. Em linhas gerais, portanto, o pensamento de Orígenes sobre o tema está ligado ao nível ou ao grau de castidade do corpo, num contexto de pureza que deve abraçar a vida inteira da pessoa, tendo o espírito a sua centralidade.

6.2.2 Os padres dos séculos IV e V

Com o fim da perseguição contra os cristãos, muitos homens e mulheres encontraram sua vocação no seguimento de Cristo, à qual estavam dispostos a entregar a própria vida, renunciando a tudo para viver de forma radical. Essa foi uma prática difundida de modo constante e eficiente em todo o cristianismo greco-latino. Os cristãos, desde os primórdios, estavam convencidos de que a própria experiência de fé deveria ser traduzida em um estilo de vida sexual e familiar que iria na contramão com relação à sociedade pagã. Nesse sentido, a pureza dos costumes se tornava um argumento apologético e de testemunho de grande relevo. A castidade, a virgindade

19. Há uma boa apresentação sobre o tema em Crouzel (2002, p. 1045-1050).

e a continência por amor a Cristo tornaram-se, lentamente, uma prática constitutiva da Igreja, em detrimento do matrimônio.

Os séculos IV e V ficaram marcados por figuras de relevo, do ponto de vista teológico. Mencionaremos os seguintes Padres da Igreja, por suas contribuições importantes sobre o tema em questão: Basílio de Cesareia, Gregório de Nazianzo, Gregório de Nissa, João Crisóstomo, Ambrósio e Jerônimo.

Sabe-se que os Padres Capadócios herdaram o pensamento de Orígenes. Os três "grandes capadócios" deixaram suas carreiras seculares, não com a intenção de trocá-las por uma carreira eclesiástica, mas sim para seguir radicalmente a Cristo, dedicando-se a uma vida ascética na solidão. Mas todos os três receberam o chamado para o episcopado, porque sua origem e sua formação conferiam-lhes aptidão para cargos de direção, não só políticos, mas também eclesiásticos – ainda mais quando se leva em conta que, a partir da segunda metade do século IV, os bispos também assumiam cada vez mais tarefas administrativas (cf. Drobner, 2003).

O ensino de Basílio de Cesareia (*c.* 330-379) é, sobretudo, de caráter moral[20]. Sobre a virgindade, ele fornece elementos importantes, mostrando que a virgem caída era penalizada com atribuições próprias. Sabe-se também que dele se origina a ideia de que era aceita a profissão das virgens que decidiam em plena liberdade e de idade não muito jovem. Isso indica que à virgindade não só se atribuía o valor do matrimônio espiritual com Cristo, mas que tal escolha tinha o caráter de uma consagração pública, regulada pelas leis da Igreja. Diferentemente de padres anteriores, Basílio observava, de forma equilibrada, que nas categorias de cristãos não havia separação nem discriminação em ordem da perfeição, porque todos são chamados à santidade e partilham da mesma condição fundamental que caracteriza a fé da Igreja: uma "fé que opera na caridade".

---

20. As principais obras de Basílio das quais se tem conhecimento são: *Moralia* e *Epistolae*.

Em Gregório de Nazianzo (*c.* 329-390) retoma-se a linha de Orígenes sobre o tema[21]. Nele, a virgindade aproxima de Cristo – virgem por excelência – e opera em união esponsal com Ele. O matrimônio em si, segundo Gregório, é figura dessa união esponsal com Cristo; por isso, o mistério esponsal da virgindade encontra expressão visível no matrimônio cristão. Além disso, o matrimônio põe os cônjuges em uma relação de união de caridade com Cristo, como a virgindade. Para ele, matrimônio e virgindade são relacionados a Cristo esposo, e têm a mesma dignidade cristã essencial. A respectiva diferença é somente de grau, e não de natureza. Virgens e consagrados são empenhados todos a realizar a mais estreita união com o Senhor.

Gregório de Nissa (*c.* 330-394) elabora uma síntese sobre a virgindade e o matrimônio a partir de uma perspectiva platônica[22]. Ele foi um continuador da especulação de Orígenes, como os anteriores. Nele, encontra-se uma exaltação quase absoluta da virgindade, com uma substancial repulsa contra o matrimônio. Isso foi realizado em nome da perfeição e da santidade cristã. A virgindade para ele representa o retorno do homem à condição paradisíaca. A atuação da união mística com Deus é a síntese de todas as virtudes. O seu discurso é enquadrado no contexto mais geral da perfeição cristã. Ele apresenta a vida cristã como um itinerário que se move das trevas do pecado e atravessa uma iluminação progressiva, iniciando na união com Deus, que atua na vida divina. O primeiro grau desse processo é constituído pela purificação da alma dos elementos estranhos, a partir da qual se consegue sua restituição à imagem divina; isso se caracteriza como separação (*apatheia*) e orientação confiante (*parrhesìa*) diante de Deus. É um

21. A principal obra de Gregório de Nazianzo da qual se tem conhecimento é: *Oratione*.

22. As principais obras de Gregório de Nissa das quais se tem conhecimento são: *De virginitate*, *In Cant. Hom.* e *De vita Moysis*.

processo de interiorização, isto é, de recolhimento e de unificação de toda a alma, a partir de um esforço de separação das coisas sensíveis, alienantes e dispersas.

João Crisóstomo (*c.* 347-407) foi não apenas doutor, mas também um poeta ou cantor da virgindade[23]. Embora tenha um bom conceito do matrimônio, exalta a virgindade de forma mais radical do que o casamento. Para ele, a virgindade é um caminho mais digno de perfeição rumo à santidade. A virgindade tem uma dimensão cristológica e eclesial muito profunda. As virgens são consideradas esposas de Cristo, mas essa esponsalidade caracteriza-se, sobretudo, em relação a Cristo e à Igreja. É para a inserção no mistério de Cristo que as virgens se tornam esposas de Cristo. Segundo Crisóstomo, pelo batismo, todos os cristãos já têm em si um vínculo esponsal com Cristo. Ele apresenta um visão positiva do matrimônio; todavia, a virgindade é um estado de vida que, por exigir um grande empenho espiritual, gera uma adesão incondicional a Cristo, com um amor total. Por isso, os esposos são chamados à perfeição da caridade, como as virgens; contudo, todos os cristãos devem se impor a si mesmos a ascese como condição para o encontro com Deus.

Ambrósio (*c.* 340-397) é considerado o mestre da virgindade e o pastor das virgens consagradas[24]. Ele expõe, em uma bela síntese, com clareza e eloquência, o ideal da virgindade de todo cristão. Para ele, a virgindade é superior ao matrimônio. Também ele enquadra a virgindade no contexto da castidade, da qual é a terceira e mais perfeita forma (castidade conjugal, viuvez e virgindade). Na doutrina de Ambrósio, o tema dominante da virgindade é o

---

23. As principais obras de João Crisóstomo sobre o tema, das quais se tem conhecimento, são: *De Virginitate*, *In Math. Hom.*, *De Libello repudii*, *Sermones in Genesim* e *Propter fornicationes*, *Laus Maximi* e *Quales decendae sint uxores*.

24. As principais obras de Ambrósio sobre o tema, das quais se tem conhecimento, são: *De Virginibus*, *De Institutione virginis* e *Exhortatio virginitatis*.

seu aspecto cristológico. Ela existe em absoluto em Cristo; todos os que a cultivam podem fazê-la, porque é já uma participação na relação esponsal com Ele. Se, antes de Cristo, a virgindade não era possível, depois da sua vinda, ela não será jamais acolhida de forma total, já que é expressão do amor e da fidelidade ao único esposo. Na Igreja é possível contemplar a beleza da virgindade, pois ela mesma vive uma união mística com Cristo, seu esposo. No contexto da virgindade da Igreja é inserida a virgindade de Maria. Ambrósio é um dos padres que mais desenvolvem a exemplaridade de Maria em relação à virgindade cristã.

Jerônimo (*c.* 347-420), assim como outros padres, coloca a virgindade acima do matrimônio[25]. Segundo ele, a vocação e a graça cristã encontram sua valorização máxima ou plena na virgindade, na qual o sêmen divino rende cem por um, diferentemente dos sessenta que cabem à continência própria da viuvez e dos trinta que pertencem à castidade conjugal. As ideias de Jerônimo sobre a origem, a natureza e o valor da virgindade são semelhantes às já indicadas por João Crisóstomo e Ambrósio. Segundo ele, se a virgindade carnal encontra sua origem no nascimento carnal, a autêntica virgindade cristã encontra sua origem no nascimento espiritual. O batismo, em Jerônimo, é essencial, pois faz nascer uma vida que contém o gérmen da vocação à virgindade.

Em linhas gerais, sabe-se que a teologia moral dos padres é uma teologia da perfeição, que indica o fim ao qual chegar: a virtude – em especial, a caridade. Inspira-se, em primeiro lugar, na Escritura, mas aproveita também os grandes sistemas morais do estoicismo e do platonismo, aos quais confere tons evangélicos.

Assim, percebe-se o quanto é rica a reflexão místico-teológica dos padres sobre a virgindade, o matrimônio e a continência.

---

25. As principais obras de Jerônimo sobre o tema, das quais se tem conhecimento, são: *Epistolae*, *Adv. Helv.* e *Adv. Jov.*

Embora haja uma visão "depreciativa" de um estado de vida com relação ao outro, em geral, a abordagem está relacionada à vida batismal, que é, no fundo, a referência para a vida nova em Cristo. Quem nasce em Cristo é chamado a se esforçar para viver uma vida integrada e santa, pela Igreja e na comunidade em que está inserido. Entende-se que, para a maioria desses padres-teólogos, o local do matrimônio é secundário, em detrimento da virgindade. Portanto, a tese do fim "procriativo" do matrimônio e da sexualidade impunha-se como um condicionamento derivante dessa visão místico-espiritual.

6.2.3 A vida monástica, a abstinência sexual e o ideal da castidade

Em todas as religiões desenvolvidas podem ser encontradas formas de vida monásticas, que se apresentam como eremitismo, conventos comunitários ou também formas mistas. Elas se desenvolvem a partir da vontade da entrega total do ser humano a Deus e sua aceitação da parte de Deus e estão enquadradas, consequentemente, nas dimensões sociais e jurídicas da comunidade civil e religiosa. Ascetismo e monaquismo são duas constantes na história religiosa da humanidade, sem que nenhuma religião possa se apropriar delas com exclusividade (cf. Barrado, 1994).

O fenômeno é verificado sobretudo nos países onde a cultura helenística – cujos efeitos deletérios ainda eram evidentes – havia, aos poucos, sufocado uma venerável sabedoria indígena, como na Síria e no Egito. O movimento leva adiante uma exigentíssima concepção ascética do batismo, fundada na continência, na pobreza, na vida de oração e numa tradição profética judaico-cristã, que, na Síria, se concretiza na instituição dos "filhos da aliança" (cf. Gribomont, 2002, p. 953).

Os primeiros monges egípcios desde Santo Antão, no século IV, eram rudes colonos coptas que levavam uma vida extremamente austera. Seu objetivo era alcançar o perfeito domínio das paixões com vista à experiência mística. O agrupamento organizado de forma elementar mais célebre foi o do deserto da Césia e de Wádi Natrun, do oeste do Delta. Havia sempre um santo ancião que reunia discípulos em torno de si, formando uma escola de espiritualidade (cf. Porto; Schlesinger, 1995).

A primeira expressão de vida monástica, a partir dessa visão, é propriamente a eremítica ou anacorética. São anacoretas todos os que moram sozinhos nos desertos e tomam seu nome do fato de se terem afastado dos homens. Originariamente, o verbo *anakhoreim* (retirar-se) significa a "fuga dos devedores insolventes para o deserto". Se, no Oriente, o anacoretismo tinha uma tendência mais inquietante e radical no que tange ao domínio das paixões (*apatheia*), à oração do coração (*hesicasmo*) e a um tipo de contemplação (*gnosis* ou *theoria*), no Ocidente essas práticas eram mais equilibradas e, até certo ponto, foram corrigidas em seus excessos (cf. Severus, 1998).

O monaquismo no Ocidente dissemina-se justamente quando a Igreja se reconcilia com o mundo. Aparece, então, um movimento de contestação que, por uma volta à antiga oposição, renuncia ao mundo. São seus protagonistas os chamados *apotaktitai*, *apotaktikoi*, *apostolikoi*. Na medida em que alguns santos imprimem uma clara direção ao movimento, este liberta sua inspiração evangélica e se torna uma das mais válidas forças da Igreja (cf. Gribomont, 2002).

Duas grandes figuras – Antão e Pacômio – garantirão seu sucesso e mostrarão o modelo a todas as igrejas, fixando seus dois tipos principais: o solitário (*anacoreta*) e o cenobita, que vive na comunhão (*koinonia*) de um grupo organizado. Apoiados senão pelo clero local, ao menos pela autoridade de vistas longas de um Atanásio, inserem-se na disciplina eclesial e encontram numerosíssimos discípulos de valor.

Caberá a Bento de Núrsia, no contexto italiano, uma maior estruturação da vida cenobítica. Dos mosteiros romanos, Bento conserva uma liturgia fortemente estruturada e uma eficiente organização da comunidade, em que a pessoa do abade dirige a economia e a espiritualidade. O testemunho dado à Regra de Bento por Gregório Magno em seus *Diálogos*, junto ao valor interno da própria regra, contribuiu, em seguida, para sua adoção na Gália, na Inglaterra e na Germânia, antes de voltar a dominar na Itália.

A ascese pela qual o monge se purifica incide, em particular, sobre a alimentação (jejum, abstinência, racionamento), o sono (vigília) e o uso da palavra (silêncio). É para consagrar-se ao mundo que o monge se separa dele. Essa separação, na qual Basílio vê uma exigência do amor a Deus, conduz, entre outros sinais, ao uso de um traje distintivo (hábito). Desapegar-se de si mesmo, renunciar aos prazeres mais imediatos dos sentidos e praticar a abstinência sexual, almejando o ideal de castidade, constituem a prática ascética que todo monge deve realizar diretamente (cf. Lacoste, 2004a).

Portanto, a vida monástica propagará o ideal de uma vida de solidão em Deus como forma de santificação, a qual exige exercícios de esvaziamento e uma total continência interior e exterior, cujas metas são a santidade e a purificação do corpo e da alma. Já que há um destino escatológico, o monge é chamado a um desligamento do mundo contínuo. Essas referências básicas na vida de um monge influenciarão grandemente o Ocidente e a prática eclesial e pastoral do Sacramento da Reconciliação.

6.2.4 *Agostinho e o seu contexto*

Agostinho não é o primeiro teólogo cristão a ter-se ocupado da moral sexual, mas foi ele que precisou e fixou as grandes linhas da concepção cristã ocidental na matéria: o elogio do casamento e do celibato como vocações complementares e a exigência da castidade para todos. A grandeza de Agostinho vem do fato de que, fiel ao ensinamento das Escrituras, ele se esforça por situar o sentido e o papel da sexualidade na história da criação, da reconciliação e da redenção.

Agostinho ocupa um lugar de primeiro plano na história da moral patrística de todos os tempos. O centro da vida e da moral agostiniana é Cristo morto e ressuscitado, isto é, Cristo no seu mistério pascal. O cristão, imagem de Deus e de Cristo, tem a obrigação de seguir o próprio Cristo, único caminho, modelo e termo da vida cristã. Deus, segundo ele, imprimiu, no coração de todo ser humano, a caridade para com os outros, mas não pode praticá-la sem Cristo, sem sua lei e a graça do amor, vivida na esperança e na fé. A moral de Agostinho concentra-se, de tal forma, na caridade (cf. Vereecke, 1997).

Ele cresceu numa cidade que era um dos muitos núcleos de flagrante amor-próprio que os romanos haviam espalhado por todo o norte da Itália. A Tagaste de Agostinho empoleirava-se num planalto na orla dessa nova África. Era administrada a partir de Cartago, mas havia pertencido ao antigo reino da Numídia (cf. Brown, 2020).

Nasceu em Tagaste, na África do Norte, em 354, numa família de classe média. Aos 19 anos, a leitura de Hortênsio de Cícero orienta-o para a filosofia. Ainda jovem, adota, na África, a religião maniqueia. Tendo estudado em Cartago, ensina retórica nessa cidade durante alguns anos, e em Milão, depois de uma breve temporada em Roma. Em 386, impressionado pela pregação de Ambrósio, bispo de Milão, lê uma parte da literatura neoplatônica nas traduções latinas em uso nos círculos milaneses. Em 386-387 abandona o maniqueísmo e, após retirar-se para o campo com os amigos, em Cassiciacum, perto de Milão, recebe o batismo cristão, na Páscoa de 387. De volta à África, funda uma comunidade monástica com a intenção de viver nela. É ordenado sacerdote e torna-se bispo de Hipona em 395, continuando a viver em sua comunidade monástica. Uma atividade pastoral e administrativa intensa, a pregação e um engajamento resoluto na controvérsia, particularmente contra os maniqueístas, os pagãos, os donatistas e os pelagianos, vão ocupá-lo até sua morte, em 430 (cf. Markus, 2003).

No pensamento de Agostinho sobre a sexualidade há três grandes direções a serem levadas em consideração numa síntese geral: 1) Ele toma uma posição contra a desvalorização do casamento pelos maniqueístas e pelos que exaltavam a tal ponto a continência ou o celibato que esqueciam o casamento em seu valor cristão – como Tertuliano e Jerônimo. 2) Se a sexualidade humana pertence à ordem criada, não se deve crer – como os pelagianos – que ela escapa dos efeitos da queda. Para ele, numa controvérsia com Juliano de Eclama, as relações sexuais com vistas à procriação são afetadas pela concupiscência, manifestando uma desordem do desejo. 3) Inspirando-se em Paulo, se o casamento é um bem, a virgindade lhe é preferível porque testemunha a esperança da vinda do reino, cujo serviço não necessita mais da procriação desde o nascimento de Cristo (cf. Banner, 2004).

Não se pode negar que

> [...] o homem que fundiu o cristianismo com o ódio ao sexo e ao prazer numa unidade sistemática foi o maior dos Padres da Igreja, Santo Agostinho (m. 430). Sua importância para a moralidade sexual cristã não é questionada e constitui o fundamento para a condenação da contracepção "artificial" por Paulo VI (1968) e por João Paulo II (1981). Agostinho é o pensador teológico que pavimentou o caminho não só para os séculos como também para os milênios que se seguiram. As posições assumidas por ele tiveram influência decisiva sobre os grandes teólogos medievais, por exemplo, Tomás de Aquino (m. 1274), e sobre o jansenismo, aquele renascimento do puritanismo extremo da França nos séculos XVII e XVIII [...]. Como muitos neuróticos, ele separa de forma radical o amor da sexualidade. Conforme declarou o historiador vienense Friedric Heer: "O processo catastrófico da dessexuali-

> zação do amor ganhou forte ímpeto no Ocidente através de Agostinho" (Ranke-Heinemann, 1996, p. 88-89).

Agostinho determinou a doutrina eclesial durante muitos séculos, e até hoje exerce influência decisiva. Em face das doutrinas gnósticas e estoicas – que, cada uma à sua maneira, concebiam o matrimônio e a sexualidade de forma negativa –, Agostinho apresenta o matrimônio na perspectiva positiva de seus "bens": o *bonum fidei* (a fidelidade dos esposos), o *bonum prolis* (os filhos) e o *bonum sacramenti* (a indissolubilidade sacramental). Ao lado desse aceno, parece indiscutível a sua concepção negativa da sexualidade, a qual relacionou com a concupiscência, fruto do pecado original, resultando, provavelmente, de sua própria experiência pessoal vista à luz de certos acentos maniqueístas. A sexualidade só pode ser resgatada, antropológica e eticamente, como força procriadora.

A concupiscência foi um dos conceitos que mais ocupou a mente de Agostinho. Ela não pode ser confundida com a busca pelo prazer, nem com o desejo ou com o instinto do prazer, mas sim com o aspecto desordenado pelo qual o instinto não é mais controlado nem facilmente controlável. Para ele, o desejo desgovernado poderia fragilizar a capacidade de decisão própria da vontade. Em Agostinho, a concupiscência é uma força nefasta e destrutiva que, introduzida com o pecado, o conduz a uma lenta degeneração moral, fora do controle e da própria vontade racional. Se ninguém está "salvo" da concupiscência, é melhor que ele esteja sob o domínio da opção do matrimônio em sua dimensão de procriação (cf. Crispiero, 1994).

Em síntese, pode-se dizer que todo o pensamento ocidental é tributário dessa dupla ênfase atribuída a Agostinho: um olhar positivo sobre a instituição matrimonial, negando tendências espiritualistas, e um olhar negativo sobre a sexualidade, só aceitável eticamente na medida que for procriadora (cf. Mora, 1999). No conjunto, o amor conjugal não tem maior relevância. Em todos os casos, a existência e o crescimento do amor dos esposos os afastam da vida sexual, que se compreende, sobretudo, como um peso.

6.3 A sexualidade e o amor no período medieval até a escolástica

Os teólogos da Idade Média seguem, nas grandes linhas, o pensamento de Agostinho, embora o superem na forma de tratar a questão da antropologia[26]. Do século VII ao XII, imperaram, no campo da teologia moral, os *Penitenciais*. Essa época também ficou conhecida como período dos *Livros penitenciais*, gênero literário que tinha uma orientação prática que, de certo modo, reduzia a vida cristã rumo à santidade a partir de listas de pecados e de interditos a serem ensinados na catequese cristã.

Os *Penitenciais* ou *Livros penitenciais* designavam catálogos de pecados e de penas expiatórias, destinados, principalmente, a guiar os confessores no exercício de seu ministério como sacerdotes. Essa forma própria de orientar a consciência das pessoas apareceu no Ocidente no começo da Idade Média, quando a penitência pública como estado cedeu lugar ao regime da penitência privada (cf. Vidal, 1978).

A prática de confessar os próprios pecados regularmente teve início no século VI. Por todo o território celta, líderes espirituais locais – a maioria abades que haviam cultivado esse costume entre os monges – estenderam a prática para alguns devotos leigos. Ao escrever penitenciais (manuais compilados para confessores especificando a pena adequada para uma variedade de pecados), esses líderes buscavam estipular penalidades que levassem em consideração o pecado, sua gravidade e o tipo de vida do penitente em confissão. Esses escritos tinham uma tênue base nos sete pecados

26. Consideramos, aqui, o período medieval dos *Penitenciais* até a escolástica.

capitais – orgulho, inveja, ira, preguiça, avareza, gula e luxúria (cf. Harrington; Keenan, 2006).

A parte principal dos *Penitenciais* é constituída por uma tabela de penitências, correspondente a uma lista de pecados. Enumeram-se todos os pecados possíveis – pecados graves, segundo a disciplina sacramental de então – e se lhes vai aplicando a penitência correspondente, indicando sua natureza e sua duração. No que diz respeito à moral sexual, o uso do matrimônio só é aceitável quando legitimado por uma possibilidade de procriação efetiva.

A sexualidade era considerada fundamentalmente uma criação de Deus e, por isso, basicamente boa. A procriação era o valor dominante, embora não exclusivo, ao qual se destina a sexualidade. As relações sexuais para cumprir o dever conjugal eram aceitas com base na autoridade do Apóstolo Paulo. No entanto, a maioria dos autores rejeitava a opinião de que os casais podiam manter relações sexuais simplesmente para evitar a tentação e prevenir a infidelidade. Essa atitude refletia, evidentemente, resquícios da desconfiança estoica em face do prazer considerado mau, porque deteriorava e enfraquecia o poder de julgamento da mente, e, por esse motivo, se supunha uma afronta à dignidade humana. O fato de os autores dos penitenciais não estarem inteiramente convencidos do princípio estoico contrário ao prazer reflete-se na clemência pastoral com que tratavam as transgressões (cf. Kosnik, 1982).

No que diz respeito à moral sexual, assim como os santos padres, para os autores dos *Penitenciais*, o uso do matrimônio só é aceitável quando legitimado por uma possibilidade de procriação efetiva. Proíbem as relações sexuais aos casais incapazes de procriar, quer se trate de incapacidade permanente (esterilidade, imaturidade sexual ou velhice), quer de incapacidade transitória (caso de gravidez, ciclo menstrual etc.). Chegam a proibir relações conjugais realizadas sem intenção expressa de procriação. As culpas de sexualidade são vistas num contexto e num ambiente de magia e idolatria, sobretudo as culpas do aborto e da anticoncepção, que são duramente reprovadas. Diante de tais apreciações, é evidente que a sexualidade não é considerada uma realidade capaz de ser portadora de valores humanos ou religiosos (cf. Vidal, 1978, p. 93).

No contexto medieval, a sexualidade era coerente com o modelo de mundo antigo próprio de uma fase marcada pela visão religiosa como última palavra.

> De todas as funções humanas, a sexualidade é, ao mesmo tempo, a mais pessoal, a mais vital e a mais normatizada nas sociedades antigas, uma vez que as estruturas de parentesco e, mais ainda, toda a organização social estão baseadas na codificação das relações sexuais. Ademais, o discurso sobre o sexo é essencialmente desenvolvido por homens – monges ou eclesiásticos – que, por voto, renunciaram a toda vida sexual, e escrevem então com precaução e parco conhecimento – em princípio – daquilo sobre o que falam. De sua parte, os dirigentes laicos permanecem quase silenciosos, e as mulheres, com raríssimas exceções, mudas (Rossiaud, 2017, p. 534).

Se os *Penitenciais* testemunham uma moral sexual numa época rude e bárbara europeia, com o avanço da Idade Média assiste-se a uma situação de maior elevação e humanismo na civilização ocidental. Quanto ao comportamento sexual na Europa, deve-se salientar o aparecimento do conceito cavalheiresco do amor. Além de influir decisivamente na evolução da disciplina e da prática penitenciais da Igreja, exerceram grande influência também na história da civilização europeia, contribuindo para a defesa de uma ordem justa e para a implantação de costumes menos bárbaros.

Enfim, esse período pode ser considerado como a transição para uma época posterior, a partir dos séculos XII e XIII, em que haverá uma maior criatividade na teologia e na moral. No alvorecer da Idade Média, a moral sexual será, portanto, caracterizada como um "casuísmo" exagerado, sem levar em consideração fatores pessoais. Valorizavam excessivamente a dimensão externa da ação humana, sem dar-lhe o sentido mais profundo e interior. Era um modelo de moral e espiritualidade reduzidos ao automatismo rígido de pecado-penitência, sem dar-se conta do hiato que deve existir entre um e outro elemento.

6.4 A teologia escolástica: Alberto Magno e Tomás de Aquino

Na Alta Idade Média e na escolástica, as atitudes com relação à sexualidade foram influenciadas profundamente por alguns fatores, tais como: a sistematização escolástica da teologia; o desenvolvimento de um direito eclesiástico unificado; e a realidade da vida medieval.

Um dado histórico importante consiste no fato de que quase todas as seitas heréticas dos séculos XII e XIII atacaram de maneira resoluta o conceito de matrimônio e se opuseram a um comportamento sexual normal e equilibrado. Os mais destacados adversários foram os cátaros, que propuseram um ataque radical ao erigir em teses os dois princípios fundamentais: 1) todo prazer da carne é culpável; o matrimônio nada mais é do que a organização desse prazer num *meretricium*, um "lupanar"; e 2) a geração humana é obra do diabo; faz descer para um corpo miserável uma alma que vivia feliz junto a Deus (cf. Le Bras, 1926; Nelli, 1952).

Convém mencionar, por outro lado, que também nesses séculos ocorreu um grande reavivamento espiritual, teológico e pastoral na Europa. Uma profunda fascinação com o humano como a imagem de Deus animou o pensamento de Ricardo de São Vitor (*c.* 1110-1173), Bernardo de Claraval (1090-1153) e Hildegarda de Bingen (1098-1179), entre outros. Essas devotas intuições conduziram, inevitavelmente, ao surgimento de figuras carismáticas, como São Domingos de Gusmão (1170-1221), São Francisco de Assis (1181-1226), Santa Clara (1193-1253) e seus seguidores. A partir desses movimentos evangélicos que celebravam o homem como a imagem de Deus, pintores como Cimabue (1240-1302), Duccio (*c.* 1255-1319) e Giotto (1267-1337) deram início à Renascença (cf. Harrington; Keenan, 2006).

O movimento para aceitar a plena sacramentalidade do matrimônio foi completado com as obras de Alberto Magno e Tomás de Aquino. Ambos os autores marcam uma reação positiva na moral sexual diante de um rigorismo e de um pessimismo excessivos. Essa mudança – principalmente da parte de Tomás – provém de seu humanismo e realismo. Para ele, "dentro de sua mentalidade, nada do que se manifesta como verdadeiramente racional, por mais imprevisto que seja, se opõe em princípio à revelação, basta dar-se ao trabalho de procurar as conexões corretas" (Lafont, 2000, p. 153).

Admite-se, de forma generalizada entre os moralistas, o lugar de Alberto Magno na ética sexual como uma novidade com relação à ideia que a teologia dos séculos precedentes tem sobre o sentido e o fim da sexualidade. O fundamental de sua contribuição é ele ter dado relevo (sob a influência de Aristóteles) ao caráter natural e honesto do sexo, da relação conjugal e do prazer que, de maneira normal, acompanha o exercício de toda função natural. Com Santo Alberto, entra na moral a expressão "natural", base antropológica da ética sexual cristã. Ele prova que a "virtude geradora" é *virtus naturalis* e que, por conseguinte, o ato conjugal é bom e necessário. Santo Tomás compartilha de idêntico otimismo e da mesma visão positiva da sexualidade. Ele introduz o tema da moral sexual no quadro das virtudes e, mais concretamente, no quadro da virtude da temperança (cf. Vidal, 1978).

O otimismo presente na "moral sexual" de Alberto e, particularmente, na de Tomás se dá pela referência positiva de uma antropologia e de uma teologia bem-articuladas. A moral de Santo

Tomás é essencialmente teológica e inscreve-se no tema do *exitus* e do *reditus*. A moral – que tem como ponto de partida Deus e a criação – encontra nessa verdade toda a sua consistência. As coisas criadas têm sua natureza própria, que não se define unicamente com referência a Deus. Santo Tomás valoriza a realidade dos seres criados e, especialmente, da natureza humana. A sua moral consiste essencialmente na volta do homem a Deus, isto é, na visão beatífica, sem negar a felicidade imperfeita que o ser humano pode alcançar neste mundo.

Para descrever esse caminho, Santo Tomás utiliza Aristóteles e seus predecessores e analisa não só os atos humanos, o hábito e as virtudes, mas também os pecados. Os dois tratados centrais são aqueles sobre a lei e a graça. O ser humano encontra as regras de seu agir moral como indivíduo, como membro de uma família e como cidadão de um Estado em sua natureza racional. As leis humanas particularizam os princípios gerais da lei natural. Para o cristão, segundo ele, a lei nova nada mais é do que a presença da graça do Espírito Santo que o guia. Essa presença do espírito é luz, mas também força que permite ao homem realizar o que o espírito lhe revela: a sua vocação (cf. Vereecke, 1997).

A ética sexual tomista situa-se no horizonte de sua visão geral sobre o agir e a moral. Desse modo, podemos sintetizar sua contribuição ao debate a partir de cinco ideias centrais[27]. São elas:

1. Essa ética sexual está essencialmente inserida em seu quadro teológico, que parte de Deus e articula-se na criação e na redenção, encontrando em Cristo o caminho para o retorno, para Deus, fim último do ser humano e sua verdadeira bem-aventurança, mesmo que uma bem-aventurança imperfeita seja alcançada na vida terrena. A finalidade última é a chave

27. A ética de Santo Tomás, no âmbito da sexualidade, será baseada na síntese realizada por Pighin (2005, p. 53-54).

do retorno de todo o discurso moral tomista, e, por isso, é colocada no início do tratado ético da *Summa theologiae*.

2. A descoberta de Aristóteles e de sua *Ética*, por Tomás, levanta uma questão metodológica sobre a qual ainda se discute.

3. A antropologia tomista tem muitas novidades. Baseando--se sobre a natureza humana, Tomás constrói o seu tratado a respeito da lei moral, que é central para o seu pensamento junto ao tratado da graça. Ele elimina, todavia, qualquer risco de dicotomia entre natureza e graça, visto que a lei natural é "participação" da lei eterna de Deus, por "analogia". Os dois conceitos de participação e analogia aparecem essenciais para considerar a harmonia e a autonomia que deve existir entre todas as leis morais ("lei natural" inscrita na natureza, *lex nova* dada pelo espírito e comunicada à razão pela revelação, "leis positivas humanas", isto é, eclesiásticas e civis). As leis são consideradas os princípios externos do dinamismo moral e dirigem o agir do ser humano para o seu fim.

4. Sobre a antropologia teológica, Tomás considera a graça não mais como um fruto da inspiração, como uma ação passageira do espírito, mas como uma "informação", isto é, um modo de ser permanente (graça incriada distinta da graça incriada de Deus) que dá "forma" de maneira habitual ao ser humano, segundo a concepção aristotélica.

5. A respeito das expressões morais, Tomás as considera a partir das virtudes, tanto teologais quanto cardeais – entre essas últimas, a prudência tem o papel principal. Elas são consideradas os princípios internos do dinamismo moral e são concebidas na categoria de *habitus*, em condições de resgatar cada ato da atração da concupiscência. Em todo caso, segundo ele, o caminho para chegar à bem-aventurança é Cristo, que, para esse objetivo, dá, sobretudo, os sacramentos.

6.5 A sexualidade e o amor no período moderno e no Concílio de Trento

O advento da Modernidade traz consigo uma busca maior pela privatização dos atos íntimos no sentido de uma maior ênfase na vida sexual como algo fora da esfera pública, longe mesmo do alcance dos olhos dos familiares mais próximos, o que oferece um contraste bastante forte não com a dimensão doutrinária do mundo do medievo, mas sim com a dura realidade das massas que viviam em condições muito precárias. Há uma evidência disso na construção dos cômodos íntimos, das paredes que passam a envolver a cama, das alcovas.

Se, por um lado, existe uma diminuição relativa do peso real das interdições de natureza religiosa na vida privada, por outro, há a emergência do Estado como instituição estruturante e reguladora da vida social – inclusive da vida sexual, que passa a reivindicar o controle das práticas sexuais que fujam à ordem normativa.

O IV Concílio de Latrão, em 1215, que ocorreu no tempo de Inocêncio III, impôs a todos os cristãos que tivessem atingido a idade da razão a obrigação da confissão anual das culpas graves, a ser feita ao próprio pároco. Bem cedo, as ordens mendicantes – franciscanos e dominicanos – se alinharam à ação dos pastores. Para formar os confessores que ouvirão a confissão dos penitentes e os dirigirão, como médicos espirituais na vida cristã, dominicanos e franciscanos compuseram sumas para os confessores, cujo modelo foi a *Summa de casibus poenitentiae*, do dominicano catalão Raimundo de Peñafort (*c.* 1175-1275). Depois, outras foram escritas. Se nessas sumas os dominicanos seguem a ordem das virtudes, os franciscanos seguem a do decálogo (cf. Vereecke, 1997).

Durante o século XIII serão redigidos também numerosos *Manuais de confissões*, que fornecerão ao padre, ou ao penitente, as diretrizes indispensáveis para a administração válida do sacramento da penitência. Essas sumas e esses manuais terão uma característica geral: integrarão elementos jurídicos na moral. Após o século XIII e durante os séculos posteriores aparecerão sumas de teologia moral com várias orientações teológicas e metodológicas. Sem dúvida, as sumas para os confessores favoreceram a casuística e apresentaram uma visão minimalista da moral, mas ajudaram também a descobrir e a afirmar a personalidade do indivíduo cristão, que se manifesta na responsabilidade que ele tem da sua conduta.

No início do século XVI, três fatos se impuseram lentamente e geraram uma nova releitura de mundo. Eles podem ser descritos da seguinte maneira:

> *Primeiro*, o humanismo, que propõe a volta às fontes, quer da antiguidade pagã, quer da Bíblia e dos Padres da Igreja, em proveito de uma religião simples, sincera, evangélica. O humanismo é principalmente uma ética que exalta a caridade e a liberdade, entendida como sentido de responsabilidade pessoal. A *philosophia Christi* de Erasmo é primeiramente uma moral, mas situa-se fora dos quadros escolásticos do ensino da moral. *Segundo*, a reforma protestante, prodigioso movimento espiritual que, embora se apoie numa visão dogmática da justificação, comporta, contudo, uma ética das realidades terrestres. Mas bem cedo a teologia da reforma e a teologia católica entrarão em conflito. *Terceiro*, a descoberta da América e a colonização, de que surgirão nova imagem do homem e novos problemas políticos religiosos. A extensão do vasto comércio marítimo, a dimensão quase mundial, o afluxo de metais preciosos, a multiplicação dos bancos e o aparecimento do primeiro capitalismo apresentam numerosos problemas aos moralistas (Vereecke, 1997, p. 574).

Esse cenário de mudança sociológica condiciona as transformações no modo de se fazer teologia. Além desses fatos, de caráter mais histórico, no contexto do ensino da teologia moral há também a passagem do uso das *Sentenças*, de Pedro Lombardo, à *Summa theologiae*, de Tomás de Aquino, especialmente na parte dedicada à moral (II-II). Da França à Espanha, o renascimento tomista ganhará espaço nas universidades e nas faculdades de Teologia.

O movimento protestante nasce nesse contexto do século XVI, em que a sociedade é impactada por novas ideias. É dentro desse contexto do renascimento protagonizado pelo desejo de retorno às fontes – à Escritura, de modo particular – que algumas teses esquecidas da teologia católica são fomentadas, disseminadas e até aprofundadas pelos principais reformadores (cf. Birmelé, 2004). No que tange à moral sexual e familiar, os reformadores se opunham abertamente ao princípio da indissolubilidade do matrimônio. Eles justificavam, em alguns casos, a legitimidade do divórcio e inclusive da poligamia, e negavam à Igreja seu direito de intervir em assuntos de matrimônio, considerando que isso era competência do poder civil (cf. Flórez, 2008).

A reflexão ética, a partir do Concílio de Trento (1545-1563), se organiza para elaborar manuais de confessores que servissem de orientação no atendimento das confissões e na correspondente orientação moral dos fiéis. Gradativamente, agregaram-se a ela os princípios em que se fundamentam as soluções dos casos. Os tratados de moral serão divididos em fundamentais e especiais, nos quais se colocam os mandamentos e a vivência dos sacramentos. Mas a elaboração em seu conjunto continua sendo tributária das funções iniciais que visa prestar, ou seja, resolver as perguntas sobre a vida cristã em seus comportamentos e em suas práticas diárias (cf. Anjos, 2004).

A respeito do tema da família, o Concílio de Trento define a doutrina católica sobre a indissolubilidade do matrimônio, rejeitando as ideias protestantes e levando em consideração uma série de questões relacionadas ao tema. O Concílio parte da valorização do amor humano que Jesus Cristo elevou, por meio do sacramento, ao nível sobrenatural. Na apresentação do amor sacramental, o Concílio silencia toda alusão à sexualidade e à concupiscência. A doutrina está incompleta, mas não deixa de ser uma tímida apresentação sobre o ideal sacramental em detrimento dos efeitos que o pecado ocasionou na natureza humana (cf. Mora, 1999). No que tange à moral sexual, impera ainda a visão agostinista da concupiscência, segundo a qual o prazer não é um bem em si, mas apenas em vista da procriação.

A teologia "moral sexual", como entendemos hoje em dia, é inexistente. O que existe é uma moral destinada a tratar do Sacramento da Penitência, numa tônica pessimista e centrada nas tipificações dos pecados a partir do "ato" cometido. A ascética é a resposta "moral" ao desaparecimento das grandes formulações teológicas medievais. A leitura bíblica fica muito enfraquecida para inspirar a vida cristã. Na fundamentação das propostas morais, ganham força particular os argumentos de autoridade, ao mesmo tempo que a moral cristã soa como um conjunto de normas prescritivas ou proibitivas, com forte conotação "legalista", obrigando as pessoas sob pena de pecado.

Assim, do contexto teológico moderno até o Concílio de Trento, haverá um alargamento histórico diante de mudanças ocorridas. A Igreja acolherá, em parte, essas mudanças; contudo, proporcionará uma estrutura centrada no direito de toda a teologia matrimonial. Sobre a sexualidade não haverá progressos significativos, a não ser o novo "clima" humanista, o qual desdobrará, "temporalmente", uma compreensão de pessoa, em detrimento da "juridicização" eclesial. Mas, em linhas gerais, a moral cristã se torna fortemente eclesiástica em suas fundamentações e nos objetos de suas preocupações. Há um distanciamento do pensamento filosófico, e a reflexão se desenvolve muito em função da vida interna e da defesa da fé contra os avanços da reforma protestante.

6.5.1 O período casuísta: laxistas e rigoristas

O contexto histórico oferecido pelos séculos XVII e XVIII apresenta um cenário de crise social com base em diversos indicadores de época, tais como: pobreza crescente, decrescimento demográfico, problemas determinados por epidemias frequentes e conflitos bélicos numerosos e de longa duração com graves consequências. A organização da sociedade apresenta-se estática, sobrecarregada por um redundante estilo burocrático, politicamente enquadrada em uma fragmentação de Estados governados por um regime absolutista.

A Igreja, durante esse tempo, está empenhada na dita "contrarreforma", na defesa contra as infiltrações protestantes e em uma apurada renovação interna. Ela aparece muito ligada, contra a sua vontade, ao poder político. No campo teológico-moral, a atenção principal está dirigida à certeza da consciência diante das obrigações morais que incumbem a cada pessoa. Nesse contexto, compreende-se a origem de diversos sistemas morais, alguns inclinados a defender a liberdade em relação à excessiva pressão dos preceitos, enquanto outros estão em sentido contrário (cf. Pighin, 2005, p. 68).

Para se compreender o surgimento dessas correntes rigoristas e severas, no tocante à moral sexual, é necessário ter uma visão geral do modo como se fazia, elaborava e produzia a teologia moral no contexto posterior ao Concílio de Trento. Esse "método" teológico que brotou do Concílio foi conhecido e popularizado como "moral casuísta" ou "casuísmo", surgindo a partir de Trento e prevalecendo, com raras exceções, até o Concílio Vaticano II.

Foi chamada também de "moral pós-tridentina" e de "instituições de moral". A expressão "caso" e seu derivado "casuística" eram empregados, inicialmente, em contexto jurídico. Em Direito, a casuística designava a aplicação das leis civis ou da Igreja à situação particular. Significava também a interpretação de uma determinação legal mediante uma sentença. O conceito de "caso" e de "casuística" foi transferido do campo jurídico para o campo da moral por São Raimundo de Peñafort. E assim se expôs a moral nas sumas de confessores, das quais passou, mais detalhadamente, para as instituições morais pós-tridentinas ou para a denominada casuística, período da história da moral católica (do século XVII ao XX), em que o método casuísta vigorou amplamente (cf. Vidal, 2003, p. 396).

Ao menos três fatores estão na origem desse modelo de moral casuística:

1. Surgidas no começo do século XVII, as instituições morais são o coroamento de uma evolução da moral ao longo dos séculos. O mesmo Santo Tomás de Aquino, ao reunir, na segunda parte da *Summa theologiae*, as questões relacionadas à moral, preparava, sem o saber, a autonomia da teologia moral.

2. Houve também a influência do nominalismo. Foram os ockhamistas que, depois de Tomás de Aquino, dominaram a teologia moral. O conceito de singular deu uma tonalidade individualista, de caráter extrínseco, voluntarista e legalista para toda a ética. Sobrevaloriza-se o ato singular e se marca, como justificação da bondade moral das ações, a vontade de Deus.

3. No século XVI, mais três fatores influenciaram o aparecimento da casuística: o renascimento do tomismo; a reforma tridentina; e a organização dos estudos na Companhia de Jesus.

Como desdobramento da moral casuística, ou do casuísmo, apareceram os sistemas morais, os quais podem ser considerados como escolas teológicas ou tendências na teologia moral que tratavam sobre a formação do juízo de consciência, quando quem deve ou quer agir se encontra diante de leis que se apresentavam objetivamente incertas (cf. Capone, 1997, p. 1164). Pode-se dizer que a casuística – que, por via de indução, particularizava os princípios ou as leis universais em regras particulares –, por meio de casos típicos, apresenta essas regras, quase sempre em estado de "opiniões" mais ou menos prováveis.

Os sistemas morais que tendiam desde um rigorismo absoluto até o laxismo mais audacioso foram sintetizados por Domenico Capone (1997, p. 1165), segundo o qual se poderia enumerá-los em até sete sistemas: "Tuciorismo absoluto, tuciorismo mitigado, probabilirismo, compensacionismo, equiprobabilismo, probabilismo e laxismo". Os quatro primeiros tinham como princípio o seguinte: "[...] na dúvida se deve optar pela parte mais segura". Já os outros três tinham como princípio a subjetividade, que se expressa na liberdade de autodeterminar o juízo da consciência na escolha a ser realizada "aqui e agora". Podia-se seguir a opinião "benigna", a menos que a lei se apresentasse com tais razões que provocassem ilusões a propósito da probabilidade (cf. Capone, 1997, p. 1166).

No contexto da moral sexual, é relevante indicar alguns autores laxistas e rigoristas que foram importantes em suas respectivas épocas. Entre os autores laxistas estão: Antonio Diana (*c.* 1586-1663), Antonio Escobar (1589-1669) e Tomás Tamburini (1591-1675). Destaca-se, ainda, a figura de João Caramuel (1606-1682), cuja doutrina tem particular incidência no campo da moral sexual. Ele apresentava um conhecimento enciclopédico e uma erudição vastíssima, e tinha grande aptidão para a controvérsia com seus dotes de oratória. João Caramuel pode ser considerado o principal laxista casuísta do período. Ele atribuía à probabilidade extrínseca uma autoridade exagerada e sustentava que se podia resolver as questões mais difíceis da teologia, mesmo os problemas da graça e da liberdade (cf. Vidal, 1978, p. 104).

A oposição aos laxistas veio da parte dos jansenistas que caíram no rigorismo. Entre os principais rigoristas, destacam-se: Antônio Arnaldo (1612-1694), Pierre Nicole (1625-1695) e Blaise

Pascal (1623-1662). As condenações do magistério, embora não tomassem posição sobre o princípio do probabilismo, contribuíram para o aparecimento do rigorismo. Em 1665-1666, o Papa Alexandre VII condenou 45 proposições laxistas (Denzinger 2021-2065), e, em 1679, o Papa Inocêncio XI condenou outras 65 (Denzinger 2101-2167). A Universidade Sorbonne de Paris e a Universidade de Louvain censuraram numerosas proposições de casuístas. Em 1657, a Ordem dos Pregadores (dominicanos) dissociou-se do probabilismo para assumir como doutrina oficial o probabiliorismo: é preciso sempre seguir a opinião mais provável. Essa posição será defendida de forma brilhante pela escola dominicana de Toulouse: J. B. Gonet (*c.* 1616-1681) e Vincent Contenson (1641-1674). Na Companhia de Jesus, as reações contra o laxismo tinham por finalidade defender o bom nome da própria companhia (cf. Vereecke, 1997).

O rigorismo foi se impondo lentamente nos manuais de moral e se efetivou enquanto doutrina moral nos seminários. O mais famoso foi o manual de François Genet (1640-1702), muito difundido na Itália e na Alemanha. Escrita originalmente em francês, a obra foi traduzida para o latim como *Theologia moralis seu resolutio casuum conscientiae juxta Sacrae Scripture. Canonum et Sanctorum Patrum mentem* (1702). Embora não fosse um jansenista, opunha-se ao laxismo e ao probabiliorismo; para ele, quando se confrontam várias opiniões, na prática, deve-se seguir sempre a mais provável. Na Itália, o manual mais conhecido foi o do dominicano Daniello Concina (1687-1756). Sua obra mais importante foi a *Theologia christiana dogmatico-moralis*, publicada em dez volumes, estruturada a partir da Sagrada Escritura e dos escritos dos santos padres; todavia, não era muito aplicável no contexto dos sistemas morais.

Portanto, nesse período em que os sistemas morais – laxistas e rigoristas – debatiam sobre o melhor modo de apresentar a mensagem moral cristã, percebe-se um distanciamento das fontes cristãs e um reducionismo legalista centrado no ato. No que tange à moral sexual, não houve avanços nem propostas corajosas.

6.5.2 Afonso de Ligório e seu legado moral

A figura de Afonso Maria de Ligório (1696-1787), bispo e missionário, não está diretamente ligada ao tema da sexualidade e do amor, mas sua visão de teologia, de moral e de ser humano foram fundamentais para se perceber a evolução na moral sexual. Com ele, cessarão as lutas furiosas entre os diversos sistemas morais posteriores à reforma tridentina.

De família abastada, Afonso de Ligório recebeu uma formação clássica na casa paterna antes de inscrever-se, aos 12 anos, na Faculdade de Direito. Em 1713, obteve seu doutorado *in utroque jure* (direito civil e direito canônico) e começou a exercer a profissão de advogado. Em 1723, deixou os tribunais e entrou no seminário, onde estudou a teologia moral – em particular, no tratado do rigorismo jansenista *Morale de Grenoble* (1677), de François Genet, o "chefe de fila dos probabilioristas". Ordenado sacerdote em 21 de dezembro de 1726, exerceu primeiro seu ministério em Nápoles, entre gente "devassa e dissoluta", e, depois, em um meio rural inculto e ignorante das coisas da fé. Para desenvolver o apostolado entre os camponeses, Afonso de Ligório fundou, em 1732, uma congregação de sacerdotes missionários, aprovada em 1749-1750 por Bento XIV com o nome de Instituto do Santíssimo Redentor (os redentoristas). Dirigindo-se ao papa em 1748, ele explica seu objetivo: "Com ajuda das missões, das instruções e de outros exercícios, pôr-se a serviço das almas dos pobres camponeses que são os mais privados de socorros espirituais, que carecem muitas vezes de ministros, de sacramentos e da palavra divina". O exercício do ministério pastoral e, sobretudo, a prática da confissão fizeram ele evoluir do probabiliorismo ao probabilismo, e, depois, ao equiprobabilismo (cf. Marocchi, 2004, p. 64).

Santo Afonso é o pai de um novo sistema moral, chamado de *equiprobabilismo*. Trata-se de um probabilismo equilibrado, articulado sobre três princípios essenciais: o primado da verdade no campo moral, sem a qual se embocaria em um caminho de salvação falso; o primado da consciência, que deve ser formada e não pode delegar suas escolhas às opiniões extrínsecas dos moralistas; e os direitos da liberdade humana, que pode ser vinculada só a uma lei certa (cf. Pighin, 2005, p. 73).

A moral de Afonso não é de caráter especulativo como a de Tomás de Aquino, mas está ligada ao estudo das circunstâncias. A sua casuística reduz-se aos casos reais para os quais adiantou sentenças originais e muito equilibradas que se tornaram notáveis. Ele demonstrou-se otimista nos confrontos com a redenção, contra a visão jansenista, sem se prestar, todavia, a equívocos de tipo laxista.

Embora, sobre o tema da sexualidade em si, a contribuição de Afonso tenha sido tímida, não se pode deixar de apontar que ele contribuiu para fazer recuar o rigorismo no seio do catolicismo e para abrir os caminhos a uma teologia moral mais ampla e mais compreensiva com relação às fraquezas humanas. Opondo-se ao rigorismo jansenista, era um grande incentivador da prática da confissão (cf. Vereecke, 1997). Em síntese, pode-se dizer que, no conjunto da moral afonsiana, o estudo das circunstâncias concretas da ação prevalece sempre sobre a aplicação mecânica de um sistema.

6.6 A sexualidade e o amor no contexto contemporâneo até o Concílio Vaticano II

Na sexualidade contemporânea, a procriação ocupa apenas um espaço reduzido e marginal. Doravante, a sexualidade aparece como uma experiência pessoal fundamental para a construção do sujeito, assumindo um peso considerável no decorrer dos séculos pela esfera da intimidade e da afetividade.

No que toca ao magistério eclesiástico precedente ao Concílio Vaticano II, há uma maior explicitação sobre o tema do que em períodos anteriores. Começou com a encíclica *Casti Connubii*, de Pio XI, de 31 de dezembro de 1930. O tema geral está em consonância com as preocupações da Igreja daquele tempo: enfrentar os erros modernos, destacando as riquezas da tradição católica.

A encíclica recupera a visão agostiniana dos bens matrimoniais. Por outro lado, assume e consagra uma doutrina que tinha sido elaborada ao longo dos últimos séculos: o matrimônio como instituição, em sua origem em Deus, constitui-se pelo contrato dos cônjuges e se define pelos seus "fins", compreendidos de maneira subordinada; o primário e mais importante é a prole; os fins secundários, sempre em função do primário, são a ajuda mútua e o remédio da concupiscência. A vida dos casados – especialmente sua vida sexual – deve se adequar (*finis operis*) a essa ordem objetiva (*finis operis*), que vem de Deus e está inscrita na própria natureza (cf. Mora, 1999).

Casti Connubii é o primeiro documento do magistério que claramente coloca o acento sobre a estrutura interna do ato conjugal como critério de atuação sexual. Além disso, a encíclica afirma que a relação íntima entre os esposos pode fomentar o amor recíproco. Aparece, então, pela primeira vez, a relação entre amor e sexualidade, embora seja apenas um ponto parcial. A *Casti Connubii* cita o "fortalecimento do amor mútuo" entre os "fins secundários" do casamento, ficando a procriação como finalidade primeira, à qual as outras são subordinadas (cf. Banner, 2004).

Contudo, antes do Concílio, não se pode negar a influência que a encíclica de Pio XI obteve em toda a consciência cristã católica. Nela, o papa estabelece claramente a dupla finalidade do matrimônio, superando o objetivo apenas procriativo das épocas anteriores. Foi uma resposta à aprovação, pela Conferência Anglicana de Lambeth, da contracepção artificial como uma ação moral em determinadas situações. Em *Casti Connubii*, Pio XI reforçava a essência jurídica do matrimônio, mas não apenas isso. Ele também recuperava o sentido do matrimônio como uma união de amor conjugal e intimidade. Segundo Pio XI, o amor conjugal não consiste

> em palavras apenas, mas no profundo vínculo do coração que é expresso na ação, uma vez que o amor se prova com feitos [...], deve ter como seu propósito primário que marido e mulher ajudem um ao outro dia após dia no formar-se e no aperfeiçoar-se na vida interior [...] e sobretudo que eles possam crescer no verdadeiro amor a Deus e a seu semelhante (*Casti Connubii*, n. 9).

A partir dos anos de 1960, grandes transformações – ligadas não apenas ao movimento feminista, mas também a inúmeras outras mobilizações individuais – afetaram a situação das mulheres na sociedade e na família: a difusão do uso da anticoncepção, o aumento do nível de instrução feminina, o crescimento, em todos os países, da participação das mulheres no mercado de trabalho e uma facilidade maior em obter o divórcio ampliaram, consideravelmente, sua autonomia material e pessoal em relação aos homens (cf. Bozon, 2004). Essas contextualizadas questões fizeram dilatar a visão sobre a sexualidade e o amor no mundo contemporâneo, indicando que a vida sexual não está mais identificada com a fecundidade e a procriação, mas com uma autonomia cada vez maior na percepção do sentido de amor e sexualidade.

As inovações do Concílio Vaticano II, no âmbito da moral, aparecem evidentes sobretudo na doutrina da consciência e na compreensão do matrimônio. Estas manifestam a continuidade e a descontinuidade do desenvolvimento doutrinal da Igreja e testemunham um vivo processo de pensamento como de uma tensão pela justa compreensão da consciência e do matrimônio no contexto histórico, social e cultural das respectivas épocas.

No que se refere à sexualidade, o Concílio abandona toda ênfase biologista e a apresenta sempre na perspectiva do amor dos esposos, âmbito em que encontra seu sentido e sua grandeza. No conjunto do texto, é propriamente esse amor que se acha ordenado à procriação, mais do que a sexualidade como tal. Não aparece nunca uma consideração negativa da sexualidade humana ou qualquer suspeita sobre sua malícia ou seus perigos – não se cita o tradicional *remedium concupiscentiae* –, embora o Concílio não esqueça que o amor conjugal é muito mais do que uma inclinação meramente erótica que se desvanece quando se reduz a puro egoísmo. A consideração positiva da sexualidade integrada no amor pessoal descobre também o sentido de sua própria negatividade, no âmbito da autoafirmação e do egoísmo pessoais (cf. Mora, 1999).

O ato de introduzir o amor no próprio centro da concepção do matrimônio e da sexualidade respondeu a uma preocupação amplamente sentida dentro de uma experiência mais personalista da vida matrimonial e sexual humana, mas desencadeou um debate na Igreja que ainda não se encerrou. Entender e formular como se impõe exatamente essa discussão é uma das tarefas da reflexão moral em contínuo desdobramento (cf. Flórez, 2008).

A ciência caracteriza-se por abordar a vida real e perceptível de um modo analítico, diagnosticável e sempre provável. Essa perspectiva, como se sabe, coloca em questão muitos dos postulados religiosos que tratam a vida e a visão sobre as coisas a partir de uma verdade revelada e inquestionável. Portanto, a ciência nasceu questionadora e desconfiada contra todo tipo de argumentação de autoridade e coercitiva.

Do ponto de vista teórico, deve-se distinguir a ciência do cientificismo. A ciência busca abordar a existência mediante um método de análise do real e dele buscar hipóteses e problemas para melhor construir uma ideia de verdade. Já o cientificismo é a crença de que somente a ciência – isolada dos outros tipos de saberes – pode oferecer, em princípio, uma compreensão única, total e integral da realidade (cf. Haught, 2009, p. 36). Enquanto as ciências da natureza buscam apresentar a relação das coisas com a realidade, a teologia natural – também chamada de teologia da natureza – aspira mostrar que a natureza, na forma conhecida pela ciência, pode dizer algo sobre a existência de Deus.

Essa visão mais demonstrativa e analítica sobre a realidade foi se impondo lentamente sobre todo tipo de leitura do fenômeno humano. A sexualidade não foi imune a essa tendência. Ao contrário, foi assumida por inúmeros autores de tendências das mais complexas e plurais. Tudo o que pode ser rechaçado cientificamente por meio desse método, assim o será, caso não seja empiricamente demonstrável. A ciência promove uma "naturalização" do corpo e da sexualidade, em contraste com a abordagem anterior, que os compreendia sob uma perspectiva "transcendental".

Tanto o corpo quanto a sexualidade, do ponto de vista da ciência moderna, são provisórios, mutáveis e mutantes, suscetíveis a inúmeras intervenções consoante o desenvolvimento científico e tecnológico de cada cultura, bem como suas leis, seus códigos morais, as representações que criam sobre os corpos e os discursos produzidos e reproduzidos sobre eles (cf. Goellner, 2017, p. 30).

Uma das consequências da visão científica da sexualidade consistiu numa aspiração ao controle do comportamento reprodutor. Essa tendência surge com a própria ciência submetida a um poder de vigilância e de controle dos corpos e das subjetividades. A utilização de uma linguagem relativa à sexualidade traduzia, cada vez mais, essa tendência de disciplinar os corpos e a sexualidade com o objetivo de regular as condutas cotidianas e os comportamentos individuais, a partir de enunciados que definem o normal e o anormal, abandonando o antigo discurso moral sobre a carne (cf. Bozon, 2004, p. 40).

6.6.1 Pressupostos da renovação do Vaticano II

Toda sociedade mantém sua identidade, sua coerência e sua continuidade com ajuda de um conjunto de regras, de valores e de costumes que constituem sua tradição moral. A moral cristã é o estudo do que constitui a vida moral à luz da crença no Deus criador e redentor, à luz do mistério revelado em Jesus Cristo. Essa percepção foi retomada com todo empenho no período posterior ao grande acontecimento eclesial do século XX, o Concílio Vaticano II. No período anterior houve uma série de eventos históricos que precederam ao dito processo de renovação da moral católica.

Houve, então, eventos históricos favoráveis à renovação conciliar da teologia moral. Vale considerar o período anterior com alguns fatores marcantes, tais como: a acolhida gradual e "desconfiada" do pensamento moderno e dos métodos científicos; os fatores sociopolíticos externos e internos de nível global; o avanço da hermenêutica bíblica; e o aparecimento de novos manuais de teologia moral (cf. Anjos, 2015, p. 941).

De um lado, muitos teólogos moralistas, na esteira da escola de Tübingen, procuraram estruturar uma teologia moral positiva da vida cristã, que solidificasse o agir cristão na graça e no batismo. Na Alemanha, disseminam-se muitas obras de morais cristocêntricas, como as de F. Tillmann, Th. Steinbüchel, Th. Müncker, E. Mersch, J. Stelzenberger, G. Gilleman, J. Mausbach, G. Thils e B. Häring – coube a esse último divulgar os principais resultados das pesquisas da teologia moral amadurecidas, especialmente na Alemanha de 1920 a 1950 (cf. Vereecke, 1997).

Por outro lado, esses eventos renovadores geraram um clima de resistência interna às vésperas do Concílio, principalmente na teologia romana. Entre os esquemas da fase preparatória do Concílio, um era destinado à moral, com o título *De Ordine Morali* (cf. Concílio do Vaticano II, 1969), preparado pelos moralistas romanos Hürth, Guillon e Lio. Seu conteúdo era de caráter obviamente conservador, e sua forma seguia a metodologia condenatória dos erros na ordem moral. A exposição da doutrina e a condenação dos erros no fim de cada tema eram agrupadas em vários capítulos: 1. O fundamento da ordem moral. A consciência cristã; 2. O subjetivismo e o relativismo ético; 3. A dignidade natural e sobrenatural da pessoa humana; 4. O pecado; e 5. A castidade e a pureza cristã (cf. Vidal, 2003).

Esse "esquema" desdobrava as formas vigentes de fundamentar a moral cristã, recusando terminantemente novas tendências caracterizadas como subjetivismo e relativismo ético, dando ênfase ao enfoque do pecado e reforçando a proposta da castidade e da pureza cristã. No início do Concílio, esse "esquema" foi rejeitado em seu conjunto pelos conciliares, e não foi substituído por outro. Aparentemente, o Concílio ficou sem programa de teologia moral (cf. Anjos, 2004).

Enfim, com o "esquema" tendo sido rejeitado em seu todo, houve um lento processo de assimilação de novas tendências teológicas provenientes das pesquisas teológicas fora da influência da teologia romana. Isso explica as transformações a que se viu submetida a moral durante o desenvolvimento do Concílio.

6.7 Considerações finais

Neste capítulo, dedicado à sexualidade e ao amor no desdobramento eclesial cristão, foram analisadas as várias fontes, *nuances*, escolas, tendências e, propriamente, teologias sobre o amor e a sexualidade. Percebeu-se que, logo após a revelação bíblica, por situações contextuais, foi-se impondo uma gradual "helenização" na Igreja, mediante movimentos de espiritualidade e de mística que tiveram que dar uma solução à questionadora sexualidade.

Ao se retomar o fenômeno da sexualidade, com seus condicionamentos socioantropológicos, da patrística até o Vaticano II, constatou-se a rica contribuição de cada corrente teológica na confecção de uma solução acerca do matrimônio, da virgindade e da castidade. Com matizes diferenciadas, optamos por apresentar doutrinas e autores que gestaram perspectivas distintas em contextos variados. Em todas as abordagens, percebeu-se uma tentativa de responder, à luz do Evangelho, o dilema da sexualidade com suas problemáticas peculiares.

O objetivo deste capítulo foi salientar o amplo processo de compreensão interna à Igreja, de correntes que ora colaboraram para uma integração antropológica integral, ora repercutiram negativamente. É possível, mediante essa síntese histórica, compreender por que a moral sexual católica assumiu como referências últimas e decisivas as ideias de "natureza" e "lei natural", as quais se tornaram critérios objetivos a respeito do comportamento moral.

No próximo capítulo, em continuidade a este de teor histórico, será apresentada uma visão geral acerca da sexualidade e do amor no contexto do magistério recente da Igreja, partindo da peculiaridade da mensagem do Vaticano II até os últimos documentos de dicastérios da cúria romana. À luz desses textos, será buscada uma interpretação justa e iluminadora das situações novas e particulares.

7
A sexualidade e o amor no contexto do magistério recente: textos, perspectivas e análises

A renovação da teologia e da doutrina eclesial do século XX conecta-se, em parte, com o novo retorno às fontes da fé. A elaboração bíblica já se deu com um intuito sistemático. As mais importantes orientações de sentido, elaboradas à luz da Escritura, encontram-se igualmente em projetos sistemáticos recentes. E aos cristãos e às cristãs interessa a influência dessa elaboração na doutrina eclesial e sua interpretação e aplicação na práxis.

O magistério da Igreja expressa-se, nos últimos tempos, em termos que denotam uma forma mais global e pessoal de compreender a complexidade da sexualidade humana. Há textos e posicionamentos que são ainda marcados por uma linguagem e uma compreensão de caráter mais biologista, redutivo ao aspecto físico e a seu sentido procriativo. Outros já abordam uma perspectiva mais personalista e centrada na capacidade pessoal de integrar a força interior presente em toda pessoa. De modo geral, é perceptível um esforço em conceber a sexualidade humana como algo constitutivo da pessoa e do seu modo de existir no mundo.

O próprio Catecismo da Igreja Católica (n. 2332) assim se expressa:

> A *sexualidade* afeta todos os aspectos da pessoa humana, na unidade de seu corpo e de sua alma. Concerne, particularmente, à afetividade, à capacidade de amar e de procriar e, de maneira mais geral, à aptidão para estabelecer vínculos de comunhão com o outro.

Essa perspectiva presente no magistério eclesial já indica uma abordagem mais personalista e integradora da sexualidade, direcionada ao amor e à comunhão do ser humano enquanto expressão de seu ser aberto à graça (cf. Fraling, 2011, p. 169). Contudo, não se pode negar que a questão das relações entre o magistério, a teologia, a comunidade cristã e a moralidade sexual nasce de uma série de equívocos e de problemas não resolvidos e geradores de tensões e dissensos pastorais.

Não se pode dizer que exista um magistério da Igreja no tema da sexualidade isolado do nexo temático sexualidade-matrimônio. Por isso, somente no âmbito da doutrina sobre o matrimônio é que se poderão encontrar diretrizes relativas também à sexualidade. Em virtude dessa relação, será útil referir-se a algumas passagens do magistério da Igreja, cujo objeto é, primordialmente, a ordenação da questão matrimonial.

Neste capítulo, pretende-se apresentar os principais posicionamentos eclesiais sobre a sexualidade humana. Serão priorizados os que emanaram do Concílio Vaticano II até o magistério do Papa Francisco, pois julga-se que, no período posterior à renovação conciliar, houve uma oscilação entre repetir o ensino tradicional e algumas poucas inovações no que tange à liberdade de consciência dos fiéis frente à própria sexualidade.

Para essa análise, será adotado um caminho específico para cada tema ou documento. Primeiramente, será considerado o documento do texto ou o documento em si; em seguida, será feita uma retrospectiva histórico-redacional. Depois, será abordada a mensagem ou a referência que se deseja transmitir; e, por fim, serão discutidos os limites da linguagem e os problemas relacionados à liberdade de decisão e leitura do texto.

7.1 O tema da sexualidade no Concílio Vaticano II: matrimônio e família

No Concílio Ecumênico Vaticano II não há uma menção explícita ao tema da sexualidade em si, distinto da realidade matrimonial. O que se pode encontrar é o reconhecimento de uma verdadeira dignidade do ato conjugal, como gesto pessoal e momento de intercâmbio no dom de si dentro do matrimônio. Essa visão será encontrada entre os números 48 e 52 da Constituição Pastoral *Gaudium et Spes*, publicada em 1965. Nesses números confluem as reflexões de teólogos e pastores do Povo de Deus que preparam o Concílio e, em particular, a inserção de uma visão centrada no personalismo.

A Constituição *Gaudium et Spes*, em sua totalidade, tem uma clara impostação cristocêntrica, como aparece na síntese cristológica que se encontra na origem da primeira parte. O número 22 da *Gaudium et Spes*, de modo particular, sintetiza a relação entre cristologia e antropologia, esclarecendo o caminho pelo qual o Concílio pretende direcionar a Igreja. O texto não pretende mostrar a "verdade" do cristianismo, mas a sua relação com o que é o ser humano, a sua adesão no projeto de Jesus Cristo e a verdade do ser humano (cf. Dianin, 2005).

Essa nova impostação presente no contexto conciliar se caracteriza, antes de tudo, pela renovação do ambiente geral em que a teologia moral passa a ser pensada. Tal renovação é fundamentalmente devedora do grande encontro da Igreja com a cultura moderna. Esse encontro implica mudanças de postura da Igreja na compreensão de si mesma e da comunidade humana em sua pluralidade e riqueza culturais. O ponto de partida é de uma Igreja que "caminha com a humanidade inteira e experimenta com o mundo a mesma sorte terrena" (*Gaudium et Spes*, n. 40).

Pode-se dizer que a contribuição do Concílio quanto ao novo enfoque dado à sexualidade está expressa na *Gaudium et Spes*, entre os números 48 e 52. Para Kosnik (1982, p. 70), o Concílio rejeita a primazia dos aspectos procriativos sobre os aspectos unitivos da sexualidade, insistindo sobre sua adequada harmonia e integração (*Gaudium et Spes*, n. 51), e sugere, com razão, que a pessoa humana é o centro integrador desses diversos valores característicos, reconhecendo explicitamente os valores pessoais (n. 51) e interpessoais que estão no cerne da sexualidade humana. O Concílio chama a atenção, ainda, para a qualidade humana das expressões da sexualidade e como essas devem contribuir para o crescimento e o desenvolvimento da pessoa (n. 49), e reflete uma aguda sensibilidade para as dimensões sociais e comunitárias da sexualidade humana e do matrimônio (n. 47 e 50). Por fim, ao reconhecer o Criador como fonte e cume da sexualidade humana santificada de modo especial na união sacramental que é o matrimônio, traz uma perspectiva transcendente a uma realidade que com demasiada frequência é considerada de um ponto de vista limitado e temporal (n. 48).

A doutrina do Vaticano II sobre o casamento é, nessa linha de desenvolvimento, de particular e central importância. Já nos anos de 1930 houve uma tentativa, por parte dos teólogos, de questionar a doutrina dos bens ou do fim da então oficial instrução eclesial, como se encontrava afixada no código vigente na altura. Com o Concílio, ocorreu uma retomada do essencial à luz dos estudos bíblicos, patrísticos e das novas abordagens antropológicas e fenomenológicas.

A *Gaudium et Spes* supera o dualismo clássico e não recorre à terminologia do fim primário e secundário. O próprio texto afirma: "O matrimônio não foi instituído somente para a procriação, mas sua própria natureza do vínculo indissolúvel entre as pessoas e o bem da prole requerem que também o amor mútuo dos esposos mesmos se manifeste, progrida e amadureça ordenadamente" (*Gaudium et Spes*, n. 50). Destaca-se que essa Constituição Pastoral, embora tenha aberto uma nova interpretação a respeito da compreensão da Igreja sobre a sexualidade, não tinha esta como foco principal, mas sim o matrimônio e a família.

Pode-se dizer que, do ensinamento da *Gaudium et Spes*, há uma perspectiva integradora da sexualidade humana, dentro de uma visão positiva do matrimônio. Portanto, é possível ressaltar ao menos nove contribuições do ensino conciliar: a superação de uma visão negativa e pessimista da sexualidade humana; a apresentação de uma visão dinâmica do amor humano e da sexualidade; a ênfase na igual dignidade do homem e da mulher no matrimônio; o reconhecimento da importância das distintas expressões do amor conjugal; a afirmação de que o matrimônio é um caminho de santidade, elevado à dignidade de sacramento; a valorização de uma sã educação da sexualidade, especialmente no seio da família; o estabelecimento de um duplo critério para o amor conjugal – de entrega mútua e de abertura à vida – como expressão de um amor criador; a distinção entre a atividade sexual dos animais e a sexualidade especificamente humana; e, por fim, a superação de uma visão puramente biológica, em favor de um enfoque personalista da sexualidade humana (cf. Mifsud, 1994).

Com o Vaticano II há uma visão de docilidade e sensibilidade sobre a vida real das famílias e dos casais. A *Gaudium et Spes* (n. 51), ao oferecer orientação aos cônjuges afirmando "que não pode haver contradição entre as leis divinas sobre a transmissão da vida e o cultivo do autêntico amor conjugal", adverte contra "soluções desonestas" e afirma aos cônjuges que a moralidade de suas expressões de amor conjugal deve ser determinada segundo critérios objetivos tirados da natureza da pessoa e de seus atos, que respeitem "o sentido integral da doação mútua e da procriação humana no contexto do verdadeiro amor".

Assim, o mais significativo nessa declaração é que os atos de amor conjugal não devem ser moralmente avaliados apenas a partir de suas dimensões biológicas, mas também em sua relação com a pessoa em sua totalidade. O documento prefere afastar-se do argumento frequentemente repetido contra a contracepção, que examina apenas a estrutura biológica do ato conjugal, sem levar em conta a pessoa que o realiza. A norma moral, portanto, é considerada enraizada na natureza das pessoas, e não nos propósitos isolados de atos específicos (cf. Genovesi, 2008).

7.2 A encíclica *Humanae Vitae* de Paulo VI

A encíclica *Humanae Vitae*, de Paulo VI, foi publicada no dia 25 de julho de 1968 e descreve a postura da Igreja em relação ao uso dos métodos contraceptivos, a regulação da natalidade, a dimensão sexual do casal e a maternidade e a paternidade responsáveis. A sua gênese é complexa e exige uma retomada histórica do seu processo redacional, dos principais protagonistas do texto, do seu conteúdo, da sua mensagem e da sua crítica[28].

O Concílio e o processo de renovação espiritual e intelectual suscitado pelo Papa João XXIII provocaram imensas esperanças no domínio da moral conjugal. Influenciado pelo Cardeal Suenens, em março de 1963, o papa cria uma comissão encarregada de refletir sobre o problema da limitação da natalidade. Essa comissão – em um primeiro momento, composta de seis pessoas: quatro leigos (dois médicos, um economista e um demógrafo) e dois padres, entre os quais o Padre Lestapis – reúne-se, em outubro de 1963, a fim de preparar o Vaticano para abordar a Conferência Internacional sobre a População Mundial, que se realizaria em Nova Deli em 1964 (cf. Grémion; Touzard, 2010).

28. Uma das obras mais relevantes na atualidade, do ponto de vista histórico-redacional, sobre a *Humanae Vitae* é: Marengo (2018).

Originalmente, a comissão de estudo, submetida à Secretaria de Estado e, assim, guiada pelo Cardeal Secretário de Estado Amleto Cicognani, tinha a tarefa de propor uma mensagem do papa aos responsáveis políticos das Nações Unidas sobre problemas demográficos referentes ao controle dos nascimentos. A primeira reunião da comissão teve como lugar a cidade de Louvain, entre os dias 12 e 13 de outubro de 1963 (cf. Lintner, 2018).

Por ocasião da terceira sessão do Concílio, por vezes esse assunto torna-se polêmico. Chega a exclamar o Cardeal Suenens: "Eu vos suplico insistentemente, meus irmãos, evitemos um novo processo de Galileu". Paulo VI, tendo retirado o assunto da ordem do dia do Concílio, decide reforçar a comissão, ampliando sua composição. É assim que ele nomeia sete novos membros: cinco padres teólogos – entre os quais, B. Häring – e dois leigos – entre os quais, um universitário demógrafo norte-americano. Supõe-se que todas as tendências estão representadas e os debates parecem ser animados entre os teólogos. Alguns deles, como Häring e De Locht – próximo do Cardeal Suenens –, sublinham o ilogismo da posição tradicional da Igreja, que quer que "a finalidade da relação conjugal" seja a procriação enquanto, fisiologicamente, a união dos gametas é, de modo frequente, impossível. A única lei natural como referência em matéria de limitação de natalidade é, aliás, contestada no relatório redigido pelo secretário da comissão, o Padre De Riedmatten:

> Os membros concordam em dizer que "só a lei natural não pode fornecer uma boa resposta" às perplexidades causadas pelo dilema do controle de natalidade. Uma melhor abordagem pode ser considerar o matrimônio de um ponto de vista mais bíblico, "como uma comunidade de salvação", do que em termos técnicos de lei natural (McClory, 1998, p. 62).

A composição da comissão, no contexto dos debates conciliares, foi consideravelmente ampliada para 58 membros: 34 leigos (sendo cinco mulheres), 22 sacerdotes e dois bispos, composição fortemente diversificada, tanto no plano profissional quanto no ideológico ou no geográfico. Entre as questões colocadas na comissão, figura a de saber se a doutrina da Igreja (a encíclica *Casti Connubii*, de Pio XI, e a aprovação por Pio XII do método Ogino) é ou não reformável. Os debates entre os teólogos continuavam vivos, do mesmo modo que entre alguns teólogos conservadores e alguns leigos, médicos ou não.

Entre os dias 28 e 30 de outubro de 1964, o tema sobre a regulação dos nascimentos continua aceso nas sessões conciliares. As posições mais abertas aparentam prevalecer nos debates (cf. Moia, 2018, p. 48). Sobre as teses progressistas, o cardeal belga Léon-Joseph Suenens diz: "Não se diga que com esta nova síntese nós concordamos à moral da situação. É necessário que a exposição da doutrina, imutável nos seus princípios, tenha em conta os fatores contingentes e em relação ao curso da história". Nessa mesma linha, o ancião Patriarca Massimo IV Saigh diz: "Nós temos o direito de nos perguntar se certas posições oficiais não sejam devedoras de concessões superadas e talvez também de uma psicose de celibatários estranhos a esta dimensão da vida?" A intervenção do Cardeal Paul-Émile Léger de Montreal foi no mesmo sentido. Já o Cardeal Alfredo Ottaviani, prefeito do Santo Ofício, diverge dessas vozes de modo nítido: "[...] estou maravilhado de quanto foi dito ontem no Concílio, colocando em dúvida o ensinamento até hoje dado sobre os princípios da vida conjugal".

O Papa Paulo VI recebe a comissão no final de março de 1965 e lhe expressa uma confiança sem limites e um apoio que traz ao trabalho do dia. O Padre De Riedmatten escreveu, em seu relatório: "Todos, conservadores ou progressistas, teólogos ou leigos, todos estão convencidos da necessidade de a Igreja mudar, a fim de estar presente às angústias de consciência e às necessidades reveladas por fatos que é impossível negar" (McClory, 1998, p. 91). A comissão, após esse encontro, se separa por um ano.

Enquanto, na comissão, a maioria caminha com a ideia de que a doutrina deve ser modificada, o Cardeal Ottaviani organiza um evento, em oposição à tendência geral, com a ajuda de um membro da comissão, o Padre John Ford, teólogo moralista norte-americano conservador. A reunião final da comissão se realizaria em 1966, com a duração de três meses – de abril a junho –, com alternância de sessões entre especialistas e sessões gerais. Mas o procedimento tinha sido mudado pela cúria entre março de 1965 e março de 1966. Aconselhado pelo Cardeal Ottaviani, o Papa Paulo VI havia nomeado 16 cardeais e bispos como membros da comissão, enquanto os outros, que participavam desde o início, não eram mais do que "peritos". Segundo McClory (1998, p. 116), "a maioria (desses membros designados de novo) assistiria apenas à sessão plenária final e seria essa entidade, não a comissão em seu conjunto, que determinaria por último a opinião a ser dada ao papa".

A relação final da comissão de estudo – relatório da maioria – foi enfim examinada sob a responsabilidade do papa e por uma comissão episcopal, composta por 16 bispos (sendo 7 cardeais), que foi nomeada no dia 7 de março de 1966. Essa comissão era presidida pelo Cardeal Alfredo Ottaviani e tinha como vice-presidentes os cardeais Julius Döpfner e John Carmel Heenan. Henri de Riedmatten, que anteriormente atuara como secretário da comissão de estudo, foi nomeado secretário da nova comissão. A primeira reunião ocorreu em Roma, no dia 20 de junho de 1966. Um de seus membros, o arcebispo de Cracóvia, Karol Wojtyla, não pôde participar, pois não obteve a permissão para se ausentar da Polônia (cf. Lintner, 2018).

Os 15 bispos reunidos em Roma discutiram intensamente – e não sem controvérsias. Finalmente, no dia 23 de junho de 1966, realizaram uma votação para decidir se a contracepção artificial deveria ser refutada como *intrinsece inhonestum* – isto é, como intrinsecamente imoral – e, portanto, evitada em cada caso do ponto de vista ético. O resultado da votação foi o seguinte: nove bispos votaram contra, três se abstiveram e três votaram a favor da condenação da contracepção em si como imoral[29].

No ano de 1961, em Cracóvia, quando Wojtyla ainda era bispo auxiliar, ocorreu um congresso nacional sobre o tema "Regulação ética da concepção". Posteriormente, foi constituído um grupo de teólogos polacos que, no contexto do Vaticano II, queriam dar uma contribuição reflexiva para o tema do matrimônio e da família. Já em 1966, como arcebispo cardeal, encaminhou essa contribuição à comissão, cujo título era *Memorandum*[30].

No dia 25 de julho de 1968 o Papa Paulo VI assina finalmente a encíclica *Humanae Vitae*. A redação final, segundo muitos teólogos, foi a adaptação do texto do *Memorandum* cracoviano (cf. Grémion; Touzard, 2010). Assim, percebe-se o longo percurso redacional dessa encíclica, seus protagonistas, os processos, os interlocutores e a historicidade de seu conteúdo.

A estrutura da *Humanae Vitae* está dividida em uma introdução mais três partes, tendo 31 números e somente 6.091 palavras no texto latino. Seu esquema essencial é o seguinte: Introdução (n. 1); Primeira parte (n. 2-6): aspectos novos do problema (desenvolvimento demográfico, situações difíceis, perguntas angustiantes do homem de hoje) e competência do magistério nos temas da fecundidade e da lei natural; Segunda parte (n. 7-18): princípios doutrinais – visão global do homem, amor conjugal e matrimônio (características do amor conjugal e da paternidade responsável), di-

---

29. Sobre essa votação consultiva da Comissão, o resultado foi o seguinte: Döpfner, Suenens, Shehan, Lefebvre, Dearden, Dupuy, Méndez, Reuss e Zoa votaram contra; Heenan, Gracias e Binz se abstiveram; Ottaviani, Morris e Colombo votaram a favor.

30. O *Memorandum* foi publicado com o título *Les fondements de la doctrine de l'Église concernant les príncipes de la vie conjugale – Un mémoire rédigé par un groupe de théologien-moralistes de Cracovie* (Théologiens-Moralistes de Cracovie, 1969). As reflexões contidas nesse *Memorandum* estão inseridas na obra *Amor e responsabilidade*, de Wojtyla. Para um aprofundamento maior, convém buscá-lo na obra de Galuszka (2018).

mensões e fim do ato conjugal (inseparabilidade), vias lícitas e vias ilícitas para regular os matrimônios e graves consequências dos métodos de regulação artificial da natalidade; e Terceira parte (n. 19-31): orientações pastorais a autoridades políticas, esposos, homens de ciência, médicos e pessoal sanitário, sacerdotes e bispos.

A encíclica *Humanae Vitae* começa indicando que é preciso esclarecer bem o verdadeiro significado de duas grandes realidades da vida matrimonial: o amor conjugal e a paternidade responsável. Do amor conjugal, sublinha suas características: plenamente humano, total, fiel e exclusivo, e fecundo. Quanto à paternidade responsável, insiste em ser necessário que os cônjuges conformem sua conduta com a vontade de Deus, expressa na própria natureza dos atos matrimoniais, os quais têm um duplo significado, inseparável, que ser humano não pode romper por iniciativa própria: o sentido unitivo e o sentido procriador. Deduz-se, portanto, que qualquer ato conjugal deve permanecer aberto à transmissão da vida (cf. Mora, 1999).

7.3 *Persona Humana* – Sobre questões de ética sexual

A declaração *Persona Humana* é um documento publicado no contexto do pontificado do Papa Paulo VI pela Congregação da Doutrina da Fé, em 29 de dezembro de 1975, dez anos após a conclusão do Concílio Vaticano II e sete após a promulgação da *Humanae Vitae*. Trata-se de uma declaração acerca de algumas questões relativas à ética sexual, assinada pelo prefeito, o Cardeal Franjo Seper, e pelo secretário, o Arcebispo Jerônimo Hamer. Em linhas gerais, a declaração *Persona Humana* está estruturada em 13 números com 45 citações dentro de sua estrutura.

O objetivo da declaração foi chamar a atenção dos fiéis, nas atuais circunstâncias do tempo histórico da época, para alguns erros e algumas maneiras de proceder para que pudessem se preservar das desordens morais (*Persona Humana*, n. 11). O documento aponta para as dificuldades percebidas no campo da sexualidade que afetaram a sociedade, inclusive entre os cristãos. A declaração abre seu texto lançando mão dos resultados obtidos por meio da ciência contemporânea, concordando que a pessoa humana é fortemente afetada pela sexualidade, devendo esta ser considerada um dos fatores que conferem à vida de cada indivíduo os traços que o distinguem (*Persona Humana*, n. 1).

Zacharias (2021a), analisando a declaração, diz que esse texto não teve a pretensão de abranger todo o ensino da Igreja sobre a sexualidade, mas "recordar" (*Persona Humana*, n. 6) e "reafirmar" (n. 13) seu "ensinamento constante" (n. 8) sobre o assunto, opondo-se a opiniões errôneas e a desordens morais difundidas na época (n. 6). A recordação-reafirmação da doutrina constante da Igreja – e, consequentemente, das normas que dela derivam – está fundada na convicção de que há "princípios e normas que, sem hesitações, a Igreja tem transmitido em seu ensinamento" (n. 5). Não importam as mudanças culturais; esses princípios e essas normas são absolutos e imutáveis (n. 4), porque estão inscritos na própria natureza humana, afetando, portanto, o pleno desenvolvimento e a santificação da pessoa. Sendo "coluna e fundamento da verdade" (1Tm 3,15), a Igreja é a única autoridade que pode autenticamente interpretá-los.

A linguagem e o conteúdo da declaração estão marcados por um viés objetivista. Insiste-se na ideia de que o ser humano, em relação à moral, não pode emitir juízos a partir de suas crenças e experiências individuais. Foi o Criador que gravou na criatura, e em sua consciência mais profunda, a lei suprema da vida. A dignidade humana é fruto da fidelidade em relação à ordem essencial da natureza do ser humano, e a lei divina o torna participante e corresponsável, no conhecimento da verdade imutável (*Persona Humana*, n. 3).

A declaração insiste na garantia da doutrina tradicional sobre o verdadeiro sentido e sobre a retidão moral do ato sexual apenas no matrimônio, como já indicava a *Humanae Vitae*. Condena as relações sexuais pré-matrimoniais e todo o comportamento que implica a falta da prática da castidade. O ato conjugal do ser humano deve estar situado somente no contexto matrimonial (*Persona Humana*, n. 6-7), além de também apontar o "homossexualismo" e a "masturbação" como formas de rompimento com a castidade (*Persona Humana*, n. 8-9).

O documento discute a questão do pecado grave ou mortal, mas reconhece que o ser humano pode ser influenciado por suas paixões, suas fragilidades, suas imaturidades e até por pressões do meio social. A declaração *Persona Humana* (n. 10) coloca sobre o ser humano a real responsabilidade, afirmando que há uma disposição moral que vai se construindo por meio de suas opções fundamentais.

A teologia "moral" subjacente à declaração é de caráter tradicional-clássico. Enfatizam-se os princípios ontológicos da atividade moral, a essência da moralidade e sua norma última, bem como a estrutura da ordem moral: a ordenação finalista como fundamento objetivo da moralidade, a lei, a consciência e o pecado. A tese tomista é o pano de fundo. Se Deus é bom por essência e todos os seres participam dessa bondade, então a bondade das criaturas não está só no seu ser, mas também em tudo o que é necessário para a sua perfeição – especialmente no agir. A bondade da ação só pode se realizar nessa ordenação "natural", orientada à finalidade última do ser e ao agir livre do ser humano (cf. Plé, 1984).

A declaração dirige-se aos bispos, enfatizando o múnus de ensinar aos fiéis a doutrina moral acerca da sexualidade. Também aos pais – primeiros educadores da juventude –, aos artistas, aos escritores, aos que dispõem dos meios de comunicação social e a todos os fiéis leigos, para que sejam educadores das novas gerações (*Persona Humana*, n. 13).

Em linhas gerais, essa declaração é um posicionamento de um Dicastério da Cúria Romana – Congregação para a Doutrina da Fé – no contexto pós-conciliar. Caracteriza-se por uma insistência no aspecto objetivo da moral sexual, ainda não muito aprofundada pelos teólogos no período. Esse documento recorda não apenas a existência e a necessidade de fundamentação do agir humano nos princípios básicos da ordem moral, mas também a existência da lei natural, as exigências que dimanam da natureza do homem e da finalidade própria de suas faculdades.

7.4 Orientações educativas sobre o amor humano – Linhas gerais para uma educação sexual

O documento intitulado *Orientações educativas sobre o amor humano – Linhas gerais para uma educação sexual* (OEAH) foi publicado pela Congregação da Educação Católica em 1º de novembro de 1983, dia de celebração da Festa de Todos os Santos. Trata-se de um texto de caráter mais pedagógico sobre o sentido do amor humano, assinado pelo prefeito da congregação, o Cardeal William Baum, e pelo secretário, o Arcebispo António M. Javierre. Esse documento foi publicado no contexto do pontificado do Papa João Paulo II.

O texto é relativamente longo, estruturado em 111 números com 65 citações. Está estruturado em quatro partes, a partir dos seguintes temas: Introdução (n. 1-3); Significado da sexualidade (n. 4-6); Situação atual (n. 7-13); Declarações do magistério (n. 14-20): I. Alguns princípios fundamentais (n. 21) – Concepção cristã da sexualidade (n. 22-33), Natureza, finalidade e meios da educação sexual (n. 34-47); II. Responsabilidade na atuação da educação sexual – Função da família (n. 48-52), A comunidade eclesial (n. 53-55), Catequese e educação sexual (n. 56-58), Catequese pré-matrimonial (n. 60-62), Orientações para os adultos educadores (n. 63), Tarefa da sociedade civil (n. 64-65), Responsabilidade na educação para o uso dos instrumentos da comunicação social (n. 66-68), Tarefa da escola em relação à educação sexual (n. 69-75), Material didático apropriado (n. 76), Grupos juvenis (n. 77); III. Condições e modalidades da educação sexual (n. 78) – Preparação dos educadores (n. 79-82), Qualidades dos métodos educativos (n. 83), Exigências do sujeito e intervenção educativa (n. 84-85), Qualidades das intervenções educativas (n. 86-89), Educação para o pudor e a amizade (n. 90-93); IV. Alguns problemas particulares (n. 94-105); Conclusão (n. 106-111).

No documento, propõe-se "examinar o aspecto pedagógico da educação sexual e indicar algumas orientações para a educação integral do cristão, segundo a vocação de cada um" (OEAH, n. 2). É nesse posicionamento eclesial que aparece a concepção mais positiva sobre o sentido da sexualidade humana. Segundo o texto:

> [...] A sexualidade é uma componente fundamental da personalidade, um modo de ser, de se manifestar, de comunicar com os outros, de sentir, de expressar e de viver o amor humano. Portanto, ela é parte integrante do desenvolvimento da personalidade e do seu processo educativo: "Do sexo, de fato, derivam na pessoa humana as características que, no plano biológico e espiritual, a tornam homem ou mulher, condicionando assim e normalmente o caminho do seu desenvolvimento em ordem à maturidade e à inserção na sociedade". [...] A sexualidade deve ser orientada, elevada e integrada pelo amor que é o único a torná-la verdadeiramente humana. Preparada pelo desenvolvimento biológico e psíquico, cresce harmonicamente e realiza-se em sentido pleno somente com a conquista da maturidade afetiva, que se manifesta no amor desinteressado e no total dom de si (OEAH, n. 4.6).

As *Orientações educativas sobre o amor humano* foram elaboradas por peritos nas áreas de educação e outros. A necessidade desse documento foi justificada a partir da Declaração *Gravissimum Educationis*, sobre a educação cristã, que apontava para uma prescrição já realizada pelo Vaticano II, a respeito da necessidade de se oferecer uma educação sexual, principalmente às crianças e aos jovens (OEAH, n. 1). São relevantes as indicações deixadas pela *Gravissimum Educationis* (n. 1) sobre essa questão:

> De acordo com os progressos da psicologia, da pedagogia e da didática, é necessário oferecer assistência às crianças e aos jovens, para que estes desenvolvam de maneira harmoniosa seus dotes físicos, morais e intelectuais, e adquiram, gradativamente, um senso mais perfeito de responsabilidade, que há de ser desenvolvido na própria existência por contínuo esforço e verdadeira liberdade, superados os obstáculos com generosidade e constância. De acordo com a idade, esses jovens devem ser preparados por uma educação sexual positiva e prudente. Além disso, devem ser treinados de forma a participar da vida social.

Esse documento, em linhas gerais, é um posicionamento de um Dicastério da Cúria Romana – Congregação para a Educação Católica. Caracteriza-se por um foco na integração total da sexualidade no âmbito educacional, em matéria de moral sexual. Não deixa de ser um progresso de compreensão mais humanista sobre a sexualidade humana, a saber, a dimensão pedagógica, em relação à declaração *Persona Humana*. Não se pode também esquecer a influência personalista e doutrinal das catequeses de João Paulo II sobre o amor humano – realizadas durante as Audiências Gerais das quartas-feiras, em Roma, de 5 de setembro de 1979 a 28 de novembro de 1984 –, que influenciaram todo o ensino católico sobre sexualidade nesse âmbito.

Além do conceito mais personalista da sexualidade, convém ressaltar a dimensão integradora dela no conjunto do ser humano, principalmente a partir dessa ênfase, segundo a qual "a sexualidade deve ser orientada, elevada e integrada pelo amor, que é o único a torná-la verdadeiramente humana" (OEAH, n. 6).

7.5 Carta aos bispos da Igreja Católica sobre o atendimento pastoral das pessoas homossexuais

O texto intitulado *Carta aos bispos da Igreja Católica sobre o atendimento pastoral das pessoas homossexuais* foi publicado pela Congregação para a Doutrina da Fé em 1º de outubro de 1986, 11 anos após a declaração *Persona Humana*. Trata-se de uma carta com um caráter mais explicativo, exortativo e, de certa maneira, até mais privativo, que o dicastério vaticano elaborou em resposta a bispos da Igreja. Essa carta foi assinada pelo prefeito da congregação, o Cardeal Joseph Ratzinger, e pelo secretário, o Arcebispo Alberto Bovone. O texto foi publicado durante o pontificado do Papa João Paulo II.

A carta contém 18 números e necessita ser compreendida e interpretada dentro do contexto da época em que foi redigida. É um texto de caráter pastoral, haja vista os destinatários de tal ensinamento: os bispos. É importante frisar essa origem e os destinatários para não se buscar captar o que o texto não pretende oferecer. Não se pode negar que há uma tensão entre o rigor doutrinal e a solicitude pastoral no corpo da carta.

Muitas autoridades eclesiais reiteravam a doutrina tradicional da Igreja sobre o matrimônio como contexto ideal para o exercício da sexualidade humana, como já indicava a encíclica *Humanae Vitae*. Todavia, também insistem sobre a dignidade fundamental da pessoa homossexual e sobre a necessidade de defender seus direitos humanos básicos e protegê-la contra o preconceito e a violência. É uma época de inovação e de contestação. Essa nova situação se reflete na carta aos bispos (cf. Trasferetti; Zacharias, 2010).

O problema de fundo dessa carta endereçada aos bispos da Igreja Católica se encontra explícito no próprio texto, cuja gênese já se situa a partir da seguinte constatação: com a declaração *Persona Humana*, salientava-se o dever de procurar compreender a condição homossexual e observava-se que a culpabilidade dos atos homossexuais devia ser julgada com prudência. A própria declaração fazia a distinção entre "a condição ou tendência homossexual e os atos homossexuais". Contudo, na discussão que se seguiu à publicação da declaração, "foram propostas interpretações excessivamente benévolas da condição homossexual, tanto que houve quem chegasse a defini-la indiferente ou até mesmo boa" (*Carta aos bispos da Igreja Católica sobre o atendimento pastoral das pessoas homossexuais*, n. 3).

Embora a carta explicite que a Igreja é a favor de um acompanhamento pastoral das pessoas homossexuais, devido a "interpretações benévolas da condição homossexual" (*Carta aos bispos da Igreja Católica sobre o atendimento pastoral das pessoas homossexuais*, n. 3), busca-se, nesse texto, dar uma maior objetividade sobre como acompanhar as pessoas homossexuais. Segundo a congregação, os bispos devem ter o devido cuidado no acompanhamento das pessoas e evitar favorecer situações que possam questionar a doutrina perene da Igreja sobre a condição homossexual.

Na carta, encontra-se, em sua época, o que a Igreja caracteriza como condição ou tendência homossexual. Segundo o texto:

> [...] é necessário precisar que a particular inclinação da pessoa homossexual, embora não seja em si mesma um pecado, constitui, no entanto, uma tendência, mais ou menos acentuada, para um comportamento intrinsecamente mau do ponto de vista moral. Por esse motivo, a própria inclinação deve ser considerada como objetivamente desordenada. Aqueles que se encontram em tal condição deveriam, portanto, ser objeto de uma particular solicitude pastoral, para não serem levados a crer que a realização concreta de tal tendência nas relações homossexuais seja uma opção moralmente aceitável (*Carta aos bispos da Igreja Católica sobre o atendimento pastoral das pessoas homossexuais*, n. 3).

Apesar de ser ambígua e sem muito aprofundamento ético-científico, essa visão sobre a condição homossexual foi motivo de críticas e revisionismos posteriores. Todavia, não se pode deixar de admitir também que essa carta, embora tenha uma orientação de caráter pastoral e moral, "não se pretende um tratado exaustivo sobre um problema tão complexo" (*Carta aos bispos da Igreja Católica sobre o atendimento pastoral das pessoas homossexuais*, n. 2).

Por um lado, "doutrinalmente", há uma visão mais restritiva à condição homossexual. Isso é perceptível na caracterização dos atos homossexuais, na interpretação teológica dos textos bíblicos e na reação às contestações e críticas já ao documento de 1976. Por outro, num "tom pastoral", a carta afirma o valor e a dignidade das pessoas homossexuais. Elas são descritas como pessoas "frequentemente generosas e que se doam" (*Carta aos bispos da Igreja Católica sobre o atendimento pastoral das pessoas homossexuais*, n. 7), com uma "natureza transcendente" e uma "vocação sobrenatural" (n. 8), investidas de "uma dignidade natural [...] (que) [...] deve ser sempre respeitada em palavras, em ações e nas leis" (n. 10), detentoras de uma "liberdade fundamental que caracteriza toda pessoa humana e lhe confere dignidade" (n. 11) e que têm especial "direito" ao cuidado pastoral da Igreja (n. 13-17).

Os autores da carta, em seu zelo para defender a doutrina sobre a ordem moral objetiva, esquecem-se de dar o devido valor à dimensão subjetiva da moralidade. Eles propõem o Sacramento do Matrimônio como único contexto lícito para o uso da faculdade sexual e afirmam que a atividade homossexual não exprime uma união complementar, capaz de transmitir a vida, e, portanto, contradiz a vocação a uma existência vivida naquela forma de autodoação que, segundo o Evangelho, é a essência mesma da vida cristã. Os autores concluem que, "como acontece com qualquer outra desordem moral, a atividade homossexual impede a autorrealização e a felicidade porque é contrária à sabedoria criadora de Deus". Portanto, "uma pessoa que se comporta de modo homossexual, age imoralmente" (*Carta aos bispos da Igreja Católica sobre o atendimento pastoral das pessoas homossexuais*, n. 7).

Assim, o rigor predomina na maior parte da carta, embora haja indícios de uma solicitude pastoral continuada, que se manifesta na escuta das ciências humanas, na condenação da discriminação e da violência contra as pessoas homossexuais, na afirmação da dignidade e da liberdade da pessoa e na proposta de um caminho no seguimento de Cristo (*Carta aos bispos da Igreja Católica sobre o atendimento pastoral das pessoas homossexuais*, n. 10-12).

7.6 Algumas reflexões acerca da resposta às propostas legislativas sobre a não discriminação das pessoas homossexuais

O texto *Algumas reflexões acerca da resposta a propostas legislativas sobre a não discriminação das pessoas homossexuais* foi publicado pela Congregação para a Doutrina da Fé em 9 de agosto de 1992. Trata-se de uma carta que o dicastério vaticano elaborou em resposta a bispos da Igreja, com um caráter mais explicativo e exortativo, sobre a "proposta de legislação em vários lugares, que tornaria ilegal uma discriminação baseada numa orientação sexual". Esse texto é do período em que o Cardeal Joseph Ratzinger era o prefeito da congregação.

Com 16 números, o texto está dividido em duas grandes partes, além da introdução: I. "Passagens relevantes da 'carta' da Congregação para a Doutrina da Fé" (n. 1-9); e II. "Aplicações" (n. 10-16). Trata-se de um texto de "esclarecimentos" e de elucidação dos pontos de vista já defendidos pela Congregação da Doutrina da Fé em suas cartas anteriores: *Persona Humana* e *Carta aos bispos da Igreja Católica sobre o atendimento pastoral das pessoas homossexuais*.

Na "Introdução" de *Algumas reflexões acerca da resposta a propostas legislativas sobre a não discriminação das pessoas homossexuais*, aponta-se o problema de fundo a ser esclarecido e explicado:

> [...] em algumas cidades, as autoridades municipais puseram habitações públicas à disposição de casais ho-

> mossexuais (e heterossexuais solteiros) – normalmente reservadas às famílias. Essas iniciativas, mesmo quando parecem mais dirigidas a defender os direitos civis básicos do que a tolerar a atividade homossexual ou um estilo de vida homossexual, podem, com efeito, ter um impacto negativo na família e na sociedade.

Essa indicação presente na declaração retoma algo dito nos documentos anteriores. Na primeira parte, repete-se a orientação de algumas passagens tanto da declaração *Persona Humana* quanto da *Carta aos bispos sobre o atendimento pastoral das pessoas homossexuais*. Na segunda parte, chama-se a atenção para algumas questões: as pessoas homossexuais precisam ser respeitadas (*Algumas reflexões acerca da resposta a propostas legislativas sobre a não discriminação das pessoas homossexuais*, n. 12); é ilegal discriminar as pessoas por sua "tendência homossexual" (n. 13); é necessário cuidar para que a legalização de uniões homossexuais não seja confundida com a promoção da homossexualidade (n. 14); deve-se dar importância, nas propostas legislativas, à defesa e à promoção da vida familiar (n. 15); a Igreja, embora deva promover o bem comum, não pode apoiar iniciativas de vida familiar que comprometam os valores morais fundamentais (n. 16).

Os esclarecimentos desse texto de 1992 não apresentam nenhuma novidade no que tange à questão doutrinal, moral ou pastoral, apenas refletindo uma repetição ou um esclarecimento sobre pontos já elencados em posicionamentos magisteriais, de algum dicastério da Cúria Romana, anteriormente delineados.

7.7 Sexualidade humana: verdade e significado – Orientações educativas em família

O documento *Sexualidade humana: verdade e significado – Orientações educativas em família* (*SHVS*) foi publicado pelo Conselho Pontifício para a Família em 8 de dezembro de 1995, data da Festa da Imaculada Conceição. Assinado pelo prefeito da congregação, o Cardeal Alfonso López Trujillo, e pelo secretário, o Arcebispo Elio Sgreccia, esse documento foi publicado no contexto do pontificado do Papa João Paulo II, em que as catequeses sobre o amor humano se tornaram conhecidas e necessárias para a evangelização das famílias.

Como o título já define, foi um texto constituído especialmente às famílias cristãs. Nele se percebe muita semelhança com o documento anterior, porém sem a preocupação em se abrir muito às adversidades de temas pertencentes à sexualidade, privilegiando o aprofundamento de alguns temas centrais, como o amor e a família. A finalidade do documento foi oferecer algumas orientações de caráter pastoral, buscando "ligar este subsídio com o conteúdo fundamental relativo à verdade e ao significado do sexo, no quadro de uma antropologia genuína e rica" (*SHVS*, n. 2).

Além dessa constatação, o Conselho Pontifício – reconhecendo que uma das dificuldades dos pais para uma adequada preparação dos filhos para a vida adulta está na educação para o verdadeiro significado da sexualidade – tira "da sabedoria que provém da Palavra do Senhor e dos valores que iluminam o ensino da Igreja" algumas orientações pastorais, com o intuito de ajudar os pais, relacionando-as "com o conteúdo fundamental relativo à verdade e ao significado do sexo, no quadro de uma antropologia genuína e rica" (*SHVS*, n. 2).

O texto está estruturado em 150 números, divididos em oito partes: Introdução – A situação e o problema (n. 1-7); I. Chamados ao verdadeiro amor (n. 8) – O amor humano como dom de si (n. 9), O amor e a sexualidade humana (n. 10-13), O amor conjugal (n. 14) e O amor aberto à vida (n. 15); II. Amor verdadeiro e castidade (n. 16) – A castidade como dom de si (n. 17), O domínio de si (n. 18-19), A castidade conjugal (n. 20-21) e A educação para a castidade (n. 22-25); III. No horizonte vocacional (n. 26) – A vocação ao matrimônio (n. 27), Chamados ao amor conjugal (n. 28-30), Os pais enfrentam uma preocupação atual (n. 31-33),

A vocação à virgindade e ao celibato (n. 34) e Os pais e as vocações sacerdotais e religiosas (n. 35-36); IV. Pai e mãe como educadores (n. 37-40) – Os direitos e deveres dos pais (n. 41-43) e O significado do dever dos pais (n. 44-47); V. Itinerários formativos no seio da família (n. 48-49) – O valor essencial do lar (n. 50-51), Formação na comunidade de vida e de amor (n. 52-55), O pudor e a modéstia (n. 56), A justa intimidade (n. 57), O autodomínio (n. 58), Os pais como modelos para os seus filhos (n. 59-60) e Um santuário da vida e da fé (n. 61-63); VI. Os passos no conhecimento (n. 64) – Quatro princípios sobre a informação a respeito da sexualidade (n. 65-76), As principais fases do desenvolvimento da criança (n. 77): 1. Os anos da inocência (n. 78-86); 2. A puberdade (n. 87-97); 3. A adolescência no projeto de vida (n. 98-108); e 4. A caminho da idade adulta (n. 109-111); VII. Orientações práticas (n. 112) – Recomendações aos pais e aos educadores (n. 113): 1. Recomendações aos pais (n. 114-117) e 2. Recomendações a todos os educadores (n. 118-120), Quatro princípios operativos e as suas normas particulares (n. 121-127), Os métodos particulares (n. 128-142) e A inculturação e a educação ao amor (n. 143-144); VIII. Conclusão – Assistência aos pais (n. 145-146), Fontes válidas da educação para o amor (n. 147), Solidariedade com os pais (n. 148) e Esperança e confiança (n. 149-150).

Nesse documento há uma antropologia teológica de base que dá sustentação à argumentação e à resposta aos problemas ou às questões levantadas: o homem e a mulher foram criados para o amor, e todos são chamados à castidade. A percepção sobre essa questão em *SHVS* é bem esboçada e analisada por Zacharias (2021a, p. 204-205):

> Ao criar o ser humano à sua imagem, o Deus Trindade – cuja essência é comunhão de amor – “inscreve na humanidade do homem e da mulher a vocação, e, assim, a capacidade e a responsabilidade do amor e da comu-

> nhão. O amor é, portanto, a fundamental e originária vocação do ser humano" (*SHVS*, 8), vocação esta realizada tanto por meio do amor conjugal quanto do amor virginal (*SHVS*, 16), pois ambos os estados de vida encontram seu sentido na doação de si (*SVHS*, 12). Essa vocação implica a capacidade e a responsabilidade de o homem e a mulher amarem e viverem em comunhão, isto é, na doação recíproca (*SHVS*, 9). A capacidade de amar e dar-se ao outro encarna-se no caráter esponsal do corpo: o homem torna-se um dom para a mulher e vice-versa e, mediante esse dom, a pessoa "realiza o próprio sentido do seu ser e existir" (*SHVS*, 10.12) [...]. O homem e a mulher dão-se totalmente um ao outro até a morte, e abrem-se para o dom pelo qual se tornam cooperadores com Deus ao dar vida a uma nova pessoa humana. Somente como parte integral desse amor é que a doação sexual se realiza verdadeiramente. Por isso, "a este amor conjugal, e somente a este, pertence a doação sexual" (*SHVS*, 14) [...]. Por isso, a educação para o amor implica educação para a autodoação que, por sua vez, requer respeito, altruísmo e serviço, virtudes que pressupõem domínio de si, chave da educação na castidade.

O documento tem um caráter pedagógico-educativo, segundo as fases do amadurecimento afetivo-sexual de cada pessoa. As informações referentes à sexualidade, à castidade, ao pudor e à necessária integração devem ser apresentadas a crianças ou jovens de qualquer idade, individualmente ou em grupo, a partir de suas condições de assimilação e integração (*SHVS*, n. 122, 124, 126-127).

Enfim, em SHVS percebe-se um amadurecimento do magistério eclesial no que se refere a uma sensibilidade de teor educativo e pastoral para com a vida das pessoas. A teologia subjacente é a da criação do homem e da mulher, chamados a participar e a viver de modo fiel e casto o amor presente no interior. Ao propor princípios operativos para o agir, no sentido educacional, a sexualidade é apresentada de um modo a ser humanizada em cada fase da pessoa.

7.8 Considerações sobre os projetos de reconhecimento legal das uniões entre pessoas homossexuais

O texto *Considerações sobre os projetos de reconhecimento legal das uniões entre pessoas homossexuais* foi publicado pela Congregação para a Doutrina da Fé em 3 de junho de 2003, na memória de São Carlos Lwanga e companheiros mártires. Esse texto – publicado pelo Cardeal Joseph Ratzinger, prefeito da congregação, e pelo secretário, Arcebispo Angelo Amato – tem um caráter mais explicativo e exortativo sobre a "proposta de legislação em vários lugares".

O texto é composto de 11 números, com 18 citações, sendo sua estrutura constituída da seguinte maneira: Introdução (n. 1); I. Natureza e características irrenunciáveis do matrimônio (n. 2-4); II. Atitudes perante o problema das uniões homossexuais (n. 5); III. Argumentações racionais contra o reconhecimento legal das uniões homossexuais (n. 6-9); IV. Comportamentos dos políticos católicos perante legislações favoráveis às uniões homossexuais (n. 10); e Conclusão (n. 11).

A ideia inicial, expressa na "Introdução", já indica a questão ou o problema de fundo. Segundo o texto:

> [...] A preocupação é, todavia, maior nos países que já concederam ou se propõem a conceder reconhecimento legal às uniões homossexuais, alargando-o, em certos casos, mesmo à habilitação para adotar filhos. As presentes considerações não apresentam elementos doutrinais novos; entendem apenas recordar os pontos essenciais sobre o referido problema e fornecer algumas argumentações de caráter racional, que possam ajudar os bispos a formular intervenções mais específicas, de acordo com as situações particulares das diferentes regiões do mundo: intervenções destinadas a proteger e promover a dignidade do matrimônio, fundamento da família, e a solidez da sociedade, de que essa instituição é parte constitutiva (*Considerações sobre os projetos de reconhecimento legal das uniões entre pessoas homossexuais*, n. 1).

Na primeira parte, intitulada "Natureza e características irrenunciáveis do matrimônio", desenvolve-se a fundamentação de caráter mais bíblicos sobre o casamento no contexto cristão. Afirma-se a não equiparação entre as uniões homossexuais e o plano de Deus sobre o matrimônio e a família (*Considerações sobre os projetos de reconhecimento legal das uniões entre pessoas homossexuais*, n. 4). Ainda, mediante algumas citações bíblicas, tece uma visão da condição homossexual fora do plano divino da Revelação bíblica. Na segunda parte, "Atitudes perante o problema das uniões homossexuais", enumera-se as atitudes das autoridades civis diante do fenômeno da homossexualidade. Repete-se a distinção entre o matrimônio civil e religioso diante das novas uniões homossexuais (n. 5), além de um incentivo da Igreja a se opor de "modo claro e incisivo" contra essas uniões civis.

A terceira parte, "Argumentações racionais contra o reconhecimento legal das uniões homossexuais", trata das razões que levam a se opor à legalização das uniões homossexuais, tais como: de ordem relativa à reta razão (*Considerações sobre os projetos de reconhecimento legal das uniões entre pessoas homossexuais*, n. 6); de ordem biológica e antropológica (n. 7); de ordem social (n. 8); e de ordem jurídica (n. 9). A quarta parte, "Comportamentos dos políticos católicos perante legislações favoráveis às uniões homossexuais", alude à tese de que o "parlamentar católico tem o dever moral de manifestar clara e publicamente o seu desacordo e votar contra esse projeto de lei" (n. 10). Por fim, na "Conclusão" (n. 11): "A Igreja ensina que o respeito para com as pessoas homossexuais não pode levar, de modo nenhum, à aprovação do comportamento homossexual ou ao reconhecimento legal das uniões homossexuais".

Esse documento, de caráter mais apologético, defensivo e identitarista, próprio de um contexto de ampla legalização de uniões estáveis civis de pessoas homossexuais, exprime o tempo histórico de dificuldade em conciliar o rigor doutrinal com as mudanças sociais e culturais sobre a moralidade sexual. Embora esse texto seja de caráter orientativo para cristãos da vida pública e política, explicita o momento de certa intolerância diante de uma nova abordagem do próprio período em questão.

7.9 Instrução sobre os critérios de discernimento vocacional acerca das pessoas com tendências homossexuais e da admissão ao seminário e às ordens sacras

O texto *Instrução sobre os critérios de discernimento vocacional acerca das pessoas com tendências homossexuais e da sua admissão ao seminário e às ordens sacras* trata-se mais de uma instrução de caráter orientativo e pedagógico do que de um documento com uma abordagem doutrinal. Embora tenha sido aprovado pelo Papa Bento XVI no dia 31 de agosto de 2005, foi publicado apenas no dia 4 de novembro de 2005, na memória de São Carlos Borromeu, padroeiro dos seminários. Esse texto foi assinado pelo prefeito da congregação, o Cardeal Zenon Grocholewski[31], e pelo secretário, o Arcebispo J. Michael Miller.

A estrutura dessa instrução apresenta uma linguagem muito simples. O texto é composto por uma introdução, três partes e uma conclusão, com um total de 21 citações de referências diversas. As três partes são as seguintes: 1. Maturidade afetiva e paternidade espiritual; 2. A homossexualidade e o ministério ordenado; e 3. O discernimento da idoneidade dos candidatos por parte da Igreja.

Segundo o texto introdutório da instrução:

> Esta instrução contém normas acerca de uma questão particular, que a situação atual tornou mais urgente,

31. É relevante consultar a entrevista que o Cardeal Zenon Grocholewski concedeu à *Revista 30Giorni*, por ocasião da publicação dessa instrução da Congregação para a Educação Católica (cf. Entrevista..., 2005).

> isto é, a admissão ou não ao seminário e às ordens sacras dos candidatos que tenham tendências homossexuais profundamente radicadas.

Em seguida, na segunda parte, o texto afirma

> claramente que a Igreja, embora respeitando profundamente as pessoas em questão, não pode admitir ao seminário e às ordens sacras aqueles que praticam homossexualidade, apresentam tendências homossexuais profundamente radicadas ou apoiam a chamada cultura gay (*Instrução sobre os critérios de discernimento vocacional acerca das pessoas com tendências homossexuais e da sua admissão ao seminário e às ordens sacras*).

Em linhas gerais, a instrução faz uma breve abordagem da moralidade dos atos homossexuais e aponta as questões referentes ao ingresso de homossexuais no seminário e sua posterior ordenação. O documento pondera, em última instância, a necessidade de verificar a idoneidade dos candidatos e, caso necessário, a relevância de um profissional de psicologia que contribua no discernimento do caso (cf. Paula; Nascimento, 2018).

A instrução tem por objetivo deter-se numa questão que se tornou urgente na Igreja Católica: "A admissão ou não ao seminário e às ordens sacras dos candidatos que tenham tendências homossexuais profundamente radicadas" (*Instrução sobre os critérios de discernimento vocacional acerca das pessoas com tendências homossexuais e da sua admissão ao seminário e às ordens sacras*, n. 2). Sabe-se que a formação humano-afetivo-sexual nos seminários é algo delicado e deve levar em conta a complexidade da sexualidade em contexto pós-moderno. Na visão da Igreja, os desafios da vida presbiteral, no que tange à formação dos ministros ordenados, são os mesmos: heterossexuais e homossexuais são chamados a uma vida consagrada a Deus e ao povo. A orientação sexual não deveria constituir um critério decisivo para negar ou não a uma pessoa o sacerdócio ministerial (cf. Trasferetti; Zacharias, 2010).

Embora essa instrução seja direcionada a bispos e formadores dos seminários católicos, há uma concepção de "atos" e "tendências" homossexuais de modo um pouco antagônico e contraditório. Contudo, apesar de a instrução afirmar que as pessoas homossexuais "encontram-se, de fato, numa situação que obstaculiza gravemente um correto relacionamento com homens e mulheres", torna-se difícil aceitar que esse argumento, em si, seja convincente e justifique a proibição da ordenação de pessoas homossexuais. A grande questão de fundo, o critério central para a admissão ao sacerdócio, deveria ser a integração amadurecida da sexualidade no cotidiano da existência e no enfrentamento real da vida tal como ela é.

7.10 "Homem e mulher os criou" – Para uma via de diálogo sobre a questão do *gender* na educação

O documento intitulado *"Homem e mulher os criou" – Para uma via de diálogo sobre a questão do* gender *na educação* foi publicado pela Congregação para a Educação Católica (para as Instituições de Estudos) no dia 2 de fevereiro de 2019, em que se celebra a Festa da Apresentação do Senhor. O texto foi assinado pelo Cardeal Giuseppe Versaldi[32], prefeito da congregação, e pelo secretário, o Arcebispo Angelo Vincenzo Zani. Trata-se de uma apresentação orgânica da antropologia cristã-católica, diante da emergência educativa e de inúmeras propostas que dizem respeito à afetividade e à sexualidade. A visão antropológica cristã vê-se, nesse documento, confrontada, no contexto de que "surge, de várias formas, uma ideologia genericamente chamada *gender*, que nega a diferença e a reciprocidade natural entre homem e mulher" (*"Homem e mulher os criou"*, n. 2).

---

32. É relevante a entrevista concedida pelo Cardeal Giuseppe Versaldi, prefeito da Congregação para a Educação Católica, sobre o documento *"Homem e mulher os criou" – Para uma via de diálogo sobre a questão do* gender *na educação* (cf. Tornielli, 2019). Nessa entrevista fala-se sobre a origem do texto, as bases, os pontos de encontro, os pontos críticos e o resultado.

Como o próprio texto diz:

> A Congregação para a Educação Católica, no âmbito das suas competências, pretende agora oferecer algumas reflexões que possam orientar e encorajar quantos estão empenhados na educação das novas gerações para fazer com método as questões mais atuais acerca da sexualidade humana, à luz da vocação para o amor a que cada pessoa é chamada (*"Homem e mulher os criou"*, n. 5).

O texto, com 57 números e 68 citações, está estruturado do seguinte modo: Introdução (n. 1-7); Ouvir – Breve história (n. 8-14); Pontos de encontro (n. 15-18); Criticidade (n. 19-23); Analisar – Argumentos racionais (n. 24-29); Propor – Antropologia cristã (n. 30-35); A família (n. 36-38); A escola (n. 39-42); A sociedade (n. 43-46); A formação dos formadores (n. 47-51); e Conclusão (n. 52-57).

A abordagem do documento é positivamente mais dialógica do que impositiva e está apresentada a partir de três verbos importantes – "ouvir", "analisar" e "propor" –, os quais se assemelham muito ao método da teologia latino-americana: "ver", "julgar" e "agir". Apela-se à escuta e ao diálogo, o que já está presente no próprio subtítulo. Pelo fato de estar se dirigindo principalmente a educadores e "formadores", tem uma grande abertura, tanto no método quanto na abordagem. Insiste-se na ideia de que é preciso respeitar cada pessoa em sua peculiar e diferente condição e fala-se sobre a prática do *bullying*, a violência e as discriminações injustas (*"Homem e mulher os criou"*, n. 16). Por fim, o documento abre possibilidades de diálogo para questões que exigiriam um conhecimento científico mais aprofundado.

Ainda, de forma positiva, o texto analisa a distinção entre a ambígua expressão "ideologia do *gender*" com as "teorias do *gender*". Entre os números 8 e 14, apresenta-se a história do termo *gender*; posteriormente, busca-se criar "pontos de encontro" (n. 15-18); e, em seguida, apresenta-se uma análise crítica (n. 19-23). Todavia, em geral, afirma-se a visão tradicional católica da sexualidade, segundo a qual homens e mulheres são criados (como heterossexuais) com papéis e gêneros fixos. Trata-se da clássica visão binária da sexualidade[33].

No próprio texto, contrapondo-se às "teorias do *gender*", há a preocupação explícita de que, no início dos anos de 1990, "[...] concentraram-se na possibilidade de os indivíduos autodeterminarem as próprias inclinações sexuais sem ter em conta a reciprocidade e a complementaridade da relação homem-mulher e da finalidade reprodutora da sexualidade. Chega-se, por fim, a teorizar uma radical separação entre gênero (*gender*) e sexo (*sex*), prioridade ao primeiro sobre o segundo. Tal meta é vista como uma etapa importante da evolução da humanidade, a qual 'prevê uma sociedade sem diferenças de sexo'" (*"Homem e mulher os criou"*, n. 11). A citação usada para defender essa questão é a Exortação Apostólica *Amoris Laetitia* (n. 56), do Papa Francisco.

---

33. Essa é uma questão que exige maiores aprofundamentos da parte dos teólogos moralistas em diálogo com outras formas de fundamentar uma visão sobre a sexualidade. Do ponto de vista da filosofia e das ciências contemporâneas, a sexualidade não deve mais ser compreendida em seu sentido "fixista" ou "já determinado" pelo "biológico", mas sim em seu todo. Trata-se de visões de pessoa e de complexidade que estão em jogo. Numa visão clássico-tradicional, a sexualidade já está determinada biologicamente, inclusive os papéis que decorrem dessa visão "biologicista". Já numa visão revisionista contemporânea, a sexualidade precisa ser compreendida dentro do desenvolvimento e da descoberta paulatina que o próprio sujeito faz de si mesmo. Há visões ou "teorias de gênero" que são mais radicais e outras que são mais "acomodadas" ao papel social da sexualidade. A visão de Simone de Beauvoir que influenciará Judith Butler, por exemplo, localiza-se nessa perspectiva mais "construtivista" de sexualidade. Para Butler (2013), gênero é um aparato de construção cultural que estabelece o binarismo dos sexos, uma produção discursiva de diferenciação sexual. Os documentos da Igreja, em matéria de sexualidade, adotam a visão antropológica propriamente clássica, segundo a qual a biologia determina a sexualidade em si, como também os papéis que dela derivam. As "teorias *queer*", as "teorias feministas", bem como as várias "teorias de gênero" vão na direção de que a sexualidade só pode ser compreendida a partir de sua visão mais alargada, fruto da própria construção social, de poder, de gênero, de consciência sexual etc.

Assim, esse documento poderá ter ulteriores aprofundamentos, principalmente no que tange a uma maior escuta dos inúmeros sujeitos envolvidos[34]. Há uma positiva abertura à escuta e ao diálogo, embora, em sua "essência", preze-se pelo "rigor doutrinal" da visão de lei natural para abordar o fenômeno contemporâneo. Segundo Martin (2019, on-line):

> [...] a Igreja, assim como o restante da sociedade, ainda está aprendendo sobre as complexidades da sexualidade humana e do gênero. O próximo passo, então, poderia ser que a Igreja ouça as respostas daqueles que esse documento afeta mais diretamente: as próprias pessoas LGBT. Que o diálogo comece!"

7.11 Considerações finais

Abordar a questão da sexualidade nos principais posicionamentos do magistério da Igreja não é uma empreitada simples. É necessário situá-los historicamente, compreender cada documento em si, sua intencionalidade e, por fim, aplicar a devida hermenêutica, levando em consideração os destinatários, os sujeitos, as comunidades, os problemas próprios e sua complexidade.

No conjunto, percebe-se uma tensão positiva sobre a antropologia subjacente à questão textual e sua mensagem que provoca contínuos posicionamentos e esclarecimentos a partir do fundamento. A sociedade, em termos científicos, avançou no aprofundamento de questões que a Igreja, de certo modo, não assimilou imediatamente.

Da parte do magistério docente há uma continuidade histórica em ensinar o que sempre se ensinou. Da parte da comunidade eclesial, que assimila com docilidade o que o magistério ensina, há

34. Como aprofundamento desse documento, recomendo a leitura do texto a seguir: Zacharias (2021b, p. 239-305).

uma busca por solicitude pastoral. A todos, supõe-se um nível de amadurecimento e de crescimento com consciência de questões que a comunidade eclesial ainda não atingiu um consenso total.

No que tange à boa intepretação dos textos do magistério eclesial em sexualidade, há que se levar em consideração a distinção e a coesão entre: o conteúdo, a linguagem, o alcance do ensinamento, a provisoriedade e a situação particular. Cada texto/documento tem uma medida e um peso distinto a ser levado em consideração em sua interpretação. É verdade que, em linhas gerais, o tema da sexualidade esteve intrinsecamente associado à realidade matrimonial e que, hoje, deve ser abordado como dimensão intrínseca do humano, independentemente de a pessoa ser ou não casada.

Do ponto de vista ético há que se buscar um equilíbrio na leitura desses textos, dentro dos respectivos contextos, para não correr o risco de cair em uma "tirania fundamentalista" por parte dos que almejam uma total exatidão moral nos casos particulares. Uma postura de apressamento e imposição "doutrinal", sem a devida compreensão da situação particular das pessoas, pode se tornar motivo de divisão na comunidade eclesial.

Convém, nesse quesito, formar a consciência das pessoas para uma alargada assimilação do valor objetivo subjacente aos documentos e a criativa aplicação segundo o contexto da pessoa e do seu agir. Tanto o conteúdo quanto a linguagem dos textos magisteriais precisam assumir uma visão mais personalista e menos categórica sobre o tema, favorecendo que a verdade da pessoa e a sua consciência tornem-se critério de discernimento e decisão moral.

PARTE III

DESAFIOS PARA UMA MORAL SEXUAL DA PESSOA EM SUA INTEGRALIDADE

Nesta terceira parte do livro, propõe-se falar ainda de "desafios". Eles, agora, serão abordados dentro de uma "moral sexual da pessoa em sua integralidade". Questiona-se se, de fato, no atual contexto contemporâneo com novas implicações e abordagens das mais discordantes e complexas, é possível pensar numa moral que diga algo sobre a sexualidade.

Acreditamos que os desafios não representam a última palavra no horizonte do fenômeno humano. Ao contrário, constituem a oportunidade de averiguar a realidade a partir de ópticas e ferramentas diferentes, antes de chegar a uma possível conclusão. O método fenomenológico, priorizado nesta obra, permitiu "escutar" e "ver" a sexualidade de modo mais alargado e integrador para a pessoa.

Nesta última parte do livro, nós nos propomos a percorrer um caminho de indagações e de respostas possíveis, sem atingir o definitivo. Aliás, o definitivo em moral não permite dar lugar de fala para outras ópticas que emergem da consciência do outro. Compreendemos a sexualidade e o amor como manifestações profundas do coração humano, desejoso de realização e felicidade. Uma análise da sexualidade a partir do ato ou do comportamento –

do maniqueísmo impregnado no Ocidente – não permitiu que alteridades e pluralidades encontrassem espaço de presença e de fala. Optamos, portanto, por uma alargada análise de experiências da sexualidade fora do contexto matrimonial e por desafios no campo da pastoral a serem ainda aprofundados.

Como já foi aventado anteriormente, contemplamos a teologia moral como um serviço de discernimento à consciência da pessoa. Trata-se de recolocar o lugar do ser humano e suas aspirações no centro, sem abandonar as exigências objetivas nem reduzir a pessoa à situação dada. Isso revela a necessidade de colocar ao centro as "alegrias e esperanças" da humanidade como "alegrias e esperanças" da teologia e da Igreja.

Nesta terceira parte serão abordados os desafios para uma moral sexual da pessoa em sua integralidade. Para isso, escolhemos concluir o livro, nesta parte, com mais desafios e menos respostas. Serão desdobrados três capítulos que objetivam entender a complexidade de pensar uma "moral" antes do "sexual" e antes da "pessoa". Eis os capítulos: 8. Moral sexual da pessoa: em busca de uma fundamentação para a atualidade; 9. Experiências da sexualidade fora do contexto do matrimônio sacramental; e 10. O desafio da sexualidade no serviço pastoral.

8
Moral sexual da pessoa: em busca de uma fundamentação para a atualidade

É mister compreender que não é possível aprofundar uma reflexão sobre a sexualidade humana fora do contexto da pessoa e sem apontar para valores, para uma moral humanizadora e integradora. Sobre isso não há dúvida de que a moral sexual tem sido aquela parte da reflexão moral que mais tem sido questionada. A mentalidade contemporânea, marcada por um niilismo e por uma fragmentação constante, não apenas questiona a pretensão de todo tipo de "moralidade", mas também nega às religiões o envolvimento para indicar qualquer tipo de pretenso comportamento sexual.

Essa situação de crise põe em realce a possibilidade de um juízo cristão e católico sobre a moralidade e a sexualidade. Contudo, não vemos essa "crise" de fundamentação e linguagem como um empecilho, mas como uma possibilidade dialógica de reapresentar o essencial numa tônica mais humanista e integradora. Urge uma apresentação mais orgânica e alargada do sentido dos afetos e da corporeidade, integrando com a grande Boa-nova do Reino pregado por Jesus ao ser humano contemporâneo.

Sabe-se que a sexualidade pode ser motivo ora de repressão, ora de promiscuidade. O grande problema não é a sexualidade em si, mas a incapacidade das pessoas de integrá-la, seja ao despersonalizá-la, seja ao fugir da responsabilidade de humanizar a força impulsiva e erótica presente no interior do ser humano. Ao longo da história da nossa civilização ocidental, gestaram-se modelos ou paradigmas educativos que foram sendo lentamente substituídos por outros de caráter mais inovador, humanista e integrado. Agora, queremos apresentar esses modelos, com o objetivo de indicar a necessidade de perceber a formação humana numa perspectiva sistêmica e – na visão do Papa Francisco – "poliédrica".

8.1 Modelos ou critérios morais ocidentais para a sexualidade

Ao se falar em "modelos ou critérios morais", refere-se às inúmeras fontes morais ou éticas que estão presentes nas culturas e nos modos como as pessoas internalizam os valores em suas consciências. São modelos porque existem para explicar o mundo, organizá-lo mediante o uso do poder e, assim, propor um critério de convivência que respeite o ser humano e sua dignidade.

Quando se indica a terminologia "modelo", alude-se diretamente a um termo de origem grega, bem popularizado na academia: "paradigma". Essa expressão é uma tentativa de explicar o modo pelo qual o ser humano conhece algo. O acesso à realidade não vai além do fenomênico. Do ponto de vista epistemológico, toda realidade "para nós é uma realidade inventada por nós" (Watzlawick, 1994). Todo paradigma ou modelo de pensamento tem um caráter histórico relativo às perguntas que a humanidade é capaz de se fazer na época em questão.

Portanto, todo modelo ou critério moral, além de sua inscrição histórica, é relativo em suas linguagens acerca da certeza e da verdade. Pretende-se apresentar aqui ao menos seis modelos ou paradigmas de moral sexual que formaram subjetividades, corpos, sexualidades e pessoas. Eles devem ser compreendidos dentro do horizonte em que nasceram. Embora tenham sido superados por outros, continuam influenciando consciências e pessoas no que tange à tomada de decisão e de elaboração de uma criteriologia para julgar comportamentos. Nenhum critério ou modelo em moral desaparece de uma vez por todas. Ao contrário, eles são reinventados, dada a sua historicidade e temporalidade, justamente para explicar novos fenômenos e novos comportamentos em sua complexidade. Trataremos, aqui, dos seguintes modelos: proibicionista ou legalista, social, religioso e ético-antropológico.

8.1.1 Modelo proibicionista, legalista ou normativo

Esse modelo, como a própria expressão indica, refere-se a uma perspectiva moral centrada na interdição, na proibição ou no impedimento de satisfação do desejo do *eros* (cf. Vázquez, 2007). Toda proibição está sempre alicerçada numa visão de que há algo pior a ser evitado pelos sujeitos para que estes não direcionem o seu agir para uma hipótese duvidosa.

Partindo do fato de que toda religião contém um conjunto de preceitos e normas que dão origem a uma determinada forma de conduta, impõe-se, ao precisar esse conteúdo, uma primeira distinção. A maioria das religiões determina um conjunto de ações religiosas que seus fiéis devem realizar como expressão de sua relação com o divino e de sua pertença à comunidade. Trata-se das obrigações relativas ao culto e à manutenção da comunidade religiosa, de suas instituições e seus ministros.

Porém, todas as religiões impõem, além dessas obrigações intrarreligiosas, uma série mais ou menos ampla de obrigações que regulam o conjunto da vida de seus fiéis também nos aspectos não imediatamente religiosos da vida no mundo e na sociedade. Assim, a segunda parte do decálogo judaico-cristão, bem como os cinco preceitos morais básicos obrigatórios para todos os budistas, inclui os seguintes mandamentos: não matar, não roubar, não cometer adultério, não mentir e abster-se de intoxicantes (cf. Velasco, 1999).

Se as sociedades tradicionais convencionalizaram as relações interpessoais, estabelecendo noções existenciais estritamente sedentárias e, não raro, utilitaristas, o mundo contemporâneo apresenta-se, em toda a sua fluidez e efemeridade, como uma ruptura radical em termos de afeto, desejo e sexualidade (cf. Ghisleni; Lucas; Santos, 2020). Questões relacionadas ao uso do corpo e do prazer são, hoje, cada vez mais submetidas ao ordenamento jurídico, o que incorre em uma positivação ou até em uma forma de "proibicionismo" sobre as pessoas.

A moral sexual é um fato da cultura. Não existe sociedade que não tenha regras a respeito do uso da libido. O controle em relação aos "prazeres da carne" sempre foi, em intensidades diferentes e em momentos sócio-históricos variáveis, um elemento constitutivo do ser humano. Na Antiguidade, por exemplo, a capacidade de comandar o corpo e os prazeres era muito valorizada.

Em diferentes níveis, todas as religiões propõem um regime sexual (cf. Parrinder, 1986). Em algumas sociedades nas quais prevalece o domínio religioso, cabe aos sacerdotes – inspirados pela vontade dos deuses – ditar a moral sexual. Já nas sociedades científicas e tecnocratas são os sábios – médicos, psicanalistas, psicólogos e pedagogos – que se ocupam da regulamentação da sexualidade (cf. Gagnon, 1990).

O modelo proibicionista se explicita na forma de controle do corpo, do prazer, do afeto e até das fantasias sexuais. Segundo Bataille (2014, p. 35), "apenas os homens fizeram de sua atividade sexual uma atividade erótica, ou seja, uma busca psicológica independente do fim natural dado na reprodução e no cuidado com os filhos". De todo modo, a proibição de viver a sexualidade de modo livre e autônomo, sem prejuízos ou possíveis penalidades ou interdições sociais ou de culpabilidade pessoal, é fruto de uma longa construção sociomoral.

Nos povos caçadores-coletores, havia uma grande preocupação em torno da escassez de alimentos, daí a necessidade de impor severos limites ao número de filhos. Apesar das restrições a aspectos cruciais da sexualidade em razão da escassez econômica, os povos caçadores-coletores performavam uma enorme variedade de práticas sexuais (cf. Beauvoir, 2009). Esse cenário muda com o surgimento da agricultura, que introduz uma noção mais clara de estabilidade e permanência, facilitando a supervisão coletiva do comportamento sexual. A detenção da propriedade tornou necessário, mais do que nunca, estabelecer a paternidade de modo preciso, o que permitiu o desenvolvimento de novas regras de controle da sexualidade feminina (cf. Stearns, 2010).

A influência judaica colaborou para uma visão restritiva do sexo, o qual devia ser confinado ao casamento e priorizar a reprodução, já que a prática em demasia era um erro espiritual, ainda que no âmbito do matrimônio. Era essa mesma compreensão que fortalecia, especialmente no século XIV, a percepção católica acerca da homossexualidade. É que, diante das pestes que dizimaram boa parte da população europeia, procriar tornou-se uma necessidade urgente (cf. Richards, 1993).

A despeito, portanto, de algumas supostas liberdades, nas sociedades clássicas também existia uma tendência de limitar o sexo. Essa predisposição tornou-se ainda mais saliente com o impacto da religião. Em se tratando de sexualidade, a religião foi a maior das novas influências na história mundial. É que, ao contrário das religiões primitivas, que muitas vezes concebiam a sexualidade em termos de uma relação positiva e transcendental com a espiritualidade, as novas crenças invariavelmente buscaram minimizá-la ou regulá-la (cf. Stearns, 2010).

O modelo proibicionista, legalista ou normativo teve, assim, mediante a religião, uma grande disseminação e marcou subjetividades. Foi se constituindo lentamente mediante os dispositivos de poder e de controle da consciência, num horizonte histórico mais alargado. Por trás desse processo muito complexo e alargado foi se instaurando uma grande estrutura de controle, saber e poder, criada pelo sistema religioso dominante e apoiada pelo sistema político, para extirpar dos rincões da Europa traços das religiões antigas, celtas e nórdicas que resistiam às grandes ondas de cristianização que invadiram por séculos a Europa.

Esse paradigma atingiu o seu ponto de efetivação mais profundo com a prática da confissão. Segundo Foucault (2001, p. 220-221):

> Ora, o que vai acontecer na segunda parte da Idade Média (do século XII ao Renascimento) é que a Igreja vai recuperar de certa forma, no interior do poder eclesiástico, esse mecanismo de revelação que até certo ponto a tinha despojado de seu poder na operação penitencial. Essa reinserção da revelação no interior de um poder eclesiástico fortalecido é o que vai caracterizar a grande doutrina da penitência que vemos se formar na época dos escolásticos. E isso por vários procedimentos.

Pode-se dizer que a prática da confissão foi cada vez mais incentivada e imposta para os fiéis católicos, exercendo um mecanismo de controle para a moral sexual de casais, homens, mulheres e jovens. O sacerdote confessor, que também já tinha a obrigatoriedade do celibato, começou a ser o juiz de casuística por meio do uso indiscriminado de manuais de confissão, nos quais, para cada pecado – dependendo da intensidade, da gravidade e da imoralidade –, havia punições mais brandas ou mais rigorosas.

Assim, esse modelo é fruto de um lento processo de imposição cultural dado a partir de condicionamentos sociais, históricos e religiosos. O modelo proibicionista enfatiza mais a dimensão dos interditos, continuamente reforçados por mecanismos ou dispositivos de poder, do que a dimensão de educação e formação da pessoa para o prazer e o amor.

8.1.2 Modelo social

Se até quase o século XIX a sexualidade havia permanecido no domínio da ordem moral e religiosa, sendo orientada por postulados teológicos que distinguiam o lícito do ilícito, com o advento da Modernidade esse campo da vida dos indivíduos adquire, para várias instâncias do saber, uma importância estratégica, passando a se sujeitar a novos mecanismos de controle e institucionalização.

O modelo social na abordagem da sexualidade faz uma análise de "desnaturalização do comportamento sexual" (Neves, 2019, p. 5). Questionando as representações essencialistas, as análises sociológicas entendem a sexualidade não como um processo natural ou psicológico, mas enquanto fenômeno social e desessencializado, sublinhando a relatividade dos significados sexuais face aos contextos e ao tempo social em que estes se constroem.

Segundo Berger e Luckmann (2004, p. 61-62):

> Cada cultura tem uma configuração sexual distinta, com seus padrões especializados de conduta social e seus princípios "antropológicos" na área sexual. A relatividade empírica dessas configurações, na sua imensa variedade e exuberante criatividade, indica que são produtos das próprias formações socioculturais do homem, mais do que uma natureza humana fixada em termos biológicos.

O período pós-guerra, a partir de 1945, significou um grande marco em relação à sexualidade. Questionamentos foram feitos e abriram caminho para a revolução sexual. Com o homem na guerra, a mulher pôde conquistar o mercado de trabalho. Com a inserção da mulher no mercado de trabalho, a estrutura familiar deixou de ser patriarcal. Passou-se, então, a questionar as crenças e os valores relativos à sexualidade, e os papéis sexuais começaram a ser discutidos.

Há, de fato, uma mudança gradual no cenário desse pós-guerra, antes mesmo da revolução sexual de 1968. A mulher reivindicou direitos na sociedade, lutou pelo voto, mudou seu vestuário para minissaias, questionou a virgindade, o aborto e o casamento. Ideais de beleza masculinos e femininos e ideais de amor romântico foram veiculados no cinema e nos meios de comunicação. As jovens obtiveram maior liberdade sexual. Um maior número de pessoas assumiu-se homossexual (cf. Carelli, 2017).

O modelo social de sexualidade é uma dimensão fundamental para que costumes anteriores fossem superados por outros. No período posterior às décadas de 1950 e 1960 criou-se uma opinião mundial mais tolerante do ponto de vista da sexualidade, apesar das exageradas reações locais às propostas contemporâneas. Três fatores estão particularmente envolvidos nessa revolução sexual. Primeiramente, começa a ganhar corpo, nessa década, uma nova cultura sexual, caracterizada por ser mais aberta. Surgem, então, novos tipos de controle de natalidade e um empenho cada vez maior na busca do prazer por meio do sexo recreativo. Um segundo fator está relacionado à globalização, ao consumismo e à possibilidade do turismo internacional proporcionado pelas novas empresas transnacionais. Por fim, o terceiro elemento diz respeito às diversas reações regionais e às inovações que os defensores dos padrões mais tradicionais julgavam fundamentais como forma de proteção contra uma cultura sexualmente aberta (cf. Stearns, 2010).

Nesse sentido, entende-se o interesse que a sexualidade gerou a partir da década de 1970. Com a emergência de um novo quadro societário e ideológico, no qual se destaca o papel dos movimentos sociais feministas e LGBT, fenômenos como a dissociação entre a sexualidade e a reprodução humana levaram a uma nova busca por uma abordagem. É necessário, assim, entender que esse modelo ofereceu uma chave de leitura para além da ideia de "natureza".

De fato, nas últimas décadas, a sexualidade foi sendo dissociada do seu aspecto reprodutivo para o lúdico. Sabe-se que as normas que comandam as relações entre sexualidade e reprodução em seus diferentes momentos estão relacionadas com as formas de organização social e de divisão sexual do trabalho, com os sistemas de representação e, em particular, com as relações entre os sexos (cf. Loyola, 2003). O modelo social de sexualidade propõe uma compreensão desta para além da esfera "natural", direcionando-se para uma perspectiva personalista ou intimista. Latente a uma visão metafísica ou fixista de sexualidade, percebe-se essa entonação proveniente do próprio contexto sociocultural.

O capitalismo também tem um alcance decisivo para os relacionamentos interpessoais e o alargamento cultural no contexto da globalização. A evolução da economia – capital – fez com que homens e mulheres se vissem obrigados a viver como indivíduos autodeterminados, gestores da própria vida. Se havia a possibilidade de escolher um trabalho e, graças à remuneração, existia a perspectiva de uma independência material, por que os sujeitos não poderiam fazer o mesmo com relação à sua vida privada, escolhendo também seus parceiros ou parceiras? (cf. Ferry, 2008).

Do ponto de vista social, a sexualidade é compreendida dentro do horizonte de busca do prazer, a qual toma a forma de busca da felicidade no século XIX. O sexo e o amor são lançados na esfera intimista da individualidade. A sexualidade torna-se, assim, constitutiva da subjetividade, relegando ao passado uma ética sexual centrada na economia dos atos e de domínico público.

O movimento feminista[35], nesse sentido, foi fundamental na passagem de uma visão proibicionista e legalista de sexualidade para um modelo centrado na subjetividade e na emancipação dos invisibilizados. Segundo Garcia (2011), o termo "feminismo"

---

35. Não se pretende aqui aprofundar esse tema, tampouco o da teoria *queer*, mas apenas indicá-los em razão de seus respectivos pioneirismos. Ambos são considerados referência na transição de um modelo de sexualidade fechado em uma visão de mundo "narrada" por homens para um reconhecimento público da diferença e para a assimilação de novas interpretações desse fenômeno. Destacamos uma importante obra de caráter histórico a ser levada em consideração: Stearns (2012).

foi primeiro empregado nos Estados Unidos, por volta de 1911, quando escritoras e escritores começaram a usá-lo no lugar das expressões utilizadas no século XIX – tais como "movimento das mulheres" e "problemas das mulheres" – para descrever um novo movimento na longa história das lutas pelos direitos e pelas liberdades das mulheres. Esse novo feminismo visava ir além do sufrágio e de campanhas pela moral e pela pureza social, buscando uma determinação intelectual, política e sexual. O objetivo das feministas norte-americanas era um equilíbrio entre as necessidades de amor e de realização, tanto individual quanto política, o que parecia algo muito difícil de conseguir.

O feminismo, compreendido dentro de seu contexto de origem, pode ser definido da seguinte maneira:

> [A] tomada de consciência das mulheres como coletivo humano, da opressão, dominação e exploração de que foram e são objeto por parte do coletivo dos homens no seio do patriarcado sob suas diferentes fases históricas, que as move em busca da liberdade de seu sexo e de todas as transformações da sociedade que sejam necessárias para este fim [...]. O feminismo surge como acontecimento contestador de narrativas históricas e sociológicas centradas no androcentrismo, no patriarcado, no sexismo e na construção da ideia de gênero (Garcia, 2011, p. 13-14).

O movimento feminista foi pioneiro na visibilização das minorias sexuais e na busca por políticas identitárias de movimentos sociais que se notabilizavam pela luta contra a exclusão, a segregação e o preconceito (cf. Campagnolo, 2019). Desse movimento advém uma série de manifestações sobre a sexualidade que questionavam as abordagens heteronormativas e tradicionais. Dentre essas inúmeras manifestações, convém fazer um destaque à teoria *queer*[36], que promove a visibilização daquilo que é considerado

36. Salientamos a propositiva abordagem de Miskoci (2009).

"estranho", "esquisito" e "não aceitável", transformando-o em algo aceito na convivência humana[37].

A teoria *queer*, no contexto de um modelo social inclusivo e plural, sendo a reflexão crítica e analítica de "anormalidades" em sexualidade, afirma-se cada vez mais, haja vista a quantidade de estudos sobre a sexualidade por parte de vários atores sociais, como cientistas, religiosos, psiquiatras, antropólogos, educadores etc. Mais do que tratar os novos sujeitos sexuais com pejorativo epíteto de "estranhos" e "esquisitos", convém admitir que a sexualidade transcende o sexo biológico, já que está ligada aos aspectos sociais e psíquicos de uma pessoa (cf. Furtado, 2024).

Assim, o modelo social indica que a sexualidade pode ser compreendida dentro de uma lógica estável, evolutiva e progressivamente cultural. Em se tratando de fenômeno humano, há inúmeras interpretações a serem feitas sobre a sua condição no mundo. Quando isso é abordado no âmbito do comportamento sexual, a forma de compreender a pessoa sexual se expande para inúmeras possibilidades hermenêuticas e de sentido.

8.1.3 Modelo religioso

O modelo religioso em moral caracteriza-se por uma série de conteúdos presentes na experiência do sagrado que exprimem as orientações sobre como agir em situações gerais ou específicas. Em todas as religiões existe um núcleo de preceitos que orientam as condutas em que deve se manifestar o reconhecimento do divino: oração, atos de culto, preceitos relativos a templos e lugares sagrados, obrigações para com a comunidade religiosa e até com relação à sexualidade. Não se pode, em hipótese alguma, confundir a visão religiosa sobre a sexualidade com a visão dos teólogos. Na perspectiva religiosa, transmite-se uma cosmovisão já dada e fechada

---

37. Ainda sobre o tema, recomenda-se a seguinte obra: Cahill (1996).

sobre o sentido da sexualidade, cabendo aos teólogos interpretar essa cosmovisão em sua construção histórica, no uso das fontes e, principalmente, em relação à realidade pessoal e consciente de cada indivíduo[38].

Em todas as religiões existe, igualmente, um capítulo de normas em que se concretizam as observâncias a que o sujeito deve se submeter para que a relação com o divino possa ser exercida. Quase todas compreendem mandamentos que estabelecem a relação entre os diferentes níveis do humano e procuram preservar o ser humano, para que o perigo do corporal, do mundano, da ordem do ter e da posse não o impeça de descobrir a presença do divino em seu interior, em sua vida, na história e no próprio mundo, segundo os casos. Assim, todas as religiões pregam, negativamente, alguma forma de temperança, enquanto, positivamente, proclamam o ideal da prudência, da sabedoria e da contemplação (cf. Velasco, 1999).

As religiões de grande tradição histórica – como o cristianismo, o islamismo ou o judaísmo – dispõem de doutrinas morais muito elaboradas, nas quais se detalham objetivos, ideais, virtudes, normas etc. Desse modo, o crente de determinada religião recebe a concepção moral do grupo religioso a que pertence, e com ela assimila também um determinado código de normas, o qual terá a dupla condição de código religioso (prescrições que procedem da divindade por meio da revelação e do magistério dos hierarcas) e de código moral (prescrições para orientar a ação que podem ser consideradas racionalmente exigíveis a toda pessoa enquanto tal).

---

38. Esse é o grande trabalho teológico a ser continuamente trilhado numa lógica inclusiva e respeitosa por parte de cada pessoa. Diferentemente de alguns "novos atores sociais" – os *influencers* digitais religiosos – que radicalizam posturas ou apresentam uma única forma de interpretação de uma cosmovisão religiosa, cabe ao teólogo moralista a árdua tarefa de alargar as inúmeras possibilidades de interpretação das mais variadas cosmovisões religiosas, analisando criticamente os vários processos inerentes às posturas morais presentes nessas leituras de mundo (cf. Almeida; Ferreira; Melo, 2021; Almeida; Ferreira; Souza, 2023).

Mas, nesse ponto, embora muitos crentes não tenham consciência da dupla dimensão (religiosa e moral) do código pelo qual regem sua conduta, de fato existe uma diferença entre a auto-obrigação que corresponde à aceitação das regras enquanto religiosas (uma auto-obrigação que desaparece se o crente abandona essa religião concreta ou qualquer tipo de religião) e a auto-obrigação que se baseia na mera racionalidade da prescrição. Essa última não desaparece mesmo que o crente abandone a religião, pois as regras que podem ser consideradas racionalmente exigíveis obtêm sua obrigatoriedade não da crença em uma autoridade divina, e sim da própria consciência humana (cf. Cortina; Martínez, 2005).

Essa perspectiva religiosa de moral, ainda mais no campo da sexualidade, alude também à dimensão da transcendência[39]. Já que a pulsão sexual de uma pessoa não é apenas um evento biopsicossocial, mas também um desejo de superação, esta orienta para uma autossuperação, uma autodoação; em síntese, para uma oblatividade. Já que as pessoas existem concretamente só em um corpo e numa série de referências de mundanidade, há um desejo de amor que a religião desdobra em seus códigos.

O modelo religioso, durante muito tempo, em vez de desenvolver essa perspectiva mais propositiva ou educativa, assumiu, em vários contextos societários distintos, uma abordagem mais proibicionista, como já se viu anteriormente. No caso do cristianismo católico, a prática da confissão se tornou um mecanismo gradual de controle da sexualidade, com uma moral sexual que nem sempre encontrava sua fundamentação no Evangelho ou no amor a Deus como caminho de liberdade interior.

---

39. Enquanto a transcendência é caracterizada por uma experiência de superação, de ultrapassagem – no sentido de "estar sobre", "estar fora", "estar além" –, a autotranscendência é o movimento que o ser humano realiza e constitui como um "ultrapassamento de si mesmo", "de tudo o que é", "tudo o que adquiriu", "tudo o que pensa", "tudo o que quer e que realiza" (Mondin, 2008, p. 257-272).

8.1.4 Modelo ético-antropológico

A união estreita entre moral e religião deixou de ter vigência, culturalmente falando, na época moderna da história do Ocidente, a qual, de fato, se caracteriza por ter levado ao âmbito da moral a secularização que já havia afetado os campos do saber científico e da política. Desde o século XVIII a reflexão filosófica tenta encontrar o fundamento da moral nela mesma, independentemente do recurso à metafísica ou à religião.

O modelo ético-antropológico pode ser considerado como o desdobramento alargado dessa separação entre a moral, a religião, a laicidade e o agir da pessoa centrado, única e exclusivamente, a partir do primado da autoridade religiosa (cf. Velasco, 1999, p. 174). Essa separação possibilitou abordar a sexualidade de maneira positiva, sem os excessos do moralismo do passado e sem o peso da verdade religiosa, que nem sempre se abria à ciência e às novas descobertas.

Esse modelo ético-antropológico permitiu, dentro do núcleo do tema, captar de um modo mais direto a dupla dimensão humana da sexualidade, que vem a ser uma dupla perspectiva inevitável: por um lado, o eu pessoal, consciente, dotado de vontade e de liberdade, que não é a realidade nem entra em relação com ela senão na sexualidade e por meio desta; e, por outro lado, a sexualidade, que envolve e marca de modo decisivo a pessoa e sua maneira de ser e de se relacionar com a realidade.

Pensar numa referência ética e antropológica para a sexualidade da pessoa supõe admitir duas dimensões importantes que explicitam o enigma da pessoa em sua descoberta para melhor amar e ser amado. Eis essas duas dimensões:

> A primeira é que pessoa e sexualidade estão constitutivamente em tensão, de modo que é impensável uma solução da questão sexual na base da ignorância de uma dimensão, do antagonismo das duas ou da su-

> pressão de uma delas absorvida pela outra. A sexualidade adequadamente humana consiste na integração, sem que essa expressão suprima a inevitável tensão; é uma unidade, mas afirmada como constante resolução de uma tensão constitutiva, coisa que lhe dá o tom do dinamismo, criatividade e perigo. A segunda afirmação é que uma das duas dimensões dá sentido e marca humana a essa tensão; é a pessoa, raiz da dignidade humana, e sede de suas decisões livres. A sexualidade é assumida e integrada em um conjunto no qual ela entra de maneira essencial, mas cujo último sentido humano provém não dela mesma, e sim do eu pessoal, consciente e livre (Mora, 1999, p. 509).

Essa complexidade presente na tensão pela integração e no dinamismo pessoal suscita, obviamente, interpelações e questionamentos para um modelo moral mais fechado. Até porque essa tensão não é algo presente na sexualidade em si, mas na estrutura antropológica da pessoa. A sexualidade é um lugar privilegiado no qual a pessoa experimenta a passagem e/ou a presença "tensa" entre as suas forças mais instintivas humanas. Essa tensão não se resolve num momento, mas na "existência", na constante conscientização e descoberta.

O modelo ético-antropológico desnuda a verdade da pessoa (antropologia) e o seu sentido de agir (ético) a partir da própria busca de integração, conhecimento e amadurecimento. Essa complexa dialética é um itinerário de presença e ausência; de percepção e perda de sentido; de dispersão e atenção contemplativa. À luz da filosofia de Ricoeur (1969, p. 203), pode-se perceber esse drama humano:

> Daqui se deduz que a satisfação sexual não pode reduzir-se ao simples prazer físico: por meio do prazer, o ser humano busca satisfazer outras exigências que vêm recarregar o "instinto"; assim entra nele o indefinido e assim se vai humanizando simultaneamente; o instinto vai perdendo seu caráter cíclico e abrindo-se sem fim.

A percepção filosófica de Ricoeur nos permite situar a sexualidade e o amor na configuração integradora da estrutura pessoal. Embora ela não determine a totalidade da pessoa, age e move essa estrutura para o encontro com um outro. Esse outro, enquanto realidade infinita e possibilidade de relação interpessoal, vem completar o conceito de abertura humana.

O modelo ético-antropológico, em sua percepção mais filosófica e global, permite entrever que a pessoa realiza a abertura em sua dupla dimensão de necessidade e oblatividade. Ambas são essenciais para o amplo alargamento das potencialidades presentes dentro e fora do ser humano. A sexualidade é a grande força que nos impele a abrir-nos e a sair de nós mesmos. É uma força centrífuga que nos impulsiona para fora, em busca de relações simétricas e recíprocas. A saída biológica do seio materno e a abertura psicológica na adolescência são dois momentos típicos em que o indivíduo se lança à aventura de conhecer um mundo diferente do seu (cf. Vidal, 2003).

Nessa abertura, que não se reduz apenas ao "eu-tu", surge o "nós" como a exigência para desdobrar potencialidades reais, mas "inconscientizadas" na relação anterior. Esse caminho complexo e dialético se consuma em uma forma institucional que surge para proteger o processo percorrido, dentro de possíveis fragilidades (cf. Fumagalli, 2017b). Eis por que a gradualidade na compreensão de "conjugalidades" construídas é necessária, já que somente na temporalidade e na espacialidade é que se pode discernir o real caminho de construção de subjetividades num relacionamento que alcançou um amor responsável.

8.1.5 Qual é a referência para hoje?

Ao se tratar sobre modelos – ainda mais em moral e em sexualidade –, pode-se correr o risco de retomar a clássica visão maniqueísta entre o teórico e o prático; entre o que "pode" e o que "não pode"; entre o "lícito" e o "ilícito"; entre o "moral" e o "imoral"; entre o "bem" e o "mal". Na verdade, essas referências apresentadas são apenas um convite à busca de uma melhor explicitação da tão desejada integração da sexualidade humana. Atualmente, buscamos referências que rompam com os excessos do passado, mas que também não se reduzam a uma aceitação passiva de visões desintegrantes ou até promíscuas. Sabe-se que, por trás de todo modo, há sempre uma antropologia que dá a sustentação reflexiva.

A grande verdade sobre a qual tivemos a possibilidade de refletir até agora é que, para sermos sexualmente integrados, é necessário considerar a relação entre o corpo biológico (macho, fêmea ou intersexo), a identidade de gênero (a maneira como a pessoa se identifica, seja como homem, mulher ou não binária), o comportamento de gênero (a forma como a pessoa se expressa, seja de modo feminino, masculino, fluido ou agênero) e a orientação afetivo-sexual (para qual gênero a atração sexual se dirige, caracterizando a pessoa como heterossexual, homossexual ou bissexual).

Mesmo que a maioria das pessoas siga o caminho da heteronormatividade e seja cisgênera – ou seja, alguém que se identifica com o sexo designado ao nascimento (biológico) –, muitas pessoas são transgêneras, com manifestações diferentes. Para algumas delas, a maturação da identidade de gênero poderá demorar mais, até mesmo por pressão social. Na medida em que o indivíduo não se sente aceito, mais difícil, sofrido e tortuoso poderá ser seu caminho (cf. Canosa, 2020).

A referência mais concreta, honesta, autêntica e realista hoje é partir da pessoa para a sua condição pessoal, de forma coerente e profundamente aberta à integração da própria existência histórico-pessoal, com seus dinamismos, suas dificuldades e suas possibilidades.

8.2 Critérios para um discernimento ético-sexual cristão

No campo da reflexão moral há uma aproximação axiológica que se pode realizar entre o princípio universal e a situação particular. Não há exatidão lógica na solução dos dramas morais. Estes extrapolam o limite da linguagem e da possibilidade de repetição dos mecanismos objetivos, pois trata-se de uma realidade que envolve a pessoa, suas peculiaridades e suas inúmeras variantes.

Uma análise moral sobre uma situação concreta exige uma abordagem englobante, inclusiva, prudente, inteligente e criativa. Há quem reduza o juízo moral estritamente a uma apreciação objetivista ou legalista do fenômeno, sem levar em consideração a realidade da pessoa, sua condição real, as intenções, a subjetividade e o que Santo Tomás chama de "circunstâncias atenuantes". Na Exortação Apostólica *Amoris Laetitia* (n. 301-306), Francisco aprofunda e aplica esse princípio tomásico na esfera pastoral, propiciando uma retomada desse elemento escolástico e integrador do agir moral.

Em moral sexual é necessário levar em consideração o pedido do Concílio Vaticano II de realizar uma teologia moral centrada no mistério de Cristo, que tem como fonte a Sagrada Escritura, sem deixar de apresentar uma exposição científica e que leve em consideração a realidade da pessoa (*Optatam Totius*, n. 16). No magistério do Papa Francisco, principalmente após a publicação da Exortação Apostólica pós-sinodal *Amoris Laetitia*, brotou a necessidade de acompanhar, discernir e integrar as pessoas em suas realidades, no que tange ao complexo exercício de decidir com inteligência e prudência à condição dada no real.

Para isso, julgamos conveniente apresentar seis critérios ou referências para um discernimento ético em moral sexual. São elementos orientadores gerais que têm como objetivo a formação ou a educação da consciência. Não se trata de reduzir a valoração moral à esfera subjetiva, mas, sobretudo, de equilibrar o distanciamento entre a proposta ideal que o sujeito se impõe diante da realidade e seus desafios e suas *nuances* próprios. A exigência moral não pode ser reduzida ao ideal objetivo ou "legalista", mas, acima de tudo, ao ideal que a pessoa percebe que é possível atingir diante de sua condição real. Não se trata de uma atitude de "bonismo", mas sim de partir do realismo que se impõe na própria realidade da pessoa.

O primeiro é o da *totalidade*. O critério da totalidade em moral sexual indica a necessidade de realizar um discernimento que assuma a globalidade da situação concreta e as condições de atenuantes. Por "totalidade" consideramos a expressão "total" da pessoa. Essa expressão total indica seu ser psicocorporal, não simplesmente fisiológico. Essa totalidade não se constrói em um dia nem pode ser fruto de uma celebração institucional. É uma totalidade que está sendo construída, necessita de tempo para se exprimir e está sujeita a quedas de tensão. Esse critério aponta para uma lenta superação de uma sexualidade vivida em sua pulsão instintiva genital para um encontro de alteridade, transformando-se, um dia, em amor. Abrir-se à totalidade não significa simplesmente esquecer-se de si mesmo, do próprio "eu", mas supõe a superação da condição essencial para a conquista do amor, isto é, o próprio *narcisismo* (cf. Fromm, 1976).

O segundo critério é o da *afetividade*. Por afetividade se compreende o "conjunto de fenômenos psíquicos que se revelam na forma de emoções e de sentimentos" (Michaelis, 1994, on-line). Entre a afetividade e a sexualidade há uma relação próxima e de dependência[40]. Dependendo do nível de consciência e de esforço do indivíduo, essa relação tende a se aprofundar conforme vai havendo a abertura a uma outra pessoa. Se a sexualidade é, em sua natureza, aberta ao outro, se ela o procura, exprime-se nele e por meio dele, tem necessidade dele e gera-o, deve constituir

40. Mencionamos aqui um estudo valioso sobre o tema da afetividade: Malo Pé (2004).

um verdadeiro e exato "diálogo" e, como todo diálogo, comunicar uma mensagem. Isso supõe crescimento constante. Assim como todo diálogo faz com que os interlocutores "assumam" algo, também um autêntico diálogo sexual não pode deixar de conduzir a uma gratificação, a um recíproco enriquecimento com os outros. A sexualidade "tende" a um aprofundamento; este se dá no amor. Deixando de ser uma simples pulsão instintiva e egoísta pelo encontro com um próximo – que "afeta" um eu –, a sexualidade adquire o peculiar valor ético, uma bondade a ser cultivada e amada. A afetividade, desse modo, é um critério essencial para se notar o desdobramento da pessoa rumo ao encontro com outra que a auxilia na descoberta pelo verdadeiro amor.

O terceiro critério é o da *oblatividade*. A sexualidade de uma pessoa, conforme se abre a uma totalidade e a uma real e salutar expressão de enriquecimento mútuo com uma alteridade, tende a ultrapassar sua satisfação instintiva de um prazer centrado em si para se tornar uma "oferta", uma "oblação" a um outro. O critério da oblatividade recorda essa dimensão tão fundamental, cultivada pelo cristianismo em sua orientação ética. Segundo Genovesi (2008, p. 128), "na medida em que os cristãos entendem que a sexualidade humana é dádiva divina destinada a ser desfrutada como expressão sincera de amor verdadeiro, está claro que certas ações ou maneiras de viver deturpam fundamentalmente o significado e o propósito da sexualidade humana e afrontam a dignidade humana". A oblatividade indica o dom que alguém é capaz de ofertar a uma outra pessoa, a uma causa, a uma razão de viver. Doar-se significa cuidar do próprio dom e ter no coração a intimidade do encontro e da presença desse outro/Outro.

O quarto é o da *fecundidade*. Esse critério indica que o amor assumido em sua totalidade, dentro de uma experiência afetiva humanizadora e aberto a uma oblatividade de diálogo e encontro, é chamado a ser fecundo. Não apenas o amor é fecundo, mas a sexualidade pessoal em sua expressão global é chamada à fecundidade. O verdadeiro amor sexual, segundo Leone (2004, p. 73), "gera acima de tudo outro amor, novo desejo de encontro, reprodução contínua, permanente", rumo a uma plenitude constante e insistente. A abertura procriadora é apenas uma das maneiras de se viver a fecundidade em sua forma humana. Para Lacroix (2009), a própria estrutura ontológica físico-corporal está aberta à fecundidade, desde que promova um outro; promovendo e amando um outro, o próprio "eu", fragilizado pela saída ao "outro", se enriquece e fecunda tudo a seu redor.

O quinto é o da *fidelidade*. A fidelidade é outro critério ético para a integração do amor e da sexualidade. Esse critério não pode ser reduzido apenas à "ausência de traição", mas deve ser pensado como uma contínua renovação do amor, que é exigente e transformador. A fidelidade pode ser entendida como uma adesão a um projeto inicial, livremente abraçado e em construção progressiva, de tudo o que promove a vida e o amor responsável. Segundo Leone (2004, p. 74), é um "recíproco confiar, é pertencer-se fisicamente, e não só afetivamente". A fidelidade supõe um vínculo de conhecimento profundo e de mútua e recíproca oblatividade. Eis por que é na "fidelidade", vivida como comunhão, que a expressão genital da sexualidade atinge sua grande importância. Ela supõe a virtude da castidade, que ajuda no esforço não apenas de evitar a traição, mas, acima de tudo, de olhar para o ideal da fidelidade como fim e percurso rumo ao amor.

O sexto critério, por fim, é o da *sociabilidade*. No atual contexto cultural que tende a privatizar a realidade sexual, pode ser talvez difícil perceber o valor social da instituição que legitima o seu uso genital. A sociabilidade é um critério essencial para que a sexualidade amadureça, para que a pessoa saia de seu isolamento narcísico e descubra sua vocação ao amor mediante uma relação. Essa dimensão indica que a sexualidade não é assunto que se dá entre duas pessoas. O comportamento sexual abre-se ao "nós social", recebendo daí alguns importantes imperativos éticos muito concretos e determinados. A sociedade, com seus condicionamentos, influencia a pessoa sexual na medida em que é necessário existir uma certa "regulação" ética do comportamento sexual, para evitar a banalização e a vulgarização da pessoa. É verdade que herdamos muitos tabus, preconceitos e desfigurações da sexualidade (cf. Vidal, 2003). No entanto, isso não impede que a convivência dos povos antigos e de suas culturas também nos ofereça elementos importantes para integrar e enriquecer a vivência de um amor responsável.

8.3 Sentido teológico e cristológico do amor sexual

A sexualidade é um fator que impregna e constitui a estrutura da existência humana no seu todo. Assim como a pessoa é um todo amplo e complexo, a sexualidade também exprime essa verdade ampla e complexa de toda a pessoa em processos e desdobramentos em todas as suas mais vastas dimensões. Não podemos esquecer que implícita nessa concepção está a consciência de que nós somos corpos. A realidade carnal molda nossa percepção de todas as coisas (cf. Lacroix, 2009). Todos os níveis de consciência são tocados por nossa presença corporificada no mundo. O modo como o corpo conhece as coisas e tende para elas é um dado prévio, anterior à nossa reflexão sobre ele. O corpo manifesta sua sabedoria, queiramos reconhecê-la ou não, mesmo quando desejamos fugir dela ou negá-la.

A espiritualidade bíblico-patrística entendeu a sexualidade integrada no conjunto do matrimônio e viu na experiência sexual completa não apenas o valor de uma realidade humana, mas também o caminho de uma aproximação mística à transcendência. Para a vida cristã, o amor é o centro da vida e da "organização" que elaboramos para sermos felizes e nos relacionarmos de modo equilibrado. A sexualidade nos "expõe" aos outros e, ao mesmo tempo, nos remete a nos integrarmos mediante o esforço do que somos e da nossa história.

Para nós, cristãos, Jesus Cristo é completamente divino e realmente humano, como nos ensina a profissão de fé e o símbolo apostólico. Como verdadeiramente divino e humano, Cristo é o melhor indício que temos do caráter de Deus e do significado pleno da humanidade. Por ser humano, foi inegável a sua luta para encarnar toda a riqueza da humanidade. Se Cristo não fosse completamente divino, poderíamos, de fato, questionar a validade de seu entendimento do verdadeiro significado da humanidade; da mesma maneira, se Cristo não fosse realmente humano, dificilmente estaríamos inclinados a considerá-lo modelo, pois de modo algum Ele nos inspiraria a coragem necessária para enfrentar os desafios subentendidos em qualquer esforço para crescer como seres humanos (cf. Genovesi, 2008).

Nosso entendimento e nossa compreensão a respeito do destino humano verdadeiro estão, assim, invariavelmente ligados à pessoa e à vida de Jesus Cristo, a pessoa divina e humana que, à nossa semelhança, "foi provocado em tudo, sem todavia pecar" (Hb 4,15). Teologicamente, a verdade da pessoa está contida em seu corpo, isto é, em sua carne redimida e assumida em Jesus Cristo.

Não podemos deixar de mencionar que, se Deus é o grande promotor do amor em sua totalidade, o ser humano experimenta esse amor numa corporeidade, numa afetividade, numa sexualidade e, enfim, numa relacionalidade. À luz das ciências humanas e psicológicas, compreendemos que ninguém nasce sabendo amar. Aprendemos a amar à medida que passamos por fases de descoberta e de conflito, rumo à superação da etapa anterior. É nessa dialética complexa que podemos experimentar esse amor universal e infinito de Deus, na carne e no cotidiano.

A criança vivencia – em seu mundo irreal, subjetivo e fantasioso – o amor, a partir da sua constituição própria. Por carecer ainda dos meios intelectuais eficientemente desenvolvidos, necessários para dominar as emoções, a criança é constantemente dominada pela afetividade, no querer e no agir. Nessa fase, o amor é vivenciado como um amor receptivo. Ela não pode dar-se ainda, enquanto uma oblatividade. Só recebe afeto e, com este, cria o seu mundo (cf. Monteoliva, 1990).

No adulto, a experiência amorosa apresenta-se como uma experiência de carência, de incompletude e de buscas constantes. Algo não resolvido a ser ressignificado constantemente (cf. Hoffmeister; Carvalho; Marin, 2019). Independentemente da fase da vida, nos relacionamentos amorosos, o sintoma prevalente sempre é o mesmo: prioridade absoluta e quase exclusiva do receber, fruto da "carência afetiva". Esta, quando não orientada para um amor oblativo, pode se desfigurar em expressões patológicas e até destrutivas para si e para o próximo.

De todo modo, o amor, em uma dimensão fenomenológica, sugere uma constante arte de aprender a se relacionar e se comunicar com a alteridade. Do ponto de vista teológico e cristológico, o amor se apresenta, à luz de Jesus, como uma abertura incondicional ao Outro, mistério a ser garimpado. Em toda pessoa adulta há uma criança em amadurecimento; em toda criança há uma exigência a superar o egoísmo e se encaminhar para uma experiência de dar-se e receber. Em Jesus Cristo encontramos uma referência humana que nos aponta para a forma divina, livre e altruísta de amar.

8.4 Considerações finais

Neste capítulo questionou-se a moral sexual acerca de sua possível fundamentação na atualidade. Mais do que oferecer respostas, propomo-nos a percorrer alguns modelos ou critérios que marcaram a sexualidade em sua dimensão moral. Todo indivíduo vive imerso em uma realidade com paradigmas de mundo, de pessoa e de sexualidade. Exige-se sempre uma capacidade de fazer discernimento e interpretar a vida. Esses modelos ou critérios quiseram ser apenas referências que captam o senso prático disseminado em várias consciências.

Em um modelo de moral sexual centrado no "ato", não havia espaço para se pensar a sexualidade em seu todo, a não ser no momento da decisão. Já numa perspectiva da "pessoa" é possível buscar uma ressignificação a partir de várias *nuances* diferentes. Não se concentra única e exclusivamente no que é visto e julgado, mas também no que é sentido, assumido, interiorizado e conscientizado.

O modelo proibicionista, de antemão, determina ao sujeito que a verdade da sexualidade está no que é dito, julgado e decidido. É uma visão limitada e empobrecedora, pois não oferece condições de o indivíduo se ver num processo de amadurecimento sexual. O modelo social é o que também impõe ao sujeito o que o grupo considera como "moral". Todavia, neste há espaço para uma construção do sujeito-grupo em sua percepção de um ser chamado a encontrar sua identidade sexual. O modelo religioso, assim como o proibicionista, é marcado por uma leitura da sexualidade a partir de uma visão fixista e imperativa, principalmente no controle comportamental. Percebemos que, quando voltamos ao evento Jesus de Nazaré, há uma possibilidade de humanização do ser humano e da própria sexualidade. Mas as releituras posteriores, ao carregarem condicionamentos dualistas e rigoristas, se distanciaram da intuição originária de amor, própria do anúncio de Jesus.

Enfim, o modelo ético-antropológico proporciona um olhar de conjunto sobre a pessoa e sua condição, sem reduzi-la ao ato. No fundo, todos somos moldados e influenciados por algum desses modelos ao longo da vida. Cabe à educação e à boa formação – da familiar à acadêmica – repropor caminhos possíveis e viáveis na descoberta do amor sexual e pessoal.

Convém insistir sempre na formação da consciência para uma alargada assimilação do valor objetivo subjacente e, ao mesmo tempo, no envolvimento pessoal rumo ao amadurecimento do amor sexual. No próximo capítulo buscaremos entender quais experiências de amor sexual não "cabem" numa expectativa de matrimônio sacramental. Se o ser humano sente o chamado a amar, há um longo processo humano e diário de descoberta da verdadeira vocação, a qual passa, no caso do cristão católico, pela mediação da comunidade eclesial.

9
Experiências da sexualidade fora do contexto do matrimônio sacramental

Sabe-se que a sexualidade humana exprime a verdade da pessoa, bem como sua dimensão mais profunda, às vezes inenarrável e até desconhecida. Por muito tempo, acreditava-se que a sexualidade humana poderia ser "domesticada" mediante um controle da própria pessoa, com a contribuição das moralidades cunhadas na racionalidade e nos costumes, ou em imposições provenientes de leis, regras e interditos.

Hoje, sabe-se que a sexualidade – como uma força e uma poderosa condição interior à pessoa – exige constante conhecimento, autocontrole, humildade e até bom humor para ser integrada na totalidade da personalidade humana. É uma das energias estruturantes do ser humano, que perpassa toda a realidade humana. Contudo, não existe pessoa fora de um contexto, de condicionamentos e de manipulações. Jamais se pode separar a pessoa de sua condição sexual, já que é por meio dessa condição e da atividade sexual que toda pessoa se encontra envolvida numa complexa teia de relações internas e externas (cf. Mora, 1999, p. 490).

Neste capítulo reflete-se sobre o que chamaremos de "algumas experiências fora do contexto do matrimônio sacramental". O intuito é analisar alguns fenômenos inerentes à busca pelo prazer, no contexto do aprofundamento da experiência amorosa, provocadores de um olhar mais amplo sobre o que, até pouco tempo, era reduzido a uma avaliação em "atos", simplesmente em torno do pecado pessoal. Priorizaremos um enfoque fenomenológico e pedagógico, destacando a emergência de uma educação da sexualidade para a integração dessa força poderosa, o que, tradicionalmente, foi denominado como castidade.

9.1 O fenômeno do autoerotismo e sua relação com o narcisismo amoroso: a solidão

A condição sexual de qualquer pessoa está marcada por sua capacidade de amadurecimento progressivo e integrado da libido. Por muito tempo, a moral centrada numa reducionista avaliação dos atos – e não da condição da pessoa – julgava que a masturbação seria uma realidade marcada por um pecado grave ou mesmo por um desequilíbrio psicológico.

Atualmente, não convém mais reduzir a moralidade pessoal à simples busca pelo prazer apenas na masturbação, mas situá-la no contexto erótico mais amplo da pessoa, denominado autoerotismo. Há, ainda, o perigo de entender esse fenômeno a partir de atitudes extremistas e radicais. De um lado, há os que continuam obsessionados por ele, como se se tratasse do problema básico e mais importante da vida cristã. De outro, em vista dos exageros e excessos de outras épocas, é fácil cair no extremo contrário, apresentando a masturbação como fato carregado de valores positivos, tornando-a, em muitos casos, desejável e benéfica (cf. Azpitarte, 1997, p. 173).

A verdade é que tanto a sexualidade quanto a busca pelo prazer são dimensões complexas e difíceis de avaliar de forma generalizada, especialmente quando não se compreende a dinâmica da pessoa em seu percurso de amadurecimento. O objetivo, aqui neste tópico, é ampliar a visão sobre a masturbação para a de autoerotismo, relacionando principalmente com a difícil tarefa de passar de uma busca de amor-prazer narcísico para uma de amor-prazer mais heterofilíaco. Para isso, é necessário situar essa realidade dentro do tema da solidão, enquanto realidade existencial da pessoa, mas que está aberta – e de forma ampla – a uma busca de amor e de realização no encontro com o outro.

9.1.1 Fenomenologia, realidade e critério de avaliação moral

Por autoerotismo se compreende, etimologicamente, a busca incessante e frequente da pessoa pelo prazer a partir do próprio corpo, com o qual se pode obter a satisfação e a sensação imediata. Em outras palavras, entende-se "autoerotismo como o comportamento humano que se exprime pelo exercício sexual solitário ou sem relação propriamente interpessoal" (Vidal, 2003, p. 149).

Num passado não muito distante, a busca pela obtenção do prazer a partir da manipulação dos próprios órgãos sexuais era vista como uma prática pecaminosa, na qual se imputava sobre o sujeito uma culpabilidade exacerbada. Esse posicionamento era justificado a partir de uma visão centrada na avaliação moral estritamente individualista e focada no ato, em detrimento de uma abordagem mais humanista e integradora.

As causas fundamentais do autoerotismo são essencialmente de natureza psicológica. O primeiro movente do comportamento autoerótico é imputável à descoberta da própria sexualidade. Nesse sentido, a masturbação é um fenômeno que aparece nos primeiros anos de vida, quando a criança, tendo superado as precedentes bases do conhecimento corporal, explora o próprio sexo e o prazer no corpo. Essa exploração se reapresenta no período da adolescência, quando o jovem descobre o próprio sexo, sob uma nova luz, em uma nova dimensão, que é aquela da maturidade genital. Tal descoberta das próprias potencialidades sexuais se insere, progressivamente, nas complexas vivências psicológicas de adolescentes, que, por um lado, já não são mais crianças, mas, por outro, ainda não são adultos: não dependem mais dos pais, mas ainda não são totalmente autônomos. Outrossim, o autoerotismo torna-se uma implícita afirmação de autonomia e de abandono do mundo infantil. Diante das inseguranças psicológicas da sua situação de adolescente, a masturbação torna-se uma certeza: a da própria "potência" sexual, da própria não diversidade do grupo (cf. Leone, 2004).

Do ponto de vista moral, o autoerotismo foi reduzido à ideia de masturbação. Esta, ao ser caracterizada como a prática individual da excitação dos órgãos genitais – sejam eles femininos ou masculinos –, era avaliada moralmente como um "desvio" do único sentido "moralmente lícito", isto é, o da procriação. O prazer, desse modo, só poderia ser justificado dentro dessa finalidade. A masturbação, logicamente, atentava contra esse objetivo procriativista, constituindo um "desvio", um "ato imoral", enfim, um "pecado".

Não apenas com relação ao autoerotismo, mas em todas as situações humanas deve-se levar em consideração o dilema da solidão – presente em todo ser humano – como experiência única e indicadora de um processo em ebulição em seu interior. A solidão significa estar só, solitário, desacompanhado e único (cf. Cunha, 2001). A sua raiz etimológica *solitudo*, vindo de *solus*, deriva da palavra "desolo"; e o verbo "desolar" exprime "deixar só", "despovoar", "devastar", "assolar" e "destruir" (Houaiss, 2009). A solidão, então, abarca uma série de sentimentos únicos e pessoais que geram um mal-estar, tais como: sentimento de isolamento, sentimento indesejado e desagradável; falta de sentido e significado na vida e deficiência nos relacionamentos (cf. Tamayo; Pinheiro, 1984).

A pessoa é uma realidade complexa que, eticamente, desde o nascimento até a morte, passa por fases, descobertas e amadurecimentos. Sua sexualidade e sua afetividade também são afetadas por essa experiência de solidão, que indica a necessidade de recolhimento e de expansão para relacionamentos, fora de seu "ser". Filosoficamente, a pessoa é uma essência que se dá numa existência. Ao existir, já estamos existindo com um outro; contudo, para existir no tempo e na história, há recolhimento, ressignificação constante e ultrapassagens de sentido (cf. Heidegger, 2006).

Se a pessoa, independentemente de sua cultura ou língua, vive momentos ou fases de rupturas e passagens, a força mais profunda inerente à pessoa – sua sexualidade – emerge da solidão enquanto um grito por amadurecimento e orientação ética. Não há pessoa que não sinta o desejo de ultrapassar a "solidão" para a "solitude"[41], tão desejada e harmoniosa.

A relação entre autoerotismo e solidão é de proximidade, e cada uma indica uma face da outra, sempre a partir da experiência de uma pessoa que descobre dimensões de si mesma. Durante muito tempo, o autoerotismo foi compreendido apenas como uma busca por prazer deslocado do todo; contudo, é uma dimensão fundamental do encontro com faces desconhecidas de si mesmo. Já a solidão, enquanto descoberta de um "eu perdido" no todo das relações e das convivências, pode ser entendida como um sentimento, mas principalmente como uma fase provisória de conhecimento pessoal rumo a um aprofundamento de si (cf. Macedocouto; Silva Junior, 2017).

Moralmente, por muito tempo, o autoerotismo foi reduzido à prática da masturbação, a qual foi denunciada como um "ato" imoral, pecaminoso e – para alguns autores rigoristas – como um dos piores males que uma pessoa pode realizar. Não poucas vezes, educadores e "moralistas" tinham como objetivo vigiar e estar prontos para descobrir os sinais que esse "ato" poderia gerar na formação da personalidade da criança, do adolescente e, posteriormente, do adulto.

---

41. Por "solitude" compreendemos um sentimento ou um estado interior em que a pessoa, voluntariamente, entra em contato com o seu mundo interior, buscando não se isolar do mundo externo, mas em direção a um maior conhecimento e a uma integração. Enquanto a "solidão" é a consciência de que se está só, gerando uma "angústia" de se sentir "só", a "solitude" é o recolhimento em busca de contemplação e crescimento integral.

Sobre essa "moralização" do fenômeno da masturbação, cabe uma reflexão ponderada, sem excessos ou radicalizações, até porque o ser humano não "é" simplesmente, mas "está sendo" e se compreendendo.

> Tradicionalmente, desde quando se identificou nas relações sexuais humanas a finalidade principal da reprodução, a masturbação vem sendo entendida eticamente como ilícita enquanto não está em sintonia com essa finalidade. A ela se atribui assim a qualificação de pecado "contra a natureza". A diversa, mais ampla compreensão da sexualidade, que atribui valor também às dimensões francamente unitivas, conduziu a certa reconsideração do problema. Se devemos considerar a masturbação contra a natureza não é porque seja um comportamento contrário à natureza biológico-reprodutora do homem, mas porque contrário à natureza afetivo-relacional, encarnada pela sexualidade. Em outras palavras, essa não naturalidade da masturbação consiste essencialmente em ser "contra o amor". Nesse sentido, parece verdadeiramente adequada a palavra "autoerotismo", que coloca a ênfase no plano subjetivo das intenções, sobre a atitude interior de quem realiza o ato mais do que sobre sua realidade objetiva (Leone, 2004, p. 128-129).

Essa abordagem mais humanista e integradora possibilita distinguir não apenas os termos "masturbação" de "autoerotismo", como também perceber que é necessário situar qualquer fenômeno sexual humano dentro de um quadro mais amplo de amadurecimento e integração da pessoa. Dentro de um paradigma moral centrado no "ato" – e não na "pessoa" –, não é possível alargar a visão de sexualidade em um progressivo esforço interior da pessoa. Portanto, o fenômeno do "autoerotismo" possibilita avaliar o "ato" para além do próprio "ato", isto é, situá-lo como um momento rumo a um amadurecimento posterior e integral.

Para compreender o autoerotismo é importante colocá-lo no contexto da evolução sexual e do crescimento da pessoa em direção à maturidade. Lido desse modo, aparece como um fenômeno transitório, destinado a ser superado e desaparecer na medida em que surgem o amadurecimento afetivo, a abertura ao outro e a descoberta do amor. Nesse sentido, podemos dizer que, para o adolescente, o autoerotismo é um fenômeno "eletivo", enquanto, para o adulto, é um fenômeno "substitutivo", de uma integração da sexualidade no próprio projeto de vida, ainda não plenamente instaurada no interior da subjetividade.

Do ponto de vista bíblico, não se encontra, na Sagrada Escritura, nenhuma passagem em que se aluda ao comportamento da masturbação. No Antigo Testamento não se parece conhecer essa prática. Não se pode aduzir a esse respeito o caso de Onan, já que esse texto tem outro sentido. O único texto veterotestamentário às vezes invocado como alusivo à masturbação – Eclo 23,16-17 – não é claro e está, sem dúvida, mutilado. No Novo Testamento tampouco existe uma alusão clara e explícita à masturbação. Os manuais de moral aduzem diversos textos – 1Cor 6,9-10; Ef 5,3; Gl 5,19-21 –, mas nenhum deles condena diretamente a masturbação. Os termos *malakoi* e *akazarsia* não se referem, especificamente, à prática da masturbação, cujo vocabulário era bem preciso em grego. A *akazarsia* é um termo geral que abrange toda espécie de impureza. Em contrapartida, o termo *malakoi* refere-se aos depravados ou efeminados (cf. Vidal, 2003).

Ao longo da tradição cristã-eclesial, o autoerotismo não foi considerado em sua totalidade e complexidade, mas reduzido propriamente à ideia de masturbação, isto é, da excitação dos órgãos sexuais para a obtenção do prazer. Nos primórdios, há um "silêncio" sobre o tema; contudo, diante do gradual processo de orientação da sexualidade para a procriação e não para a obtenção do prazer, todo ato ou comportamento que desviasse desse fim começou a ser visto com desconfiança.

Tudo indica que a origem e a difusão da teoria que atribui incontáveis males à masturbação têm como principais autores Becker e Tissot. O primeiro, Becker, era um médico inglês. Foi ele quem, em 1710, publicou um livro chamado *Onania ou espantoso pecado do onanismo e todas as espantosas consequências em ambos os sexos, considerado desde o ponto de vista de recomendações espirituais e físicas*. De acordo com Ranke-Heinemann (1996, p. 331-332), Becker afirmava que a prática da masturbação – generalizada já em seu tempo – tinha como consequências:

> Distúrbios do estômago e da digestão, perda do apetite ou fome voraz, vômito, náusea, debilitação dos órgãos respiratórios, tosse, rouquidão, paralisias, enfraquecimento do órgão da procriação a ponto da impotência, falta de libido, ejaculações noturnas e diurnas, dor lombar, distúrbio dos olhos e dos ouvidos, total diminuição das forças do corpo, palidez, magreza, espinhas no rosto, declínio das forças intelectuais, perda da memória, crises de raiva, loucura, idiotia, epilepsia, rigidez muscular, febre e, por fim, o suicídio.

Por sua vez, o médico suíço Simon André Tissot, titular do cargo pontifício de inspetor de epidemias, influenciado pelas ideias de Becker e contradizendo a teoria médica que existia até então – a qual considerava a masturbação coisa comum e terapêutica –, em tom de autoridade, escreve outro livro, cujo título é: *Tratado de onanismo, dissertação sobre as enfermidades produzidas pela masturbação* (cf. Forcano, 1996). Tissot pretendia, com essa obra, tornar a ansiedade da masturbação em histeria de massa. Ele descrevia que, num onanista, o cérebro era tão ressecado que se podia ouvi-lo roçar no crânio (cf. Ranke-Heinemann, 1996).

Portanto, a redução de uma leitura "moral" do "ato masturbatório" a uma visão médico-sanitária de teor pessimista marcará uma época e os comportamentos das pessoas. Não se desdobrou uma abordagem psíquica, sociológica e antropológica mais profunda que possibilitasse alargar a visão e, em consequência, uma análise moral mais humanista.

Do ponto de vista tradicional – isto é, que se opõe ao revisionismo protagonizado pelas ciências e pelos pedagogos –, há, ao menos, quatro argumentos que "condenam" a masturbação como um mal em si, devendo ser caracterizada como um pecado e uma desordem na esfera moral[42]. São os seguintes:

1. A masturbação é imoral – uma desordem intrínseca e objetivamente grave –, porque desperdiça a substância preciosa do sêmen. Deus deu ao homem a inclinação sexual para assegurar e propagar a espécie humana. Essa inclinação implica a produção e a transmissão da vida, mediante a semente oferecida pelo homem. Essa semente é uma vida humana. Para conseguir essa finalidade, o homem se une a uma mulher. A procriação e a educação da prole explicam a existência diferenciada dos dois sexos e constituem o fundamento e a justificativa do matrimônio.

2. A masturbação é imoral, porque implica um prazer que só é permitido quando obtido dentro do matrimônio, com fins procriadores.

3. A masturbação é imoral porque degrada, empobrece e adoece quem a pratica. Quem renuncia ao matrimônio não tem outra alternativa senão a abstinência de toda atividade erótica e sexual. E como legitimar essa opção, como mantê-la como boa perante o fato majoritário dos que se casam e perante o iniludível apelo da própria sexualidade?

4. A masturbação é imoral porque quem caminha para a perfeição por meio da continência deve tentar estar sempre o mais

42. Aqui, vamos considerar a análise de Forcano (1996, p. 393-394). Consideramos a reflexão metodologicamente organizada e ainda atual no que tange à perspectiva tradicional sobre a proibição do fenômeno da masturbação. Obviamente, há um avanço de compreensão mediado pelas ciências e pelo magistério eclesial; contudo, optamos em apresentar, de modo ordenado, a visão avalizada de Forcano.

perto possível de Deus – a pureza, a espiritualidade absoluta – e, portanto, deve despreocupar-se de todo interesse carnal, recusando tudo o que de baixeza e sujeira representa o prazer sexual.

Já de um ponto de vista revisionista ou integrador da sexualidade, cabe avaliar o fenômeno do autoerotismo, expresso na masturbação, não enquanto um "ato" isolado, mas como uma realidade da pessoa em seu processo de amadurecimento integral.

Para uma avaliação moral, algumas considerações são importantes. Não é útil nem conveniente considerar esse fenômeno como um "pecado grave" em si, imputando à consciência das pessoas um enorme complexo de culpa. Em contrapartida, também não é ponderável considerá-lo de um modo simplista como algo "normal", sem ter uma visão da pessoa e de seu funcionamento subjetivo. Ambas as posições – frequentes na visão de muitos autores – apenas explicitam um simplismo sobre a situação real. Deve-se, com cuidado, compreender que, muitas vezes, a prática da masturbação é a expressão de uma sexualidade imatura. Na pessoa em questão, é possível que haja um fechamento em si mesma, fruto de medos, fobias e até de timidez (cf. Lintner, 2015).

Também é conveniente levar em consideração a complexa integração do fenômeno da solidão, que é um drama de toda pessoa, principalmente em fases difíceis da vida. Convém, ainda, perceber se a prática, no contexto geral da pessoa, é sintoma de momentos passageiros ou algo que se tornou um hábito arraigado, sem o esforço pessoal para relacionamentos amadurecidos com outras pessoas. Não se pode desconsiderar o fato de que, com a exposição frequente, narcisística e até doentia nas redes sociais, é possível que seja útil um auxílio terapêutico, caso a culpa e o sentimento mórbido de "pecado" afetem a consciência da pessoa.

Abrir-se a outras pessoas é um fato necessário para que a força autoerótica se oriente para fora do "si mesmo" e se "gaste" numa alteridade saudável e adulta. Segundo Lintner (2015), muitos experimentam praticar menos a masturbação ou até parar de praticá-la quando se enamoram ou se empenham emotivamente num trabalho social. Sabe-se que a energia sexual presente no psiquismo humano – em sua totalidade – evolui, progride e amadurece à medida que a pessoa expande suas potencialidades. A masturbação pode ou não comprometer a evolução harmoniosa da dinâmica pessoal. Se a avaliação for centrada no "ato" isolado do conjunto da pessoa, podemos até considerar que, "em si", compromete o todo. Contudo, se olharmos pedagogicamente para a pessoa em sua abrangência, convém entender esse fenômeno como um momento rumo a uma descoberta e a uma abertura a possibilidades.

Em síntese, pode-se dizer que o fenômeno do autoerotismo necessita de certo cuidado e um aprofundamento da pessoa em questão. Não existe "masturbação em si", mas uma pessoa envolvida no ato. Dessa forma, não se pode fazer uma avaliação abstrata da masturbação sem levar em consideração a situação real de cada ser humano. As condições pessoais que introduzem a passagem da realidade objetiva para a subjetiva supõem um grande conhecimento de si e da própria realidade pessoal.

9.2 O fenômeno das homossexualidades

O termo "homossexualidade" foi introduzido por um médico húngaro no século XIX, chamado Karl-Maria Kertbeny (1824-1882). Apesar de sua conotação clínica inicial, passou a significar a realidade humana total daquelas pessoas, cujo impulso sexual se orienta para pessoas do mesmo sexo. A origem da palavra "homossexualidade" só pode ser entendida no contexto do pensamento médico-científico dos séculos XVIII-XIX, na pretensão de buscar uma base biológica para os comportamentos sexuais (cf. Reck, 2008).

Sem dúvida, na mentalidade convencional e dominante, a palavra "homossexualidade" foi sendo carregada de conotações pejorativas, o que levou a uma busca de outros termos não "contaminados" ou já comprometidos. Nos movimentos de reivindicação homossexual utiliza-se o termo *gay*, que, intencionalmente, procura expressar o orgulho de ser homossexual.

Um pressuposto inicial para lidar com esse fenômeno de complexa avaliação, principalmente no âmbito moral, é o seguinte: evitar, a todo custo, juízos categóricos e globalizantes que podem tranquilizar a quem os emite, mas pouco ajudarão a quem busca marcos evangélicos para prosseguir em sua caminhada existencial. Pois, se há algo de certo, é que não existe "homossexualismo", mas sim pessoas homossexuais – cada uma com sua própria história, vivida de maneira mais ou menos dramática, mais ou menos profunda, mas sempre marcada por interrogações, pelo sofrimento e pela solidão de quem se pergunta: Por que não sou como todo mundo? (cf. Moser, 2003, p. 214).

Se, na realidade da sexualidade, se distinguem três níveis – *sexus*, *eros* e *philia* –, pode-se falar de *homogenitalidade* (assim como de "heterogenitalidade"), em referência aos aspectos biológicos do sexo; de *homoerotismo* (assim como de "heteroerotismo"), com relação aos aspectos emocionais; e de *homofilia* (assim como de "heterofilia"), para aludir aos aspectos relacionais. O termo que engloba de maneira adequada a realidade é *homossexualidade* (assim como "heterossexualidade" é o termo apropriado para significar a condição sexual das pessoas cuja pulsão sexual se orienta para indivíduos de sexo diferente). Diante da ausência de uma compreensão exata e tecnicamente adequada para tal condição humana, essa distinção precedente se faz necessária para se defrontar diante da complexa realidade da sexualidade humana em todas as suas dimensões (cf. Vidal, 2003).

Ao se falar em "homossexualidades", no plural, em vez de "homossexualidade", no singular, busca-se entender que não existe uma "homossexualidade" em si, mas múltiplas vivências, sempre situadas no horizonte de uma pessoa que descobre sua sexualidade ao longo da vida. Nenhum tipo de juízo moral sobre a "condição homossexual em si" conseguiria entender a realidade mais profunda que se dá no interior de uma subjetividade com seus conflitos e seu esforço de integração. Por trás da questão da sexualidade, em quaisquer avaliações morais, está a relação entre a dicotomia heterossexualidade-homossexualidade; além desta, há também o desejo sexual, insolúvel no mundo dos humanos. Trata-se, portanto, de uma das questões mais complexas e delicadas em qualquer tipo de "moralidade" ocidental.

9.2.1 Fenomenologia, realidade e critério de avaliação moral

O que caracteriza o *homófilo* não é tanto o exercício de uma relação, mas muito mais a tendência para as pessoas do próprio sexo, com idêntico sabor e significado da satisfação que se obtém na relação heterossexual. Assim como na libido entram o sexo (genital), o *eros* e o amor, também nesse caso poderia se dar um encontro em que predominasse um desses componentes. Assim, embora na prática sejam utilizados como sinônimos, deveríamos fazer uma distinção entre a homossexualidade em sentido estrito, a homoeroticidade e a homofilia. Trata-se de uma atração psicoerótico-sexual, que se centraliza sob um signo diferente do vivenciado entre o homem e a mulher (cf. Azpitarte, 1991).

Duas considerações sobre a homossexualidade são relevantes para que não seja reduzida a um juízo diminuto – "moralismo" apressado – da sexualidade da pessoa no seu todo. A primeira é que não se deve confundir homossexualidade e transexualidade. Os dois termos, de fato, exprimem conceitos diferentes. A pessoa homossexual é perfeitamente identificada com o próprio sexo, mas sexualmente atraída por indivíduos do mesmo sexo. Já a pessoa transexual sente-se "aprisionada" em um sexo que não reconhece como seu, sente a necessidade de "transvestir-se", de se comportar como um indivíduo do sexo oposto e, em alguns casos, de recorrer a intervenções cirúrgicas para mudar a identidade sexual. A segunda consideração é que há uma diferença entre tendência e comportamento homossexual. Na "tendência", encontra-se só uma orientação psicoafetiva para indivíduos do mesmo sexo, não necessariamente destinada a desembocar na expressão sexual. O "comportamento", ao contrário, realiza, em termos corporais, aquilo que a tendência exprimia no plano afetivo: é o nível dos verdadeiros e próprios "atos homossexuais" (Leone, 2004).

Em nenhum contexto social o fenômeno da homossexualidade recebeu tanta repulsa quanto no Ocidente judaico-cristão. Nem o islamismo nem o hinduísmo a consideram tabu. Povos primitivos – como esquimós, malaios e indígenas norte-americanos – não tiveram dificuldade em aceitar a homossexualidade. A antiga Grécia institucionalizou-a. Em algumas culturas primitivas o homossexual era até considerado uma espécie de xamã ou pessoa santa, certamente não um criminoso (cf. Kosnik, 1977).

A atitude da Igreja Católica em relação à homossexualidade é considerada como consistente em si mesma, mas historicamente marcada por uma postura de rejeição. No entanto, a partir de uma análise mais minuciosa, nenhum desses pressupostos consegue se manter. Primeiro, uma atitude oficial da Igreja a esse respeito só ocorreu depois de séculos; segundo, as fundamentações apresentadas têm oscilado bastante; e, por fim, o conceito de "homossexualidade", que marca hoje nossa visão sobre a atividade sexual entre pessoas do mesmo sexo, só existe a partir do fim dos anos de 1860 (cf. Reck, 2008).

A Sagrada Escritura conhece a homossexualidade a partir de seu universo pré-científico e pré-moderno. Falar da homossexualidade tanto a partir do Antigo quanto do Novo Testamento[43] não

43. Cf. excelente estudo sobre o tema, de caráter bíblico: Nissinen (1998).

é a mesma coisa que lidar com esse fenômeno à luz da ciência contemporânea e dos avanços a partir da emancipação dos direitos humanos. Há poucos textos que são substancialmente um julgamento total sobre esse fenômeno complexo e de difícil análise moral (cf. Himbaza; Schenker; Edart, 2007).

A única explicação adequada para a profunda e até mesmo fóbica animosidade do Ocidente judaico-cristão é o fato de que o comportamento homossexual é considerado, na Bíblia, um crime merecedor de morte (Lv 18,22; 20,13), um pecado "contra a natureza" (Rm 1,26), que exclui a entrada no Reino de Deus (1Cor 6,10). Ainda mais sinistro foi o castigo infligido por Deus a Sodoma pelo suposto pecado cujo nome deriva dessa malfadada cidade (Gn 19,1-29). Não se pretende aqui analisar exegeticamente cada perícope bíblica e dela comentar a questão em torno da homossexualidade. Enseja-se apenas tratar da construção bíblico-literária e sobre o sentido hermenêutico; não analisar textos[44].

Para Salzman e Lawler (2012), quando se interpreta o fenômeno da homossexualidade no cristianismo católico, é necessário levar em consideração não textos isolados com hermenêuticas literalistas, mas o sentido a ser redescoberto no conjunto de princípios da moral cristã católica. Segundo os teólogos norte-americanos:

> As ferramentas teológicas dessa abordagem inspiram-se em quatro fontes de conhecimento moral: Escritura, "tradição" e "Tradição", razão e experiência. Tradicionalmente, a teologia moral católica tem se baseado nessas quatro fontes de conhecimento moral no desenvolvimento de seu método da lei natural e na formulação de normas para orientar o comportamen-

44. Há uma ótima análise a respeito das tradições vétero e neotestamentária sobre a condição homossexual. Para maiores aprofundamentos, cf. Genovesi (2008, p. 243-303). No capítulo 7, intitulado "A moralidade e as expressões homogenitais de amor", o autor faz uma meticulosa análise antropológica, bíblico-teológica e ético-pastoral sobre a condição e a orientação homossexual.

> to humano. Tanto tradicionalistas quanto revisionistas têm recorrido a essas quatro fontes. Essencialmente, o que os distingue em seus métodos éticos, em geral, e na questão dos atos homossexuais, em particular, é a sua hermenêutica ou interpretação e a priorização dessas fontes. Os tradicionalistas adotam uma abordagem hierárquica às fontes de conhecimento moral e tendem a interpretar a Tradição no sentido estreito do ensinamento magisterial, especialmente na medida em que esse ensinamento pertence a absolutos morais. A escritura, a razão e a experiência, nesta ordem, estão todas sujeitas à interpretação do magistério. Pode-se dizer que tradicionalistas abraçam um método ético apologético que defende os absolutos morais do magistério. Revisionistas, embora atribuam um papel muito importante à Tradição, compreendendo-a em um sentido amplo para incluir o magistério e os demais aspectos que compõem uma Tradição universal e eclesiástica, adotam uma abordagem dialética entre as quatro fontes de conhecimento moral (Salzman; Lawler, 2012, p. 295-296).

A constatação aguçada e analítica desses dois teólogos nos ajuda a perceber que, ao longo da tradição eclesial, houve uma interpretação que nem sempre levou em consideração a totalidade das fontes em vista da integração humana. Logo, muitas formas de interpretar os textos bíblicos estiveram condicionadas não apenas pela exegese da época, mas principalmente pela compreensão de "lei natural", entendida dentro de uma lógica de moralidade objetiva, em detrimento da condição real da pessoa.

Interrogar os livros bíblicos como Bíblia implica que se reconheça a unidade formada no conjunto de todos os livros. Uma correta hermenêutica bíblica exigiria questionar-se quais valores são essenciais para avaliar o contexto atual. Os hagiógrafos bíblicos não tinham a mesma sensibilidade que nós, contemporâneos, temos. Eles não compreendem a homossexualidade como realidade psicológica e de atração sexual pelo mesmo sexo como a ciência estuda. Os textos bíblicos, em seu conjunto, tratam como "morais" apenas os atos sexuais entre homem e mulher. Qualquer tipo de relação que conduzisse a uma quebra da relação matrimonial monogâmica era vista como "imoral". Além disso, à luz da exegese histórico-crítica moderna, hoje se tem mais ferramentas hermenêuticas que permitem interpretar esses textos antigos com maior profundidade a partir de circunstâncias históricas precisas. Isso não significa que os textos bíblicos não dizem nada sobre o referido fenômeno da homossexualidade, contudo seria anacrônico e injusto tomar esses textos, interpretando-os dentro de uma outra sensibilidade mais atual (cf. Himbaza; Schenker; Edart, 2007).

Um primeiro critério de avaliação para o fenômeno da homossexualidade é o mesmo que serve para qualquer situação: não há sexualidade em si, mas uma pessoa sexual dotada de liberdade, de consciência e de responsabilidade. Mesmo que impere ainda uma dimensão moral objetiva que rechace todo tipo de "ato homossexual" que se desvie do fim procriador, fora do matrimônio monogâmico heterossexual, convém, a título de criteriologia moral, levar em conta algumas considerações tipológicas sobre a homossexualidade.

Ainda é útil a distinção do "ser homossexual" identificada por Piana (1983). Para ele, há três formas de ser homossexual a partir de categorias distintas. Um primeiro tipo de homossexualidade é aquele que é vivido no âmbito de um mais variado libertinismo sexual. Pode-se defini-lo como homossexualidade-perversão: entre as muitas experiências sexuais, o sujeito quer provar também esta. Em geral, a essa categoria pertence a maioria dos "bissexuais". Um segundo tipo é a homossexualidade que se manifesta como aspecto de uma verdadeira e própria neurose sexual: o sujeito que a experimenta é, em determinado sentido, "vítima" de uma turba que interveio em seu desenvolvimento psicossexual e, depois, se extraviou nos recessos do inconsciente. Finalmente, existe uma homossexualidade, por assim dizer, existencial, fruto de determinada orientação cultural e ambiental: no fundo, é o "costume de normalidade" homossexual, típico da antiga Grécia ou da Roma imperial, ou a vivência refinada e estetizadora do homossexual-artístico.

Uma outra distinção que deve ser levada em consideração, para uma avaliação moral sobre a homossexualidade, é sua ampla criteriologia, advinda das ciências humanas e da sensibilidade ético-pastoral. Deve-se distinguir a homossexualidade por inclinação, que se forma nos primeiros anos de vida e que, no estado atual de conhecimento, não pode ser mudada. A homossexualidade desenvolve-se na puberdade como uma possibilidade, mesmo que essa fase homoerótica se dê num processo transitório. Há a homossexualidade induzida pela corrupção, quando determinadas experiências levam à consolidação da fase homofílica transitória durante a puberdade. Há a homossexualidade de emergência, como substituta de relações heterossexuais, por exemplo, durante o serviço militar ou nos cárceres, da qual não há inclinação homossexual e muito menos um desejo de abstinência sexual. Essas formas de homossexualidade são – com exceção da homossexualidade por inclinação – modificáveis. Somente a homossexualidade por inclinação pode ser considerada verdadeira e própria homossexualidade (cf. Lintner, 2015).

A visão de Salzman e Lawler (2012, p. 320), revisionista e bem-fundamentada, é pertinente, justamente porque parte do dado das ciências, isto é, de um critério da situação real e concreta das pessoas. Para eles, a orientação sexual, em geral, é inata, profundamente estabelecida e estável. A orientação sexual, não sendo escolhida, não pode ser modificada. Ela simplesmente se impõe; ela "é". Ela não é, em si mesma, nem moral, nem imoral, nem mesmo pré-moral. Os atos sexuais que dela derivam, no entanto, podem ser morais ou imorais. Se a ética tem por objeto atos que são livres e que podem ser imputados à responsabilidade pessoal, não é possível imputar a uma pessoa "culpabilidade" se a sua orientação não foi escolhida.

Assim, o fenômeno da homossexualidade desafia a consciência em seu sentido mais geral e específico. Como em toda realidade sexual, ninguém escolhe a orientação. Ninguém decide simplesmente ser homossexual ou heterossexual. As pessoas homossexuais não escolhem conscientemente sentir atração física ou sexual por indivíduos do mesmo sexo, do mesmo modo que as pessoas heterossexuais não escolhem conscientemente sentir atração erótica por indivíduos do sexo oposto (cf. Genovesi, 2008). Como já indicamos, em algum ponto do desenvolvimento "descobre-se" ou se "reconhece" a atração física por pessoas do mesmo sexo, assim como "descobre-se" a atração física por pessoas do sexo oposto.

Concluímos esta parte com uma citação com conselhos do próprio Genovesi (2008, p. 299)[45]:

a) Simplesmente não é verdade que muitos homossexuais se sentem fisicamente atraídos por crianças e adolescentes e desejam ter contato sexual com eles.

b) É incorreto afirmar que todos os homens homossexuais são facilmente identificáveis como afeminados e todas as mulheres homossexuais como masculinas.

c) Os homossexuais não reconhecem automaticamente uns aos outros.

d) Ter orientação homossexual não significa automaticamente que a pessoa é instável e promíscua.

e) É errôneo dizer que os homossexuais só precisam de força de vontade para dar outra direção a seu interesse sexual. De fato, não há nenhum jeito fácil de levar a cabo a reorientação

45. Genovesi assumiu esses oito pontos da declaração dos bispos católicos da Inglaterra e de Gales.

sexual; portanto, os homossexuais não devem ser criticados com demasiada facilidade, se hesitam em tentar o reajustamento sexual por meio da terapia.

f) Nem todos os homossexuais estão ligados a grupos radicais ou progressistas de pressão.

g) É incorreto afirmar que há uma incidência maior de distúrbios mentais entre as pessoas homossexuais.

h) É incorreto supor que as pessoas com orientação homossexual se restringem a apenas certas classes sociais ou profissões.

9.3 O fenômeno das relações sexuais fora do matrimônio

Esse fenômeno manifesta um sentimento de impotência por parte do modelo de família monoparental diante do liberalismo sexual e da cultura erotizada, que vêm se impondo lentamente no atual contexto. Portanto, é necessário refletir sobre os reais motivos que conduzem as pessoas a manterem relações sexuais fora do único contexto previsto pela Igreja: o matrimônio cristão, monogâmico e heterossexual.

A Igreja sempre condenou todo tipo de relação sexual à margem do matrimônio, sob o nome de "fornicação". O ponto de partida desse ensinamento era a dimensão procriadora do sexo (cf. Azpitarte, 1991). Contudo, tanto as relações pré-matrimoniais quanto as relações extraconjugais não são um fenômeno propriamente novo. No contexto cultural ocidental da sexualidade genital esses comportamentos estiveram, de vários modos, sempre presentes. A grande questão de fundo sobre o fenômeno das relações sexuais fora do matrimônio está no fato de que só um relacionamento de amor verdadeiro, em contraste com um marcado pelo fascínio (paixão) ou amor imaturo, consegue formar o contexto apropriado para a expressão sexual genital. Isso é colocado em questão, diante das inúmeras novas expressões de amor e de relacionamentos fora do "tradicionalmente" aceito.

O que pode ser definido como "novo" é a crescente incidência do fenômeno e a sua percepção alterada sobre o plano da ressonância psicológico-emotiva. As causas dessa atitude podem reconduzir a duas principais ordens de fatores: a alterada concepção da sexualidade e as condições sociais que mudaram. Ambas as situações são a explicitação de que não há mais um modelo de sociedade estática e centrada em torno de um único modelo de família, mas que os comportamentos recebem influências de inúmeros fatores complexos e dinâmicos.

9.3.1 Fenomenologia, realidade e critério de avaliação moral

Do ponto de vista fenomenológico, analisar todas as situações exigiria uma exaustiva busca por fatores que são polissêmicos e complexos. Sobre as relações sexuais fora do matrimônio, é possível identificar uma série de elementos que contribuem para um melhor entendimento desse comportamento, além de critérios de juízo moral acerca da moralidade das pessoas envolvidas. Antes de elaborar esse "juízo" – sempre provisório e limitado –, é importante entender as mudanças que estão por trás dessa realidade.

Primeiramente, não se pode negar que houve uma "eliminação do tabu" da sexualidade, com todas as suas consequências: fala-se mais sobre o assunto, conhece-se mais abertamente as experiências dos outros – com as implicações emuladoras que a sexualidade pode comportar – e há inúmeras representações cinematográficas ou literárias de modelos comportamentais em que a relação sexual pré e extraconjugal é realidade ordinária. Além disso, observa-se uma melhor compreensão, por parte dos jovens, dos próprios dinamismos sexuais, bem como uma ampla divulgação de informações sobre sexualidade (cf. Leone, 2004).

Além dessas mudanças, pode-se indicar também algumas de teor mais positivo. Passou-se de uma compreensão da sexualidade como "genitalidade" à sexualidade como "dimensão integral" da existência humana, da sexualidade como "força procriativa" à sexualidade como "expressão ou linguagem" da pessoa, da sexualidade como "prazer" à sexualidade como "comunicação interpessoal", da sexualidade como "bem referente ao casamento" à sexualidade como "valor autônomo". Essas variações na compreensão da sexualidade tiveram e continuarão a ter grandes repercussões nos comportamentos prévios ao casamento (cf. Vidal, 2003).

Junto a esse cenário há uma desconstrução lenta de formas de comportamento institucionalizadas a favor de uma maior liberdade nos critérios individuais; uma privatização das experiências amorosas; uma psicologização da sexualidade; e uma satisfação sexual como exigência convencional normal e como indício de maturidade humana e social. Não se pode desconsiderar, ainda, que, num âmbito consumista, a sexualidade é vivida como um produto a mais de consumo, como um jogo, como uma realidade insignificante, com as características neuróticas da exacerbação obsessivo-compulsiva e até com uma queda no absurdo[46].

Há fenômenos novos que aumentam o grau de criteriologia moral sobre as relações monogâmicas. Indicamos como exemplo o *poliamor*, que é caracterizado como uma escolha, na qual as pessoas estabelecem relações amorosas e sexuais com os demais envolvidos com consentimento de todos, independentemente do número de parcerias, do sexo biológico e das relações hétero ou homoafetivas. As pessoas que vivem um relacionamento poliamo-

46. Há uma análise relevante de caráter histórico sobre essa questão em Flandrin (1988, p. 319-345). No capítulo 14, "Repressão e mudança na vida sexual dos jovens", Flandrin faz uma retrospectiva histórica, indicando uma série de fatores que conduziram a uma lenta mudança no comportamento relativo às relações pré e extramatrimoniais ou conjugais.

rista podem ter relações amorosas e sexuais com outras pessoas, e tal permissão será possível para todas as parcerias estabelecidas. De acordo com o princípio poliamorista, tais relações se dão de forma aberta e transparente para todas as pessoas implicadas e o que está no centro da relação é o amor, o afeto, o carinho, o respeito mútuo; portanto, quanto mais se amar, melhor. Tal modalidade de comportamento também se diferencia das relações de *swing*, que se caracteriza pela prática de troca de casais, cujo principal motivo está baseado no prazer e na atividade sexual (cf. Viviani, 2017).

O atual fenômeno de relacionamentos afetivos, amorosos e sexuais no *ciberespaço* também se assoma à frequência de relações fora do matrimônio. O espaço cibernético é, em geral, um lugar relativamente seguro para explorar possibilidades sexuais. Entre Twitter, Facebook e Tour Fantasy, assim como os milhares de *sites* e aplicativos concebidos para esse fim, sempre haverá alguém interessado naquilo que uma pessoa tem a oferecer. Esses portais não só apresentam todo o repertório de desejos humanos e das formas mais variadas de estimulação, mas o fazem de modo potencialmente realístico e tangível, restrito apenas pelas limitações da curiosidade e da criatividade. Na internet pode-se encontrar um "parceiro ideal", com o qual é possível deixar que a imaginação flua de maneira livre e solta. O apelo fantasioso da rede é enorme, e, como seres humanos, todos temos um apetite insaciável para fantasias (cf. Costa; Abreu, 2017).

Os inúmeros desafios indicados sobre o fenômeno das relações sexuais fora do matrimônio exprimem não apenas mudanças de caráter social nas convivências, mas principalmente novas formas de constituições familiares, geradoras de relacionamentos para além do institucionalmente constituído de forma tradicional. Obviamente, esses condicionamentos não apenas tocam no modo tradicional de viver a conjugalidade, mas também interpelam o modo de fundar a monógama judaico-cristã assumida pela Igreja como ideal de vida matrimonial. Torna-se necessário apresentar alguns critérios éticos que favoreçam um olhar integrador e humanizador das experiências que necessitam de orientação.

Em geral, eticamente, o ideal seria que, nesses relacionamentos sexuais, o amor verdadeiro fosse o critério de ponderação básica. Segundo Genovesi (2008), enquanto o amor verdadeiro não inclui, necessariamente ou sempre, o envolvimento genital, os relacionamentos genitais precisam sempre ocorrer no contexto do amor verdadeiro. Esse amor deveria, em última instância, culminar numa expressão de promessa mútua de um compromisso duradouro.

Em uma experiência de mútua entrega amorosa não há apenas a troca de sensibilidade corpórea e prazerosa, mas, acima de tudo, o encontro entre pessoas, entre sentidos, entre "espíritos", entre totalidades. Nesse contexto de uma mútua doação a um outro há uma alteridade que se doa e outra que recebe. A sexualidade, em seu total significado, alcança um sentido de amor responsável. Há a união de duas personalidades humanas que, mutuamente, assumem a responsabilidade incondicional pela outra.

É nesse sentido que se entende o profundo significado místico-teológico do amor conjugal apontado por Evdokimov (1989, p. 114), no que chamou de "As coerências do amor":

> Para vislumbrar algo do amor, é preciso ir muito além do amor, chegar àquela profundeza da alma onde a paixão, salvaguardando a densidade de seu conteúdo – porém livre agora de toda exaltação carnal –, torna-se o eixo de uma roda que gira. Ao transcender o sensual, o amor imprime inacreditável profundeza à carne. Clarividente e profético, ele é, antes de tudo, revelação. Faz ver a alma da pessoa amada em termos de luz e alcançar o grau de conhecimento que só pertence àquele que ama. Em hebraico, o verbo *yada* tanto significa conhecer como desposar; desta forma, amar indica o conhecimento total: "Adão conheceu Eva". Por trás de todos os disfarces, o amor contempla a inocência origi-

> nal. Seu milagre consiste em abolir todo afastamento, distância, solidão e fazer pressentir o que pode ser a unidade misteriosa dos que se amam, uma identidade heterogênea de dois seres.

A partir dessa perspectiva, o ato sexual deixa de ser apenas um encontro de corpos para se tornar um "sacramento do amor", isto é, de subjetividades que se descobriram e agora se abrem a uma dimensão mais profunda. Há uma autodoação mútua do ato sexual que se destina a ser um reflexo na carne da autodoação contida no compromisso mútuo do casal.

Tendo compreendido o sentido do amor como mútua doação, ultrapassa-se o medo da entrega, buscando compensações em relacionamentos extras. O casamento monogâmico heterossexual, embora esteja "socialmente" em crise diante de novas formas existentes, contém a melhor oportunidade para humanizar a sexualidade, já que é uma forma de amizade que enriquece as pessoas envolvidas[47]. O matrimônio cristão, em sua dimensão de sacramentalidade teológica, é um convite aos envolvidos para confiar em Deus e em si mesmos, prometendo em consciência o que já trazem no coração.

O fenômeno das relações sexuais fora do contexto matrimonial permite aprofundar a ideia de que a exigência pela fidelidade sacramental se dá num contexto de aliança de vidas, de corpos e de interioridades. A união matrimonial – que passa pela íntima união corporal, sexual e espiritual – não reflete ou simboliza apenas a união entre o Senhor e Israel, entre Cristo e a Igreja, mas, acima de tudo, a permissão que o casal dá a Deus de se fazer presente num amor frágil e vulnerável.

---

47. Nessa abordagem sobre o sentido do amor, enquanto realidade que supera fases passageiras, pode-se considerar o *sexo* e o *eros* como efêmeros, volúveis e até decepcionantes. Contudo, se forem apoiados pela *philia*, pela amizade, há uma aliança permanente que humaniza o "sexual".

Segundo Genovesi (2008), não é correto apressar um juízo moral sobre as relações sexuais pré ou extraconjugais, sem situá-las dentro do contexto mais global em que a pessoa se insere. É verdade que a Igreja Católica, tradicionalmente, considera o ato sexual fora do matrimônio um erro moral objetivo. Mas não se pode dizer imediatamente que toda pessoa que pratica o ato sexual fora do matrimônio cometeu um mal ou um pecado moral e, assim, é pecador. Como regra geral, é seguro dizer que o sexo não marital, além de ser um erro moral objetivo, tem muito mais probabilidade do que o sexo pré-marital de incluir culpa e pecado subjetivos. Como o pecado exige elementos de conhecimento, reflexão e consentimento, ainda é possível que expressões de sexo não marital não sejam subjetivamente pecaminosas por causa das perspectivas limitadas, das sensibilidades morais não desenvolvidas ou das violações da liberdade pessoal que façam parte da vida da pessoa.

Elaborar um juízo moral de alcance universal é uma pretensão descabida. Contudo, não se pode negar que, diante das circunstâncias atenuantes objetivas e subjetivas presentes em cada situação, são necessários alguns critérios para alargar e aprofundar o significado moral. Segundo Genovesi (2008, p. 172-173), dependendo das circunstâncias nas quais a ação é praticada, existem três possibilidades a serem levadas em consideração:

> [1] Toda ação que em si e por si só é prejudicial ou destrutiva para a pessoa ou os outros é um *erro moral objetivo*. Quando é praticada sem um envolvimento significativo da ponderação e liberdade da pessoa, essa ação permanece no nível do erro moral objetivo. Como tal, o ato ainda é imputável à pessoa que o praticou, mas a ação não constitui pecado. É por causa de impedimentos predominantes ou circunstâncias atenuantes interiores subjetivas (restrição de conhecimento, reflexão ou liberdade) que o agente da ação não é culpado de ter pecado. [2] Entretanto, se a mesma ação prejudicial, destrutiva e, portanto, objetivamente

> errada, for praticada intencional e livremente, a ação envolverá o agente em pecado e a ação será considerada *mal moral.* [3] Finalmente, às vezes acontece que a presença de circunstâncias atenuantes objetivas ou exteriores significativas altera tanto uma ação que duas coisas acontecem: ao ato em questão, que em geral é um erro moral objetivo, transforma-se em um ato que é, em vez disso, um *mal pré-moral, ôntico* ou *físico*, e as próprias circunstâncias atenuantes constituem razão suficiente ou proporcional para praticar a ação ou permitir que ela ocorra.

O fenômeno das relações sexuais fora do matrimônio toca na moralidade da fidelidade entre duas pessoas que se comprometem a formar uma comunidade de vida e de amor. A complexidade na análise da questão dá-se diante das inúmeras circunstâncias atenuantes exigidas nas relações que as pessoas estabelecem entre si. Nenhum tipo de juízo único resolve o problema se não se considera a totalidade do fenômeno em questão. A dificuldade aumenta quando há intimidade genital entre os envolvidos, e, assim, se torna uma vida marital fora do modo abraçado por uma das partes em uma relação "oficial". A questão exige uma análise acerca do nível de entrega das pessoas na relação. Contudo, não se pode diminuir o peso "moral" apenas pela situação dada. Urge compreender todas as "peças" do "xadrez" da realidade.

De todo modo, convém elencar ao menos quatro critérios que auxiliam na criteriologia acerca do ato sexual e sua "liceidade": 1) é símbolo da unidade de duas pessoas que o vivem e da maior unidade possível, aquela que conduz a uma "só carne"; 2) é expressão de um amor recíproco que pode ser expresso em gestos, sendo o ato sexual o mais intenso e profundo; 3) é um ato de conhecimento recíproco no sentido propriamente bíblico do termo, e o conhecimento que ele gera é diferente de todos os outros; 4) é, enfim, gesto de fecundidade, não apenas porque há o dom recíproco de si mesmo, mas também porque poderia se abrir a uma vida.

9.4 Os abusos sexuais e a pedofilia

Os vários temas propostos neste capítulo manifestam um mal-estar e uma situação que precisam ser enfrentados não só mediante um caminho de educação e conscientização, mas também por meio de um empenho legislativo e até penal para que o ser humano não se torne objeto de manipulações ou de interesses escusos.

Aos desafios mencionados anteriormente, inclui-se esse sobre os abusos sexuais e a pedofilia. As marcas do abuso sexual na vida de uma pessoa, seja ela quem for, são profundas e deletérias. No caso de a pessoa abusada ser uma criança ou um adolescente, o efeito é ainda pior, visto que, além de o abuso ser uma agressão, a criança e o adolescente não estão preparados – tanto física quanto psicologicamente – para viver e experimentar esse aspecto da sexualidade.

Impõe-se à consciência humana abordar o tema dos abusos sexuais e da pedofilia procurando compreender o que de fato são, além de suas implicações e repercussões, para, no fim, buscar uma criteriologia acerca de sua relevância.

9.4.1 Fenomenologia, realidade e critério de avaliação moral

Discutir a questão dos abusos sexuais e a pedofilia supõe uma rigorosa análise terminológica, para que esses termos sejam mais bem caracterizados. A pedofilia se caracteriza pelo fato de a atração sentida ser exclusiva ou predominantemente por crianças, além de ser um transtorno psicoafetivo, que deve ser acompanhado e tratado. Um abusador sexual, por sua vez, é aquele que pode cometer crimes sexuais contra crianças, adolescentes, jovens ou adultos, sem que sofra de qualquer patologia. O que o distingue de uma pessoa com transtorno pedofílico é que a atração do abusador não é exclusiva ou predominantemente por crianças (cf. Kuzma, 2022).

Segundo Leone (2004, p. 156-157), não é fácil estabelecer uma concepção clara sobre essas duas realidades, até porque, embora hoje haja mais conhecimento, na literatura, em geral, não há um aprofundamento devido.

> Alguns distinguem nesse âmbito um duplo acontecimento, subdividindo os pedófilos em "predadores" e "não predadores". Os primeiros seriam os maníacos, as personalidades desviadas, os "monstros" que o noticiário jornalístico nos mostra e que abusam de vítimas inocentes e inconscientes. Os segundos, ao invés, seriam os que evidenciam uma presumível "normalidade" psicológica e uma aparência de consensualidade por parte da vítima. A essa categoria pertence o turismo sexual, cujo maior desvalor, é claro, não recai tanto sobre as vítimas (que são vítimas mesmo que estejam conscientes), frequentemente impelidas a isso pelas precárias condições socioeconômicas, quanto sobre os que dela usam, frequentemente respeitáveis profissionais ou ricos homens de negócios, em todo caso pessoas formadas ou comumente de "vida íntegra". Aos pedófilos não predadores pertencem com frequência outras pessoas que preferem a relação com um menor, geralmente adolescente, porque entendem erroneamente que este seja o menor risco de contrair doenças venéreas.

Um abuso sexual ocorre sempre quando alguém "desfruta" uma relação de dependência, de confiança, de autoridade ou de poder com um "outro", para satisfazer as próprias necessidades afetivas e sexuais. Pode também ocorrer para a obtenção de estima e confirmação do poder do próprio "eu". Quando se recorre também à violência – seja ela sutil, seja ela explícita –, o abuso sexual se transforma em violência sexual.

O abuso sexual tem uma vasta gama de sentidos. Vai desde o desfrutamento emotivo até os atos concretos de violência sexual, como já se disse. Faz-se presente desde as violações sutis e discretas até a violência verbal, indo aos atos sexuais e à violência sexual. Segundo Lowenkron (2015), grande parte da confusão quanto aos termos decorre de uma construção social da pedofilia, na intenção de já se definir rapidamente um inimigo e não ver, assim, a complexidade do problema dos abusos, os quais têm enormes proporções e variações, e que reporta a graves ações de violência.

Lintner (2015, p. 158), a partir do teólogo Anselm Grün, indica sobretudo três causas que conduzem ao abuso:

> [1] A falha na integração da sexualidade na personalidade e na conduta de vida de uma pessoa. Devido a isso, torna-se incapaz de empenhar-se em uma relação difícil e fatigosa com um parceiro e desabafa a própria sexualidade sobre pessoas mais jovens e frágeis; [2] a forma mais sutil do "ajudante arquetípico" (professor, educador, sacerdote) que, "com o pretexto de ajudar o menino ou de curar sua inibição, satisfaz os próprios impulsos sexuais ou a sua necessidade de aproximação e ternura"; [3] a trágica e traumática experiência do pedófilo ou molestador de ter sido vítima de abuso. No entanto, isso não é de forma alguma uma justificativa para seu comportamento: não existe nada do gênero. Para essas pessoas é importante reconciliar-se mediante uma terapia com as próprias feridas, para não infligir ou transmiti-las aos outros.

Percebe-se, hipoteticamente, que se subjaz ao tema da pedofilia e aos abusos sexuais uma traumática e difícil integração da pulsão sexual. Ela é uma força descomunal que emerge de dentro da pessoa para fora, exigindo uma satisfação ou uma realização. Conhecer, integrar e edificar a sexualidade é uma tarefa árdua que exige empenho pessoal, quando existe, e valores morais, num contexto de educação sexual para o amor.

É verdade que o modo como tratamos da questão dos abusos sexuais e da pedofilia é novo, mas o ato de uma pessoa cometer abusos com outra não. No âmbito judaico-cristão, vários ensinamentos de Jesus tinham como finalidade desarmar as estratégias manipuladoras empregadas pelas lideranças religiosas de seu tempo. As "ovelhas perdidas", das quais Jesus falava, estavam perdidas porque eram abusadas justamente por aqueles que deveriam protegê-las. Pessoas simples eram mantidas num estado de pobreza, cegueira e frustração espiritual, de culpabilidade, de "impureza", escravizadas pelo autoritarismo e pelo legalismo. Jesus se opôs firmemente a esse sistema religioso abusivo, que afundava as pessoas no medo e na ansiedade, privando-as da liberdade dos filhos de Deus (cf. Perissé, 2024).

A relevância de se entender esse fenômeno dá-se devido ao fato de que a sexualidade exprime a fragilidade e a vulnerabilidade humanas. Ela pode estar exposta à violência e aos abusos que infligem uma ferida profunda às pessoas, principalmente em sua integridade física, psíquica e à própria dignidade de cada indivíduo. É necessário educar a sexualidade humana para valores que integrem a pessoa. Sem valores e sem o mínimo de critérios éticos, a sexualidade pode se tornar uma "casca de banana" na construção da pessoa sexual.

A sexualidade, como se tem refletido, constitui uma dimensão intrínseca à existência humana, uma vez que toda pessoa se relaciona com um outro por meio de sua totalidade. A humanidade, em linhas gerais, vive mediante relações interpessoais que são a garantia da sobrevivência e manutenção da espécie. Logo, o fenômeno sexual ultrapassa os limites até então conhecidos pela ciência. Impõe-se a necessidade de critérios morais para propor um juízo, seja para prevenir, seja para denunciar, seja para educar as novas gerações acerca do problema.

Em Leone (2004, p. 157-159) é possível encontrar o que ele chama de "níveis de prevenção". O autor elenca quatro níveis: 1) *Prevenção de ordem cultural*, na qual se insiste na desconstrução do papel machista e impositivo do homem como o "poderoso" de tudo. Também se denuncia o papel de "namorador" e de "dono" dos afetos dos outros; 2) *Intervenção de ordem social*, insistindo-se na disseminação da pornografia como um "estimulante" à busca de vulneráveis para a satisfação própria; 3) *Intervenção de ordem educacional*, em que se apregoa a necessidade de informar e educar a pessoa no seu todo, desde a família, a escola, as igrejas e os locais onde possam ocorrer abusos; e 4) *Intervenção de ordem legislativa*, que é importante, pois supõe a denúncia por parte das vítimas dos agressores. A pessoa violentada deveria estar no centro da defesa da lei.

Para Guider (2021, p. 263-271) há três vias que podem ser operacionalizadas frente aos abusos sexuais e à pedofilia. Segundo a autora, é necessário ter um viés pastoral e educativo nesse processo de operacionalização frente aos abusos. As três vias são: 1) *Conscientização*: No sentido freireano, significa compreender as várias dinâmicas presentes numa situação particular. Trata-se de alargar a situação específica para outras leituras de mundo; 2) *Intervenção*: Seria passar do conhecimento das situações e dos casos para a denúncia aos órgãos competentes, buscando esclarecer a globalidade do acontecido; e 3) *Prevenção*: Consiste em falar sobre os abusos, indicar as possibilidades de ocorrência e jamais desmerecer falas e comportamentos que possam dar indícios de abuso ou violência.

Segundo Kuzma (2022, p. 282-287), no contexto eclesial-pastoral, são exigidos seis novos "caminhos pastorais", que dinamizem uma nova forma de enfrentar o problema: 1) *Toda a Igreja deve ter consciência do mal que significam os abusos sexuais*: Trata-se de conhecer a real situação dos abusos, e não apenas informações ou notícias sensacionalistas; 2) *Escutar as vítimas*: O exercício de escuta das vítimas supõe um caminho evangélico de tocar nas feridas e buscar o remédio da caridade; 3) *Criar uma cultura de proteção*: Supõe a responsabilização dos agressores e, acima de tudo, o amparo a pessoas e instituições na proteção de futuros abusos; 4) *Integrar aspectos civis e eclesiais*: Indica que a Igreja deve caminhar junto às instituições públicas na busca por uma consciência do problema e na solução; 5) *Atenção especial às crianças, aos adolescentes e às pessoas em vulnerabilidade*: Foca-se a prioridade do cuidado, supondo uma verdadeira educação sexual para a integração e a denúncia dos males; e 6) *Superar clericalismos e estruturas de poder*: Significa repensar as estruturas que disseminam uma mentalidade de corporativismo eclesiástico, e não o serviço pastoral integral.

9.5 Considerações finais

Neste capítulo, sobre as experiências da sexualidade fora do contexto do matrimônio sacramental, buscou-se compreender algumas realidades que desafiam a proposta de amor sexual e conjugal, própria da tradição cristã. Iniciando pelo autoerotismo e pelas homossexualidades, passando pelas relações sexuais fora do matrimônio e, por fim, pelos abusos sexuais e pela pedofilia, ensejou-se entender a fenomenologia dessas situações para captar o *locus* humano diante de questões novas, as quais exigem um estudo mais aprofundado, que possa auxiliar numa melhor explicitação do que é essencial ao cristianismo.

A proposta não foi elaborar uma reflexão meticulosa, mas apenas apresentar essas experiências da sexualidade fora do contexto do matrimônio, buscando abordá-las a partir de uma apresentação geral – que chamamos de "fenomenologia" – e, posteriormente, apresentar uma avaliação moral, levando em conta a pessoa e seu engajamento moral. No passado, essas experiências eram analisadas por uma óptica única e exclusivamente "moralista", a partir de um juízo moral centrado numa tônica objetiva. Hoje, é necessário que essas situações estejam num horizonte da pessoa. Mais do que antecipar uma avaliação "objetivista", em se tratando de sexualidade, é necessário compreender o envolvimento e a dimensão pessoal no universo dos fenômenos.

Essas experiências de busca e de despertar para a pulsão sexual se unem aos desafios que serão apresentados no próximo capítulo: "O desafio da sexualidade no serviço pastoral". Por trás de inúmeros comportamentos e situações próprios da vida real e da descoberta do prazer erótico há sempre uma pessoa buscando um sentido para a vida. À luz de uma tônica personalista, somos chamados, como comunidade eclesial, a acompanhar as pessoas em seus dinamismos e suas integrações.

10
O desafio da sexualidade no serviço pastoral

A cultura atual, marcada por uma perspectiva pluralista e por visões antropológicas das mais complexas, carrega uma ambivalência que desafia a concepção cristã, herdeira dos elementos da tradição judaico-cristã de amor, no que se refere à compreensão de sexualidade e de corporeidade. Desafios externos à fé cristã afetam a moralidade e os comportamentos de cristãos que buscam seguir as referências eclesiais em matéria de sexualidade e afetividade.

O desafio é duplo. De um lado, é necessário rever a concepção de sexualidade para além de uma perspectiva procriativista – o que a cultura já fez de forma bem radical. De outro, há questões antropológicas, éticas e civilizacionais que tocam ao sentido da existência humana e às novas formas de relações e de trocas simbólicas. Do ponto de vista pastoral, cabe à Igreja acompanhar as pessoas reais, com suas contradições e novas interpelações plenas de ambiguidades e fragmentações.

Neste capítulo refletiremos sobre alguns desafios considerados essenciais para lidar com a arte de acompanhar as pessoas em suas condições reais.

10.1 Subjetividades fragmentadas em tempos tecnológicos

Vivemos um tempo de avanços em todas as esferas humanas, mas também de retorno a certos dualismos do passado e a ambíguas visões sobre a pessoa humana. Reina o que podemos chamar de pluralismo antropológico. Em tempos de fragmentação, o corpo humano é uma das grandes "vítimas". As novas tecnologias da informação e da telecomunicação originaram novos tipos de espaços e, ao fazê-lo, alteraram a nossa relação com o mundo físico e com o nosso próprio corpo[48]. A sexualidade, dimensão identitária fundamental da pessoa, também é condicionada – quando não determinada e manipulada – por essas novas formas de entretenimento e de trocas.

Como a pessoa é um ser situado no tempo, no espaço, na história e nos acontecimentos, a sua força de imersão nesse contexto faz com que sua pulsão de sexualidade também se ajuste ou se alargue diante do *ethos* em questão. Vivemos, hoje, em meio a uma cultura tipicamente tecnológica, com janelas e portas humanas abertas a todo tipo de interação, informação e entretenimento. Há um grande desejo de ultrapassagem de barreiras e de limites impostos.

Uma *primeira ambiguidade* presente no contexto atual acerca da corporeidade é proveniente do discurso científico contemporâneo, segundo o qual o corpo é pensado como uma matéria indiferente, um simples suporte da pessoa (cf. Le Breton, 2008). Considerado "ontologicamente" distinto do sujeito, o corpo torna-se um objeto a ser melhorado, uma matéria-prima na qual se dilui a identidade pessoal; ele deixa de ser a raiz de identidade do homem (cf. Benoist, 2012).

Uma *segunda ambiguidade* acerca da corporeidade é consequência do biopoder afirmado no contexto das tecnociências e do narcisismo contemporâneo (cf. Almeida, 2018). Com o avassalador apressamento da vida, é necessário "prevenir" o humano para o bom uso – mediante um discernimento prudencial – das

48. É relevante a reflexão sobre o exibicionismo e voyeurismo nas redes sociais feita por Santim (2018).

tecnologias que originam novas formas de espaço, alterando a própria relação com o mundo físico e com o próprio corpo. Qualquer forma de comunicação virtual supõe a corporeidade integrada da pessoa, isto é, a presença real (corporal) e o estabelecimento de vínculos afetivos e empáticos com outros seres.

O atual contexto tecnológico e cibernético levanta a questão dos laços que unem o corpo e os dispositivos digitais (cf. Kolb; Esterbauer; Ruckenbauar, 2001). As novas tecnologias da informação, interligadas mundialmente, estão relacionadas à globalização da economia e à manipulação da informação genética, e, com isso, potencializam tanto o poder quanto a impotência do ser humano. A questão em torno do forte influxo da cultura digital e virtual na vida das pessoas exige uma abordagem moral que vá além, tanto de uma análise simplista-fundamentalista quanto de uma análise imprecisa-ceticista. A humanidade, hoje, uma vez que está conectada à rede mundial de computadores e à telefonia celular, busca superar o contexto dos limites físicos e transcende as fronteiras e barreiras geográficas (cf. Nicolaci-da-Costa, 2005), e isso caracteriza uma paulatina mudança nas corporeidades contemporâneas.

Essas dimensões de mudança são apenas os sintomas de uma época de passagem que vivemos atualmente. Estamos no centro de um processo civilizacional em que saímos, aos poucos, de uma cultura "logocêntrica" para uma cultura "somatocêntrica" (cf. Galantino, 2003), em que se dilui, paulatinamente, projetos duradouros e um sentido de pertença. Isso se explicita no engajamento virtual das pessoas – dos jovens, em particular –, na cultura da hiperconexão e na "venda" de "ilusão" e de "influências" (*influencers*).

Segundo Sibilia (2015, p. 59), o atual imperativo da conexão – tão pregnante em tempos de redes sociais na internet e aparelhos móveis de comunicação – responde à demanda pelo traspassamento de tais barreiras espaciais. Esse desejo é estimulado, de maneira crescente, pela abundante oferta de dispositivos teleinformáticos, desde os onipresentes telefones celulares até os *tablets* ou os computadores portáteis com acesso à internet, alguns deles admitindo a função de geolocalização via satélite. Essas tecnologias da virtualidade, mais triviais e menos polêmicas que as da imortalidade, também costumam ser louvadas porque potencializam e multiplicam as possibilidades humanas.

Não se pode negar que a "telepresença" nos dá um novo sentido do "eu". A possibilidade de interações amplas, imediatas e complexas, a simultaneidade de duas presenças ou mais que prescindem da materialidade da dimensão espacial, é geradora de novas formas de ressignificação e de sentido humano. O próprio cérebro humano está em processo de expansão e de novos *links*, emergindo novas subjetividades com novos sujeitos em processos de conhecimento (cf. Wolf, 2019, p. 138). Não se sabe ainda como melhor compreender essas novas e emergentes dinâmicas; contudo, já se sabe sobre a necessidade de pensar de forma sistêmica a construção de um novo sujeito humano e sexual.

O sentimento de segurança proporcionado pelo anonimato da internet parece oferecer aos indivíduos possibilidades menos arriscadas de se envolver numa relação virtual. Essa estratégia pode parecer, inicialmente, um método bastante eficaz de socialização, mas, com o decorrer do tempo e com o uso excessivo da rede, essa forma de comunicação e de estabelecimento de amizades pode resultar num declínio da vida social e se tornar um terreno fértil para a manifestação de outras patologias (cf. Abreu *et al.*, 2008). Assim como outras dependências, os dependentes do mundo virtual apresentam pouca autocrítica e perdem a razoabilidade, pois não conseguem perceber os impactos sofridos em vários aspectos de suas vidas. Além de suscitar um universo amplo de possibilidades que uma relação pode proporcionar, a relação com o mundo virtual pode conduzir a pessoa a reduzir-se a si mesma em um objeto da própria relação de dependência (cf. Coelho, 2021).

Assim, é necessário prevenir contra a fragmentação da subjetividade em tempos tecnológicos. Mais do que tempos críticos e em crise, as mudanças em voga são a oportunidade para repensarmos acerca do sentido da vida, contra todo tipo de indiferença que segrega ou exclui as pessoas. Os tempos tecnológicos, apesar de tenderem a um hiperindividualismo, pela conexão e pelo encontro virtual, favorecem novas formas de interação e o redespertar do verdadeiro sentido da ética.

O Papa Francisco alertou sobre uma comunicação virtual que tende a exasperar, exacerbar e polarizar (*Fratelli Tutti*, n. 15), e que faz crer que basta uma tela para estar integrado, ou sobre a necessidade de consumir sem limites juntamente com a acentuação de muitas formas de individualismo sem conteúdo, ou sobre as grandes palavras esvaziadas de sentido ou manipuladas por novas formas de colonização cultural ou "movimentos digitais de ódio e destruição" (*Fratelli Tutti*, n. 43). Portanto, a cultura do encontro exige boas práticas na utilização dos meios tecnológicos, a par do cultivo das relações humanas.

O desafio é imposto sobre todos: há uma dificuldade em construir uma imagem forte do "eu", embora estejamos no "olho do furacão" da cultura subjetivista. Radicalizada pela ideologização tecnológica, todos somos chamados a redescobrir a arte de viver a partir de uma "identidade" mais centrada.

10.2 O narcisismo ético e religioso

O atual contexto contemporâneo em que vivemos é marcado por uma tendência mais centrada no indivíduo ensimesmado do que na perspectiva social ou cultural. De fato, a cultura ocidental passa por uma crise de paradigma jamais vista em sua construção histórica. Cabe, nessa visão, a análise segundo a qual vivemos não apenas uma mudança de época, mas uma época de mudanças. As gerações mais jovens acabam sendo culpabilizadas por assumirem essa identidade dita pós-moderna ou individualista-narcisista. Essa seria apenas uma constatação que exige uma análise filosófico-histórica mais acurada.

Reconhecemos que cada geração gosta de se reconhecer e de encontrar sua identidade em uma grande figura mitológica ou lendária, que reinterpreta em função dos problemas do momento: Édipo como emblema universal; Prometeu, Fausto ou Sísifo como espelhos da condição moderna. Hoje em dia, seria Narciso aquele que simboliza os tempos atuais (cf. Lipovetsky, 2005a, p. 31)[49]. Não temos como fingir que todos – de crianças a idosos – somos impactados por uma nova forma de emancipação social, econômica, cultural, política e até religiosa, que afeta e condiciona diretamente o modo de lidar com a intimidade e a subjetividade.

Essa primeira constatação do narcisismo ajusta-se ao forte impacto gerado pela revolução tecnológica que modifica os comportamentos, as mentalidades e o tempo de discernimento das pessoas em seu cotidiano. Esse é um fato ético-moral alarmante que condiciona a construção do novo sujeito, fora de si ou excessivamente ensimesmado. Bauman (1997, p. 226) ajuda-nos a compreender esse fenômeno:

> O eu moral é a mais evidente e a mais importante das vítimas da tecnologia. O próprio eu moral não pode sobreviver e não sobreviverá à fragmentação. No mundo mapeado por anseios e deformado por obstáculos à sua rápida gratificação, deixa-se amplo espaço ao *homo ludens*, ao *homo oeconomicus* e ao *homo sentimentalis*; para o jogador, o empreendedor, ou o hedonista, mas nenhum espaço para o sujeito moral. No universo da tecnologia, o eu moral com sua negligência do cálculo racional, seu desdenho de usos práticos e sua indiferença a prazer, sente-se e é como estranho não bem-vindo

49. No terceiro capítulo, "Narciso ou a estratégia do vazio", o autor faz uma acurada análise histórica sobre a incidência da cultura narcísica, conjugando com a era do vazio.

> [...]. Fragmentariedade do sujeito e fragmentariedade do mundo acenam-se uma à outra e generosamente se oferecem seguranças mútuas. O sujeito nunca age como "pessoa total", apenas como portador momentâneo de um dos muitos "problemas" que pontuam sua vida; também não age sobre o Outro como pessoa, ou sobre o mundo como totalidade.

A percepção descrita pelo autor convida-nos a se questionar sobre o sentido antropológico e real do ser humano. Essa análise de um niilismo trágico, caracterizador do momento atual da civilização, é o efeito do cruzamento entre uma lógica social individualista hedonista (cf. Japiassu, 2009, p. 34-65)[50], impulsionada pelo universo dos objetos e dos sinais da sociedade do bem-estar social, e uma lógica terapêutica e psicológica, elaborada já desde o século XIX, com certa tonalidade de acomodação reflexiva.

O ideal de indivíduos autônomos, criativos e submergidos na vivência do agora encontra seu correlato sociológico no narcisismo da cultura atual. Uma vida entregue à sedução do múltiplo e diverso, do gozo de si mesmo, por meio da cultura do "psi" do nosso tempo, caracteriza o indivíduo flexível e a busca de si mesmo (cf. Mardones, 1988, p. 75-76), em detrimento das questões sociais, bandeiras imprescindíveis da Modernidade.

Diante do cenário que se apresenta, não mais segundo critérios modernamente positivos, estamos diante de um ser humano frágil, impotente e desmobilizado. A presente constatação de caráter mais sociológico e cultural revela a necessidade de buscar uma interpretação de teor psicológico e psicanalítico. Essa perspectiva tem a sua gênese de compreensão na formação inicial do ego. A ideia de "eu" é tratada por várias correntes de pensamen-

50. Nesse artigo, o autor faz uma relevante tentativa de desenhar o perfil de uma pessoa ególatra, identificando a incapacidade ou a falta de interesse em articular questões coletivas. Esse desinteresse ou essa desmobilização reduz-se ao somatório de atos individuais representados apenas pelo voto, e não o envolvimento total da pessoa.

to que tentam apresentar de forma fenomenológica seu início e desenvolvimento.

Para Freud (1974, p. 103), o narcisismo seria uma atitude resultante da transposição para o eu do sujeito dos investimentos libidinais antes feitos nos objetos do mundo externo. Este seria o conhecido *narcisismo primário* e *secundário*, que diz respeito mais às crianças e à sua escolha como objeto de amor, numa etapa precedente à plena capacidade de se voltar para objetos externos.

A condição narcísica humana, primeira expressão do desabrochamento do eu, é chamada a se tornar um encontro de comunhão com o outro, realidade reveladora do transcendente. Inicialmente, enquanto condição de indiferença do outro, o eu capta a emergência do "social" como expressão de um amor a ser amadurecido. A dimensão social, assim sendo, afirma-se, hoje, como o grande norte da tradição ética ocidental: a relação "consciência-mundo" (cf. Lima Vaz, 1968, p. 281).

Dessa complexa realidade global emerge, de um lado, um novo sujeito, isto é, uma consciência humana que, marcada por esse impacto global, é também narcísica, ensimesmada, em busca de uma identidade, já que o social – que ditava os valores ao próprio sujeito – foi pulverizado; de outro, o mesmo sujeito que necessita reinventar o seu *modus vivendi* continuamente na teia social que o envolve. Além da ênfase ao sujeito que vive de sensações momentâneas (cf. Türcke, 2010)[51], a cultura atual, em seu berço moderno, construiu-se sob a égide de uma ética permissiva e hedonista (cf. Lipovetsky, 2005b), na qual o esforço saiu de moda; tudo o que é constrangedor e disciplina austera desvalorizou-se em benefício do culto ao desejo e de sua satisfação imediata.

---

51. Nessa obra, o autor chama a atenção para o fato de que, atualmente, tudo aquilo que atrai magneticamente a percepção – o espetacular – é associado à sensação. O que não consegue chamar a atenção quase não é percebido.

A reflexão teológica e cristã, nesse sentido, pode oferecer um horizonte de sentido ao atual mal-estar contemporâneo do sujeito narcísico. Retornar a uma concepção integral e aberta de consciência será uma necessidade constante, pois, mediante ela,

> [...] somos capazes de adquirir uma perspectiva com respeito aos demais, com respeito ao universo e com respeito a nós mesmos. Pela consciência miramo-nos como num espelho, olhamos para os demais como alguém distinto de nós, podemos analisar a matéria em seus mínimos detalhes. Ao mesmo tempo, a consciência permite-nos entrar em comunhão. Descobrimo-nos idênticos a nós mesmos, mas sempre desejando nos conhecer melhor. Podemos entrar em comunhão com os outros conservando sempre a nossa identidade e respeitando a dos outros, mas alcançando uma união de amor. Sentimo-nos como parte do universo, mas capazes de transformá-lo, de uni-lo mais a nós, para fazê-lo mais humano (Vidal, 1981, p. 861).

Vemos como relevante repropor um processo educativo que centralize suas forças no sujeito aberto ao diálogo e ao outro, sensível às necessidades do próximo. Acreditamos, portanto, que uma nova consciência social se afirma e se enraíza em meio à civilização da indiferença narcisista. Diante dos fundamentalismos e relativismos, temos a oportunidade de praticar o discernimento entre o viável e o ideal. Repropor o valor ético da alteridade e da consciência social é um desafio contínuo em plena era de contrastes e de afirmação do pluralismo antropológico e ético. Nesse cenário, pleno de contradições e de emaranhados pós-modernos, brota uma nova civilização ainda em construção, que vê como necessário dialogar sobre o destino da casa comum.

O desafio está colocado: o narcisismo se impõe como uma nova imagem de construção das pessoas e do agir. No que se refere à sexualidade, de uma visão sexual "religiosa" centrada no ato com vistas à procriação, vivemos numa cultura em que as novas gerações são moldadas pela tecnologia e pela elasticidade corporal, física e psíquica.

10.3 Linguagem religiosa e novas experiências

No contexto religioso, a maioria das discussões sobre a sexualidade se limita às questões de quais atos e orientações são aceitáveis dentro das tradições religiosas específicas, porém a sexualidade é muito mais do que um grupo de atos sexuais. Nesse entendimento mais amplo, a sexualidade inclui elementos biológicos, psicossociais, comportamentais e espirituais que permeiam todo o ser humano nos aspectos individual e social, carregando fortes cargas emocionais (cf. Ribeiro; Oliveira, 2017, p. 354).

É já demonstrável que a autoridade das religiões sobre a sexualidade humana tem mudado em razão da elaboração de estudos científicos sobre o desenvolvimento humano. As questões sexuais e o valor extremo dado à experiência individual influenciam como serão suas práticas sexuais, independentemente da norma de sua religião.

As novas experiências que as pessoas buscam são o próprio diagnóstico de que há uma necessária socialização em vínculos. Elas põem-se de acordo entre si através de trocas prévias ou paralelas a essas identificações, com concordâncias que se produzem ao mesmo tempo ou à margem da palavra. Para que haja vínculo, os sujeitos devem instituir e selar alianças entre si, não somente para estabelecer, manter e reassegurar sua relação, mas, especialmente, para preservar os conteúdos e os empenhos de cada um na própria relação (cf. Kaës, 2014).

A linguagem é expressão do desejo de narrar-se e de ser aceito enquanto interlocutor da existência. Entre a linguagem e a narração há uma dependência de vínculo e de lugar no mundo. Segundo Byung-Chul Han (2024), o tempo está se tornando cada vez mais atomizado. Narrar significa vincular. Aquele que narra mergulha na vida e tece novos fios entre os acontecimentos em sua interioridade. Com isso, uma densa rede de relacionamentos é formada, na qual nada está isolado. Tudo aparece repleto de sentido. É justamente graças à narração que escapamos da contingência da vida.

As religiões oferecem essa possibilidade de vínculos novos e profundos à medida que ela se coloca como aquela que "liga" e "religa" as pessoas, tanto umas às outras quanto ao sentido que as transcende. Elas formam "sociedade" e "comunidades" de sentido e de narração. Pela linguagem as pessoas se unem, se "ligam", se comunicam e fazem trocas de sentidos e de subjetividades. A religião tem uma força de transformar as pessoas e de iniciar experiências de trocas e de "alianças".

Em *Linguagens da religião* (2012, p. 9), Nogueira afirma partir do pressuposto

> [...] de que a religião não tem apenas seus conteúdos expressos pela linguagem, mas que ela mesma se estrutura por meio da linguagem. Temos a ambição de demonstrar que a religião se constitui em uma espécie de linguagem segunda, linguagem da cultura, linguagem das narrativas sobre Deus e sobre o mundo do sagrado e do profano, através de estruturas próprias, da construção de símbolos religiosos que geram sentido de modo ilimitado. Pensar a religião como linguagem, como sistema de comunicação e de geração de sentido, é, em nossa opinião, uma forma complementar, ainda que fundamental, de conceber o fenômeno religioso.

Se a religião tem a força de agregar, unir, ligar e estabelecer vínculos de linguagem, ela também transmite valores, moralidades e costumes. As religiões, mediante linguagens, suscita e estimula a troca, a oposição, a busca por consensos e até radicaliza algumas posturas. A sexualidade, como já refletido antes, é uma forma de linguagem e de criação de vínculos que estreita corpos, subjetividades, emoções e histórias de vida que buscam sentido.

As religiões são fomentadoras de moralidade, ainda mais em sexualidade. Como diz Moser (2007, p. 40), a religião e a sexualidade têm "o estranho poder de acordar uma onda de sentimentos contraditórios e estranhos". Podem fascinar e atemorizar ao mesmo tempo. Por meio da religião e da sexualidade, pode-se mergulhar nas profundezas do mistério humano, como no mistério de Deus que se vela e desvela.

Em se tratando de sexualidade, há uma grande pluralidade de compreensões, como já se pode perceber ao longo destas páginas. No passado, a sexualidade esteve mais associada à procriação, e, assim, todo tipo de situação vivida que fugisse dessa única possibilidade era desprestigiado, punido e até "satanizado". A religião, durante um longo período, foi protagonista na discursividade moral e na padronização de comportamentos. A Igreja, com sua força de "expressão religiosa", num tempo não muito distante, ainda alimentava certas narrativas que condenavam não a sexualidade em si, mas comportamentos desviantes do que era esperado.

Com o aprofundamento sobre a interioridade humana, trazido pela psicologia, descobriu-se que a sexualidade não é sinônimo de sexo (biológico), mas porta consigo uma afetividade. Conhece-se mais o ser humano e seus comportamentos. Conhece-se, hoje, mais sobre a profundidade da pessoa do que em tempos remotos. As ambivalências são conhecidas. Há uma consciência de que "a sexualidade foi sempre mais sendo vista como uma energia globalizante, que perpassa todos os momentos e todos os ângulos da pessoa e da história humana" (Moser, 2007, p. 54). As moralidades tradicionais, centradas numa visão estática de pessoa, já não dão conta dessa percepção holística e abrangente.

Nesse sentido, há o conflito entre modelos religiosos, centrados numa cosmologia fixista e estática de pessoa, e a própria sexualidade, que já é compreendida como uma força que se impõe com toda sua ambiguidade e impulsividade. A linguagem religiosa, embora adaptável ao fenômeno humano, carrega ainda muitas referências reducionistas a serem alargadas e aprofundadas. Acreditamos que "moralidade cristã" não é, essencialmente, colocar em execução as regras recomendadas ou prescritas pela autoridade. Eis o limite da religião entendida como única mediação de *ethos* humano. A ética – particularmente a que lida com a sexualidade – deveria promover uma resposta de amor às necessidades alheias.

A teologia, em sua racionalidade hermenêutica crítica, impele as religiões a ultrapassarem a rápida aproximação sexualidade-pecado para uma impostação sexualidade-humanização. Aqui está um desafio no serviço pastoral: aprimorar e interpretar o ensinamento "tradicional", centrado numa antropologia estática, transmitido pelas religiões, às subjetividades atuais, moldadas em outro universo de linguagem e de sentido.

O atual contexto de mundo pós-verdade, com seus desafios e riscos, desconstrói narrativas de todo tipo – inclusive a religiosa –, invertendo sua simbólica para criar outra forma de apresentar a verdade, mesmo de forma fragmentada (cf. Dunker, 2017). O desafio no serviço pastoral está colocado: para narrar a si próprio, para encontrar a perdida identidade sexual e o sentido da vida, exige-se acompanhamento das pessoas e capacidade de interiorização. Supõe a arte de lidar com as fragilidades e as vulnerabilidades.

10.4 A educação do amor e da sexualidade

A experiência indica que o ser humano é chamado à existência como um dom e que, ao longo do tempo, ele necessita compreender o sentido da vida. A pessoa sente interiormente uma força maior do que a capacidade de autocontrole, mas também percebe que vive com outras pessoas e seres. O significado da sexualidade deriva do próprio significado de nossa existência como seres humanos. Tratar sobre a questão da educação em sexualidade ou da orientação sexual divide autores que se utilizam de várias terminologias ou pressupostos teóricos[52]. Há quem tenha insistido no mal a ser evitado ou também nos valores a serem transmitidos e promovidos[53]. Contudo, não se pode negar que nossa sexualidade desempenha um papel decisivo em nossa capacidade de responder ao chamado para amar.

Muitos autores entendem que a educação sexual como um processo mais amplo sofre várias influências recebidas pelo indivíduo ao longo de sua existência, capaz de formar uma consciência de si[54]. A sexualidade é, acima de tudo, uma dádiva destinada à expressão do amor verdadeiro, mas esse amor está enraizado na justiça, e isso exige que, sinceramente, reconheçamos e respeitemos os direitos e a dignidade dos outros. Dessas convicções é que se pode falar em uma necessária educação do amor e da sexualidade para a integração. Nessa empreitada de propor uma educação, há de se evitar os dois extremos: centrar tudo na óptica do pecado ou mesmo em função do matrimônio e incentivar um laxismo ou um encaminhamento que não conduza a valores superiores.

Ao se tratar a respeito de educação e sexualidade, é necessário levar em consideração a seguinte constatação antropológica: a sexualidade humana é uma energia propulsora para a vida (*eros*) ou para a morte (*thanatos*) e pode ajudar a construir ou destruir a pessoa. A sexualidade, quando integrada (bem conduzida), humaniza e leva o homem e a mulher a uma realização como pessoa. Quan-

---

52. Para Zuccaro (2004, p. 193-214), uma educação da sexualidade passa por uma educação para a castidade. Em outras palavras, significa acompanhar os sujeitos para a saída de uma expressão autoerótica e egoica para uma perspectiva de controle dos impulsos e do prazer, como pensavam os antigos.

53. Vidal (2002, p. 131-147) focou mais os sujeitos responsáveis pela educação sexual e as intervenções.

54. É o caso de Salvino Leone, cuja obra, intitulada *Educar para a sexualidade* (2004), é já uma tentativa abrangente de perpassar por todos os temas da moral sexual, com desafios, problemas de integração e novas questões. Na mesma linha, situamos a obra de Guido Gatti, *Moral sexual – Educação ao amor* (1985), a qual, embora mais antiga em sua redação, porta elementos importantes, que são válidos em todas as épocas.

do desintegrada (malconduzida), ela despersonaliza, desumaniza, provoca a destruição e a morte (cf. Coelho, 2022).

Além desse pressuposto, deve-se admitir que a sexualidade pode se tornar uma força personalizadora ou despersonalizadora. Independentemente do estado de vida, jamais se pode esquecer que a linguagem da sexualidade humana não é exata ou lógica, mas carregada de ambiguidades, contradições e limites. Ela se exprime como um convite a sair de nós mesmos – da solidão – para uma relação ou um vínculo de amorosidade. Eis por que exige ser cultivada por valores. Precisa se unir ao amor para que sua dimensão impulsiva e "desarmônica" se pacifique (cf. Moser, 2003).

Fala-se, portanto, de uma educação da sexualidade para o amor. Este se apresenta como a aspiração mais natural do ser humano, a mais exigente de ser concretizada. O amor é mais do que um sentimento. É um "projeto" que deve engajar a pessoa em seu todo, passando por fases que acompanham o lento amadurecimento humano. Não nascemos sabendo amar. Aprendemos a amar à medida que somos amados e cuidados por um(a) outro(a).

Para Snoek (1981), há três níveis de amor que atravessam a existência de uma pessoa ao longo de sua vida: 1) o que vem comandado pelo sentimento; 2) o que vai se estabelecendo como "amizade"; e 3) o que chega a uma plenitude cristã por meio da fé. Do ponto de vista cerebral, o amor também perpassa a condição neuronal da pessoa, às vezes deixando-nos sem uma lucidez racional que nos permita ter clareza sobre o "objeto" amoroso.

Segundo Fisher (2005), existem três fases no amor em que entram em ação determinados hormônios ou neurotransmissores. A primeira fase seria o desejo, fase na qual o objeto de atração é indiferenciado. Nessa fase predomina a testosterona, responsável pelo desejo sexual. Num segundo momento teríamos a paixão do amor, caracterizada pelos efeitos da dopamina e da norepinefrina.

Essa fase não duraria para sempre e daria lugar à terceira fase do amor, a do vínculo. Nessa última fase a substância atuante seria a oxitocina, responsável pelo vínculo amoroso.

O amor é uma força poderosa presente no ser humano. Além de ser cultivável, progride no contexto da personalidade do sujeito. O amor é "uma forma de acesso ao supra-humano" (Badiou; Truong, 2013, p. 16). Todo tipo de ruptura ao investimento de amor a um outro é gerador de um trauma ou de um luto, o que conduz a pessoa na recondução de seu *eros* em um outro objeto (cf. Nasio, 1997). Essa experiência real e própria do ser humano explicita a necessidade de valores éticos que possam auxiliar o sujeito na superação das dificuldades relacionais.

Tanto a sexualidade quanto o amor, dimensões constitutivas da pessoa, indicam que o ser humano só pode ser compreendido e acompanhado pastoralmente dentro de um crescimento integrativo. Deve contar o esforço pessoal em vista da superação de fases egocêntricas e infantis. Em um caminho de educação sexual, os "atos sexuais" não podem ser vistos como o fim ou o único critério moral, mas deve se levar em conta a dimensão interior – subjetiva – da pessoa.

Uma educação sexual para o amor visa situar a totalidade do amadurecimento da pessoa num vínculo relacional e interpessoal (cf. Zacharias, 2021a). Então, a orientação sexual de uma pessoa é secundária, diante do que é constitutivo em todo ser humano: a capacidade de se vincular a um outro. É nessa abertura a um outro que a pulsão sexual pode superar, num esforço contínuo, o autocentramento (autoerotismo) para uma heterofilia. A capacidade de comunicação passa por despir-se diante do rosto de um outro. O rosto do outro é um chamado à responsabilidade. O rosto humano é "esse lugar onde, por excelência, a natureza se faz porosa à pessoa" (Clément, 1983, p. 44).

Aqui pode ser situada a ideia de castidade. Ela não pode ser confundida nem reduzida à capacidade de dominar os estímulos libidinosos, tampouco à mera inibição dos instintos sexuais, a ponto de perder as próprias características como humano. Como uma virtude, ela potencializa e aperfeiçoa a própria personalidade que se apresenta com os traços irrenunciáveis ao próprio sexo (cf. Zuccaro, 2004). A castidade, vivida com empenho pessoal e em abertura aos outros, é profundamente educativa e estimuladora de criativos processos de humanização.

Do ponto de vista teológico, a castidade pode ser vista como o coroamento de uma vida de integração. É na ação do Espírito Santo, dom ao cristão, que a pessoa, paulatinamente, se vê como um dom de amor. Nesse ínterim, faz-se a experiência da graça de Cristo que liberta da "lei da carne" e do "corpo de morte" (cf. Noriega, 2016).

A origem de toda moralidade é o amor. A moralidade é a aplicação racional do princípio do amor às situações em que a pessoa pode se encontrar (cf. Todd, 1969). É difícil formular regras de amor. Em cada situação que se nos apresenta pode existir mais de uma opção para o amor. E o perigo seria o de confundirmos um sistema de regras, uma moralidade como próprio amor. Sendo a finalidade da moral a de permitir às pessoas amarem-se umas às outras, a simples observância de suas regras, consideradas em si mesmas, se transformaria em farisaísmo. A obediência às regras de conduta, meramente considerando o seu valor, envolve o risco de trairmos e degradarmos o próprio amor que essas deveriam preservar. As regras e as convenções, em se tratando de amor, embora essenciais, são extremamente perigosas. Foi esse o pesado encargo que teve Jesus ao denunciar as pessoas religiosas que amavam rotineiramente.

O desafio colocado pela discussão em torno da educação da sexualidade e do amor dá-se, inicialmente, por conhecer o amor, as suas várias fases e dinâmicas interiores dentro do sujeito. Assim como a sexualidade encontra sua direção no amor que a transcende, o amor também está solidificado num corpo único e irrepetível de uma pessoa que está em expansão constante. O serviço pastoral de acompanhamento real de uma pessoa deve levar isso em consideração. Um modelo moral impessoal, que não leva em conta a subjetividade, não é útil. Que haja um critério moral objetivo é necessário. Mas que seja uma referência, e não a "palavra final".

10.5 O prazer e a culpa nos dilemas éticos da pessoa

O tema do prazer, no contexto ocidental, foi refletido em consonância com a sua força antitética: a culpa. Não é um detalhe que deve passar desapercebido por parte das pessoas que acompanham outras em seu processo de amadurecimento humano e cristão. A relação erótica sempre tem sido um comportamento humano fortemente ligado não só ao instinto, mas também à cultura. A questão do prazer e da culpa se situa no contexto cultural que passa de uma fase de antiga repressão para uma liberalização de costumes. Ainda estamos imersos na mudança de visão que durará um certo tempo. Pode-se dizer que a relação erótica tem quatro fases que se sucederam lentamente, uma após a outra.

No contexto do cristianismo, falar de prazer em termos axiológicos corre o risco de suscitar não poucas resistências. Isso se daria diante do fato de que o conceito de "concupiscência" se impôs por séculos, numa versão "dolorística". Todo tipo de intepretação que possa tocar em oposição a essa condição pode suscitar uma aceitação depreciativa, ainda mais no confronto com a esfera sexual. Diante dessa imposição histórica, foi se afirmando uma dita "espiritualidade dolorista", na qual a renúncia, o esvaziamento de si e a negação do prazer tornaram-se a única forma lícita de união com Deus (cf. Leone, 2017).

Torna-se fundamental, diante disso, entender como se processou o mecanismo de compreensão sobre o tema do prazer no Ocidente e seus influxos na tradição cristã católica. Esse exercício etiológico pode ajudar numa melhor explicitação histórico-conceitual sobre o lugar que se deve dar ao prazer na vida e no amadurecimento da fé numa comunidade eclesial. Como a pastoral é o contexto em que se vivencia a benevolência de Cristo Bom Pastor para com as pessoas, é útil ajudá-las a integrar o prazer no todo da personalidade, conhecendo os mecanismos subjacentes.

Segundo Dacquino (1992), há quatro momentos em que o tema do prazer foi compreendido e desdobrado na cultura moderna. São eles: procriativo, romântico, psicológico e hedonístico. Para ele:

> [...] Do início da história humana até o final do século XVIII pode-se falar da fase *procriativa*, pois a sexualidade esteve a serviço da procriação, a fim de se garantir a sobrevivência do homem. O instinto da reprodução identifica-se, desta forma, com o instinto da sobrevivência e, por conseguinte, com a sobrevivência da espécie. Esta visão é comum, no mundo pré-cristão, e volta nos primeiros séculos cristãos (desde Santo Agostinho até Santo Tomás de Aquino) com a rígida convicção de que o prazer sexual continua estritamente ligado à procriação. A fase *romântica* da relação amorosa é característica do século passado, precisamente o século do "romantismo". A sexualidade era considerada mais no contexto do amor entre os cônjuges; portanto, permitida, uma vez que servia para "se amarem mais". A fase *psicológica* da relação erótica teve início em nosso século, a par do desenvolvimento das ciências psicológicas e da afirmação da Psicanálise. Graças a Sigmund Freud, no início do século XX, começou-se a entender cientificamente a sexualidade, colocada numa concepção personalística. O pai da Psicanálise foi quem, por primeiro, colocou a lúmen a eroticidade infantil e considerou a sexualidade como um elemento fundamental da personalidade [...]. Uma outra fase na história da sexualidade é a moderna, que poderíamos chamar de *hedonística*. Esta vê a sexualidade em função do prazer, e foi ganhando força por volta dos anos [19]60. Contribuíram, para

> isso, o aperfeiçoamento das técnicas anticoncepcionais e as novas terapias antivenéreas ligadas aos antibióticos. De acordo com esta concepção, a sexualidade não é mais necessariamente associada ao casamento. Aliás, chegou-se até a pensar que quem recusa uma relação afetivo-sexual estável não seja, por isso mesmo, um imaturo psicoafetivo, mas tão somente um sujeito psiquicamente autônomo, que sabe dispensar um "ponto de apoio" com um parceiro fixo. Os próprios desvios sexuais são menos repudiados e perseguidos, embora na maior parte dos casos trata-se de um "liberalismo" pela metade, dado que se permite aos estranhos, ao passo que se reprime, na família ou entre os próprios amigos (Dacquino, 1992, p. 122-123, 125).

Essa constatação de caráter histórico e conceitual ajuda-nos a compreender de modo mais sereno e aprofundado que vivemos numa época de excessos e deficiências. Não se pode negar que vivemos na época "hedonística". Vivemos, hoje, sob a "tirania do prazer" (cf. Guillebaud, 1999). Esse é um dos grandes desafios, uma vez que uma tendência generalizada vem somar-se a uma espécie de subcultura, em que o prazer deixa de ser um componente para ser a razão da vida.

O prazer, embora seja um processo natural, no ser humano tem origem no amor. É o ato de amar e de ser amado que desencadeia a sensação de prazer. Se procurarmos as raízes do prazer dentro de nós mesmos, iremos encontrá-las no fenômeno do amor (cf. Lowen, 1984). Eis por que o medo do prazer causa estupor. Embora seja uma experiência boa, o prazer ainda causa medo. Esse sentimento interior de "privação" do prazer é o que se pode denominar como culpa.

Dada a constituição de incompletude do ser humano, frágil, vulnerável, mas desejoso de transcendência, ele experimenta o desprazer e a ausência dessa dimensão de totalidade. Para Doucy (2003), a noção de falta remete, de maneira privilegiada, ao sentimento de culpabilidade que invade um indivíduo por ocasião de um ato que realizou em determinada circunstância contingente de sua vida. A realidade desse sentimento impõe-se então a ele com brutal evidência.

A relação entre o prazer e a culpa é estreita. Ambas explicitam a vulnerabilidade da pessoa que, na aridez da vida com suas interpelações constantes, geram no ser humano um desejo de resolução existencial constante. O prazer causa medo porque representa algo que não se conhece ou se domina (cf. Dacquino, 1992). A culpa aparece como reação sentimental interna diante do inesperado, do próprio prazer. Tudo o que é humano não deveria gerar estranheza, mas é o *locus* privilegiado em que Deus se revela.

O Concílio Vaticano II nos ajudou a ver as questões humanas a partir de novas perspectivas (*Gaudium et Spes*, n. 14-15). Estimulou a considerar os dados mais recentes das diversas ciências. Assim, o prazer não deve ser visto apenas pela perspectiva teológico-filosófica, mas também na dinâmica das ciências que estudam a constituição físico-biológica do ser humano, criado à imagem e à semelhança divina. Dessa forma, o prazer se reveste de profundo significado, valor e dignidade, uma vez que essas ciências nos revelam os segredos e a beleza da complexidade corpórea do ser humano, querida e criada por Deus. O prazer e o gozo, inclusive quando brotam da relação sexual, não podem ser vistos como consequências do pecado original, mas como ato profundamente humano, querido por Deus, e que contribui para a plena realização humana (cf. De Lanversin, 1989).

Embora o prazer e a culpa sejam expressões do modo como a pessoa lida e integra sua sexualidade, ambas precisam ser integradas no modo como se lida com o real e com os conflitos. Em nenhuma pessoa essas dinâmicas complexas e profundas estão resolvidas e pacificadas. Toda pessoa carrega seus dilemas interiores e de convivência, os quais extravasam na relação quando é ultrapassado o limite.

O prazer, quando verdadeiro, mexe com toda a pessoa; inunda todo o seu ser. Por isso, mexe também com sua dimensão sexuada. Isso porque o prazer é, enquanto expressão da corporeidade do ser humano, algo que toca em profundidade também o corpo da pessoa e os seus órgãos vitais, incluindo também os órgãos sexuais, com todas as suas funções e reações. Embora a sensação de prazer não leve necessariamente ao ato sexual, invade e permeia a sua condição sexuada. A sensação de prazer, que pelo próprio dinamismo das sinapses chega ao intrapsíquico, escorre por todo o corpo humano e envolve também o sexual (cf. Oliveira; Jesus, 2014).

A culpa também aparece como mecanismo de defesa nesse caminho de "escoamento" do prazer interiorizado. Dentro da psique humana há resistências, conflitos e recalques que ora bloqueiam o livre-fluir da energia interior, ora liberam e, assim, conduzem a pessoa a integrar essas pulsões inconscientes. Tal mecanismo invisível, mas real, revela que a vivência humana do prazer se dá ao longo da caminhada da pessoa. Não se resolve de forma rápida, mas exige tempo de amadurecimento. Supõe maturidade afetiva, entendida como superação da dependência infantil, e que leva a pessoa a investir suas energias afetivas numa vida real, que inclui elementos como solidão e sofrimento (cf. Nikic, 2002).

Os grandes dilemas éticos que as pessoas trazem – seja na confissão, seja no aconselhamento, seja na direção espiritual – brotam dessa capacidade nem sempre pessoal de integrar essas forças internas. Elas surgem misturadas na psique, como experiências que geram, às vezes, busca excessiva de prazer ou culpabilizações desnecessárias. É possível também que, diante de uma história de contínuas repressões do prazer – não o sexual, mas o humano –, a pessoa tenha se acostumado a amordaçar todo tipo de sentimento prazeroso que a conduza a ter paz interior.

Muitas vezes, a culpabilização interior – fruto de uma educação rígida ou que tenha dado pouco espaço ao diálogo – represa dentro da pessoa todo tipo de experiência possível que se abra a um outro. Nesse itinerário de conhecimento de si e abertura às relações, é necessário dar espaço às emoções, as quais revelam o modo como somos capazes de retornar a nós mesmos, separando o que é nosso do que é do outro.

As emoções são atrações ou aversões por algum coisa considerada boa ou ruim. Na emoção a pessoa sente um impulso a agir, aproximando-se ou afastando-se de algo, independentemente da razão. Nesse processo a memória afetiva exerce uma função significativa, fazendo uma avaliação intuitiva a partir dos dados sensoriais captados e decodificados pelo cérebro. Se faltar a maturidade afetiva, a pessoa ficará nesse âmbito intuitivo. Porém, se o sujeito desenvolveu a maturidade afetiva, ele será capaz de fazer também uma avaliação reflexiva (cf. Oliveira; Jesus, 2014). Nessa avaliação a pessoa abstrai a emoção por meio de um juízo de valor, acrescentando o querer racional e o desejo racional. É possível, nessa fase, que haja uma integração entre a avaliação intuitiva e a racional, e a emoção passa a ser realmente humana.

Essa lógica ocorre de modo semelhante entre o prazer e a culpa. Em si, o prazer não é um mal; contudo, é possível que a pessoa, caso não tenha chegado a esse nível de separação emocional da situação vivida, da memória ativa, reage com um sentimento de culpa que a impede de dar passos rumo à maturidade.

Do ponto de vista ético, para que haja decisões morais amadurecidas, é necessário que esse processo se faça presente pela pessoa, não postergando nem terceirizando a outra pessoa. A avaliação das situações externas e complexas, ocorrendo no interior da consciência, pode provocar um amadurecimento. O desafio é ser "sujeito" de todo esse processo, não perdendo a capacidade de assumir o prazer sem ressentimentos e integrar a culpa em sua dimensão passageira e pedagógica.

10.4 Considerações finais

Neste capítulo refletiu-se sobre o desafio da sexualidade no serviço pastoral. A teologia não tem que resolver, de modo pragmático, todas as situações das pessoas, mas pode, sim, apresentar elementos reflexivos e práticos acerca da realidade humana em sua forma multivetorial. Sabe-se que a sexualidade emerge de dentro da pessoa como uma força ambivalente e amoral, a ser integrada e interiorizada na consciência.

Os desafios que foram pontuados exprimem características do novo *ethos*, que lentamente se afirma de modo irreversível. Novas subjetividades, tempos tecnológicos, narcisismo, novas linguagens religiosas e educação para o amor, o prazer e a culpa são temas que tocam a existência de qualquer jovem ou adulto em busca de uma "identidade", em meio a "pluralidades" e contrastes. Subjacente a essas situações está a sexualidade, interpelando como uma condição aberta no ser humano.

Em meio a essas realidades, buscamos apresentar, de forma analítica, que esses desafios podem conduzir a uma mudança de mentalidade com relação à sexualidade e ao modo como o ser humano pode integrá-la em sua realidade. No conjunto, percebe-se que há mais questionamentos, problemas e novas formas de abordar a sexualidade que conduzem a uma leve "erosão" de respostas fáceis, tradicionais e simplistas. Colocamo-nos, neste capítulo, mais como "escutadores" de desafios do que solucionadores de questões. Deixar-se agitar por novas ponderações é uma forma de dar razões da nossa fé na fonte que é Jesus Cristo.

Conclusão

Nesta obra nós nos propusemos a falar sobre "moral" e "sexualidade". Duas palavras que estão bem-disseminadas na sociedade, desde conversas informais até estudos acadêmicos. Elas sempre aparecem e geram mal-estar para alguns e discussões acaloradas em outros contextos. O nosso foco foi falar sobre moral e sexualidade, colocando a teologia no meio dessa "conversa". Em geral, os teólogos da moral se sentem mais à vontade em falar sobre "moral sexual" do que propriamente em escrever sobre o tema. Isso é compreensível, de um lado, diante da fragmentação da verdade, dos discursos, dos moralismos, dos fanatismos e da pulverização metafísica da linguagem. De outro, crescem os fundamentalismos, os fanatismos e as visões distorcidas pelos meios tradicionais e até religiosos sobre sexualidade. Entre repetir a doutrina "oficial", interpretá-la e "adaptá-la" aos novos sujeitos, entende-se o "silenciamento" propositivo.

É perceptível também a seguinte constatação: à medida que a humanidade avança em conhecimentos científicos, crescem as perguntas. Aumenta o volume de informação, mas essas perguntas requerem outras, numa busca do conhecimento completo. Entretanto, cresce também a convicção de que as realidades são complexas e não se explicam com apenas um ângulo de percepções. O desafio da moral cristã é sempre o de vencer a presunção de ter todas as respostas prontas. Cabe, hoje, ao "teólogo moralista", em sexualidade, afetividade e novas abordagens sobre esses temas, estudar, aprofundar e buscar pontes de diálogo, antes de generalizações e propostas fechadas.

No atual contexto pós-moderno, todavia, mesmo que não exista, da parte de muitas pessoas, interesse em aprofundar teorias ou doutrinas, avistamos uma abertura para uma possível "cicatrização" de feridas emocionais, psíquicas e até ideológicas. A sexualidade é uma "chaga" dolorosa para muitos de nós. Ela se tornou uma realidade alienada e de culpabilizações infindáveis. Isso é um diagnóstico certeiro para pastores e confessores, ouvintes das pessoas com seus dilemas. Não há pessoa imune às "doenças" dos tempos atuais. Todos nós estamos, de certo modo, influenciados pelo mal da indiferença, da superficialidade, da exibição voyeurista virtual e das simplificações morais. Esta obra quer se situar nesse universo de contradições e oportunidades.

Como aludimos na "Introdução", o foco é parecido com o de muitos autores – os quais, por sinal, integramos neste livro. Há obras que são referências no assunto e que se tornaram "bibliografia básica" de moral sexual ou conjugal em nossa obra. Assumimos autores e autoras e suas respectivas metodologias, a fim de: 1) partir da pessoa e do seu lugar no mundo com suas interrogações; 2) entender a descoberta de si como um inicial processo personalista; 3) "tocar" no Cristo – centro da vida moral como ponto culminante; e 4) mediante critérios axiológicos, deixar à consciência da própria pessoa, em última instância, a responsabilidade pelas decisões. Claro que isso é mediado pela comunidade eclesial, pelo magistério e pela própria "iluminação" do Espírito Santo.

O nosso subtítulo indicou que não se pode falar de realidade humana alguma se não se situar tudo como uma meta para o amor. Mas não qualquer amor: o amor humano transformado na graça redentora de Cristo. Assumimos essa máxima cristológica como referência radical para iluminar a moral sexual. A grande experiência humana que cura e transforma qualquer pessoa é o amor, o qual é a origem, o caminho e a meta de qualquer humanismo. Acreditamos que o amor possibilita uma reconfiguração do ser humano. Se o centro da vida cristã foi o amor, a força mais profunda e ambígua do ser humano é capaz de assumi-lo e ser transformado por ele. Consideramos a descoberta desse amor, revelado por Jesus e descoberto pelo humano como uma "graça".

Concebemos a sexualidade como local privilegiado em que se experimenta a graça. Ela é o contexto em que a pessoa se encontra consigo mesma, além de ser o *locus* onde é possível experimentar a presença de Deus como Pai, como Salvador, como próximo e como Redentor. Há, então, uma mudança de linguagem e de abordagem sobre a sexualidade quando se parte de uma perspectiva da "encarnação". Nada do que é alheio à pessoa se opõe a Deus. Logo, a sexualidade não pode mais ser confrontada como um impedimento ou um pecado, mas como "mediação" da força mais profunda humana com a "força" vitoriosa do amor divino em Jesus.

Uma moral sexual exige, de um lado, conjugar o discernimento com a verdade e colocar a consciência no centro, a fim de libertar a base da vida moral de um subjetivismo existencial, que implicaria a absolutização da liberdade humana e a dissolução dos valores universais. De outro, implica a superação de um "objetivismo necrosante" (Martínez, 2024, p. 83), que a reduziria a uma mera ressonância da lei ou a uma serva obediente das normas universais.

Acreditamos que, sendo a consciência um conhecimento da verdade juntamente com os outros (*cum+scientia*, de *cum-scire*), ela conduz a pessoa para além de si mesma, para uma comunhão moral com aqueles que procuram o bem. No caso do cristão, ela tem uma dimensão eclesial: a Igreja é o lugar do conhecimento moral, quer através do espírito em cada pessoa, quer na vida da comunidade em seu conjunto. O juízo da consciência é subjetivo-pessoal e, ao mesmo tempo, permite alcançar o objetivo e o comum.

A estrutura do livro pretendeu seguir esta tese teológica: a sexualidade, compreendida como amor a ser descoberto e integrado, encontra, na graça redentora de Cristo, seu pleno sentido. As três partes se propuseram a reverberar essa ideia. Por isso, partimos, antes de tudo, da sexualidade e do amor no contexto da pessoa. Posteriormente, situamos novamente a sexualidade e o amor na tradição cristã e eclesial; no fim, apontamos os desafios para uma moral sexual da pessoa em sua integralidade. Nessas três partes, estruturadas em dez capítulos, nós nos propomos a recuperar o verdadeiro sentido de uma "moral sexual".

Enfim, dedicamos esta obra a estudantes de Teologia, catequistas, religiosos e religiosas, agentes de pastoral, presbíteros e irmãos na fé. Desejamos que este livro possa auxiliar os leitores e as leitoras a se confrontarem com a própria sexualidade, sem medos e rigorismos. Que ele seja um "ponto de partida" para ulteriores aprofundamentos pessoais e eclesiais.

Referências

ABBAGNANO, N. Estoicismo. *In*: ABBAGNANO, N. *Dicionário de filosofia*. São Paulo: Martins Fontes, 2007a. p. 375-376.

ABBAGNANO, N. Maniqueísmo. *In*: ABBAGNANO, N. *Dicionário de filosofia*. São Paulo: Martins Fontes, 2007b. p. 641.

ABREU, C. N. de *et al.* Dependência de internet e de jogos eletrônicos: uma revisão. *Rev. Bras. Psiquiatr.*, vol. 30, n. 2, p. 156-167, jun. 2008. Disponível em: http://www.scielo.br/scielo.php?script=sci_arttext&pid=S1516-44462008000200014. Acesso em: 6 dez. 2024.

ACTA ET DOCUMENTA CONCILIO OECUMENICO VATICANO II APPARANDO; séries II. Preparatória. Città del Vaticano, 1969, vol. 3, parte 1, p. 24-53.

ADORNO, T. W.; HORKHEIMER, M. *Dialética do esclarecimento*: fragmentos filosóficos. Rio de Janeiro: Jorge Zahar, 1985.

AFETIVIDADE. *In*: DICIONÁRIO Michaelis. São Paulo: Editora Melhoramentos, 1994. Disponível em: https://michaelis.uol.com.br/moderno-portugues/busca/portugues-brasileiro/afetividade/. Acesso em: 3 dez. 2024.

ALMEIDA, A. L. B. de. A sexualidade no magistério da Igreja. *In*: TRASFERETTI, J. A.; ZACHARIAS, R. (org.). *Sexualidade e pastoral* – Aos párocos e agentes de pastoral. São Paulo: Paulus, 2022. p. 31-49.

ALMEIDA, A. L. B. de. *A tirania do prazer e do corpo fragmentado em questão* – Uma proposta ético-educativa num contexto pós-moderno. São Gonçalo dos Campos: Editora Tenda do Livro, 2019.

ALMEIDA, A. L. B. de. Da indiferença narcisista à consciência social: repropondo a alteridade de base cristã numa era globalizada. *In*: MILLEN, M. I. de C.; ZACHARIAS, R. (org.). *Ética teológica e direitos humanos.* Aparecida: Santuário, 2018. p. 57-77.

ALMEIDA, A. L. B. de. *Moral social* – Iniciação à teologia. Petrópolis: Vozes, 2021a.

ALMEIDA, A. L. B. de. O discernimento da consciência na Exortação Apostólica *Amoris Laetitia. Revista Eclesiástica Brasileira*, Petrópolis, vol. 77, n. 307, p. 520-535, jul./set. 2017. Disponível em: https://revistaeclesiasticabrasileira.itf.edu.br/reb/article/view/45/4702. Acesso em: 8 dez. 2024.

ALMEIDA, A. L. B. de. Prevenir contra o dualismo e a fragmentação – O dualismo e a fragmentação do corpo: uma reflexão ético-propositiva de inspiração cristã. *In*: TRASFERETTI, J. A.; COELHO, M. M.; ZACHARIAS, R. (org.). *Teologia da prevenção* – Por um caminho de humanização. São Paulo: Paulus, 2021b. p. 87-113.

ALMEIDA, A. L. B. de; ALBUQUERQUE, L. E. F. O amor entre o desejo e a culpa. Uma reflexão ético-teológica sobre o sentido cristão do amor no contexto das novas experiências amorosas contemporâneas. *Numen – Revista de Estudos e Pesquisa da Religião*, Juiz de Fora, vol. 27, n. 1, p. 172-187, jan./jun. 2024. Disponível em: https://periodicos.ufjf.br/index.php/numen/article/view/43434. Acesso em: 18 nov. 2024.

ALMEIDA, A. L. B. de; FERREIRA, L. E.; MELO, A. A formação da consciência em uma cultura de "sujeitos bolhas" cristãos. Uma análise teológico-moral propositiva a partir da moral social do Papa Francisco. *Encontros Teológicos*, Florianópolis, vol. 36, p. 153-172, 2021. Disponível em: https://facasc.emnuvens.com.br/ret/article/view/1647/1324. Acesso em: 2 dez. 2024.

ALMEIDA, A. L. B. de; FERREIRA, L. E.; SOUZA, M. H. O neoconservadorismo no movimento carismático católico brasileiro e a resistência ao Concílio Vaticano II: uma análise sociorreligiosa da linguagem. *Estudos de Religião*, vol. 37, n. 1, p. 197-216, jan.-abr. 2023. Disponível em: https://revistas.metodista.br/index.php/estudosreligiao/article/view/261/255. Acesso em: 2 dez. 2024.

ALTHAUS-REID, M. M. Sobre a Teoria *Queer* e Teologia da Libertação. A irrupção do sujeito sexual na teologia. *Concilium*, vol. 1, n. 324, p. 104-120, 2008/1.

ANJOS, M. F. dos. A teologia moral subjacente ao Concílio e seu impulso para a América Latina. *In*: GONÇALVES, P. S. L.; BOMBONAT-

TO, V. I. *Concílio Vaticano II* – Análise e prospectivas. São Paulo: 2004. p. 389-404. (Coleção Alternativas).

ANJOS, M. F. dos. Teologia moral. *In*: PASSOS, J. D.; SANCHEZ, W. L. *Dicionário do Concílio Vaticano II*. São Paulo: Paulinas/Paulus, 2015. p. 940-947.

ARIÈS, P. O amor no casamento. *In*: ARIÈS, P.; BÉJIN, A. (org.). *Sexualidades ocidentais*. São Paulo: Brasiliense, 1987. p. 153-162.

ARISTÓTELES. *Geração dos animais*. Biblioteca de Autores Clássicos. Obras completas de Aristóteles. Lisboa: Imprensa Nacional, 2021.

ARMSTRONG, K. *Em nome de Deus*: o fundamentalismo no judaísmo, no cristianismo e no islamismo. São Paulo: Companhia das Letras, 2001.

AUTIERO, A. Sexualidade. *In*: COMPAGNONI, F.; PIANA, G.; PRIVITERA, S. *Dicionário de teologia moral*. São Paulo: Paulus, 1997. p. 1145-1156.

AZPITARTE, E. L. *Ética da sexualidade e do matrimônio*. São Paulo: Paulus, 1997.

AZPITARTE, E. L. *Ética sexual* – Masturbação, homossexualismo e relações pré-matrimoniais. 2. ed. São Paulo: Paulinas, 1991. (Nova Coleção Ética).

BADIOU, A.; TRUONG, N. *Elogio ao amor*. São Paulo: Martins Fontes, 2013.

BANNER, M. Sexual. *In*: LACOSTE, J.-Y. *Dicionário crítico de teologia*. São Paulo: Loyola/Paulinas, 2004. p. 1663-1667.

BARRADO, J. Monacato não cristão. *In*: CASAS, J. C.; RODRÍGUEZ, A. A. *Dicionário teológico da vida consagrada*. São Paulo: Paulus, 1994. p. 715-717.

BATAILLE, G. *O erotismo*. Belo Horizonte: Autêntica, 2014.

BAUMAN, Z. *Amor líquido*: sobre a fragilidade dos laços humanos. Rio de Janeiro: Zahar, 2004.

BAUMAN, Z. *Confiança e medo na cidade*. Rio de Janeiro: Jorge Zahar, 2009.

BAUMAN, Z. *Ética pós-moderna*. São Paulo: Paulus, 1997. (Critérios Éticos).

BAZÁN, Francisco García. *Aspectos incomuns do sagrado.* São Paulo: Paulus, 2002.

BEATRICE, P. F. Sexualidade. *In*: DI BERARDINO, A. *Dicionário patrístico e de antiguidades cristãs.* Petrópolis/São Paulos: Vozes/Paulus, 2002. p. 1281-1283.

BEAUVOIR, S. de *O segundo sexo.* 2. ed. Rio de Janeiro: Nova Fronteira, 2009.

BEDOUELLE, G.; BRUGUÈS, J.-L.; BECQUART, P. *Amore e sessualità nel cristianesimo* – Per uma storia d'Occidente. Chiesa e società. Milão: Jaca Book, 2007.

BENETTI, Santos. *Sexualidade e erotismo na Bíblia.* São Paulo: Paulinas, 1998 (Coleção Estudos Bíblicos).

BENOIST, J. Corpo objeto/Corpo sujeito. *In*: MARZANO, M. (org.). *Dicionário do corpo.* São Paulo: Loyola/São Camilo, 2012. p. 281-285.

BERGER, P.; LUCKMANN, T. *A construção social da realidade.* Lisboa: Dinalivro, 2004.

BIRMELÉ, A. Protestantismo. *In*: LACOSTE, J.-Y. *Dicionário crítico de teologia.* São Paulo: Loyola/Paulinas, 2004. p. 1445-1446.

BOBBIO, N.; MATTEUCI, N.; PASQUINO, G. *Dicionário de política.* 11. ed. Brasília: Editora da Universidade de Brasília, 1998. vol. 1.

BONNIN, E. *Ética matrimonial, familiar e sexual.* São Paulo: Ave-Maria, 2003.

BONOME, J. R. *Fundamentalismo religioso e terrorismo político.* Goiânia: Editora da Universidade Católica de Goiás, 2009.

BOUYER, L. *Le métier de théologien* – Entretiens avec Georges Daix. Tournai: France-Empire, 1979.

BOZON, M. *Sociologia da sexualidade.* Rio de Janeiro: Editora FGV, 2004. (Família, geração e cultura).

BRAUN, R. Gnose. *In*: LACOSTE, J.-Y. *Dicionário crítico de teologia.* São Paulo: Loyola/Paulinas, 2004. p. 773-774.

BROWN, P. *Santo Agostinho*: uma biografia. Rio de Janeiro: Record, 2020.

BUTLER, J. *Problemas de gênero*: feminismo e subversão de identidade. Rio de Janeiro: Civilização Brasileira, 2013.

CAFFARENA, J. G. Pessoa e ética teológica. In: VIDAL, M. *Ética teológica* – Conceitos fundamentais. Petrópolis: Vozes, 1999. p. 152-167.

CAHILL, L. S. Família. *In*: LACOSTE, J.-Y. *Dicionário crítico de teologia*. São Paulo: Loyola/Paulinas, 2004. p. 713-717.

CAHILL, L. S. *Sex, Gender and Christian Ethics*. Cambridge: University Press, 1996.

CAMARGO, K.; ROHDEN, F.; CÁCERES, C. F. Ciência, gênero e sexualidade. *In*: CORRÊA, S.; PARKER, R. (org.). *Sexualidade e política na América Latina*: histórias, interseções e paradoxos. Rio de Janeiro: Abia, 2011. p. 125-145.

CAMPAGNOLO, A. C. *Feminismo*: perversão e subversão. Campinas: Vide Editoria, 2019.

CANOSA, A. C. Realização sexual: para além da perversão e da tolice. *In*: TRASFERETTI, J. A.; MILLEN, M. I. de C.; ZACHARIAS, R. *Formação* – Desafios morais 2. São Paulo: Paulus, 2020. p. 301-315.

CAPONE, D. Sistemas morais. *In*: COMPAGNONI, F.; PIANA, G.; PRIVITERA, S. *Dicionário de teologia moral*. São Paulo: Paulus, 1997. p. 1164-1171.

CARELLI, A. R. Sexualidade humana – Do passado ao presente. *In*: DIEHL, A.; VIEIRA, D. L. (org.). *Sexualidade* – Do prazer ao sofrer. 2. ed. Rio de Janeiro: Roca, 2017. p. 3-25.

CASTELLS, M. *A sociedade em rede*. São Paulo: Paz e Terra, 2000.

CASTILLO, José. *A ética de Cristo*. São Paulo: Loyola, 2010.

Catecismo da Igreja Católica. Disponível em: https://www.vatican.va/archive/cathechism_po/index_new/p3s2cap2_2196-2557_po.html. Acesso em: 9 dez. 2024.

CHAUÍ, M. *Repressão sexual* – Essa nossa (des)conhecida. 2. ed. São Paulo: Brasiliense, 1984.

CHIAVACCI, E. Lei natural. *In*: COMPAGNONI, F.; PIANA, G.; PRIVITERA, S. *Dicionário de teologia moral*. São Paulo: Paulus, 1997. p. 690-701.

CLÉMENT, O. *Sobre el hombre*. Madri: Encuentro, 1983.

COELHO, M. M. A sexualidade na formação dos jovens. *In*: TRASFERETTI, J. A.; ZACHARIAS, R. (org.). *Sexualidade e pastoral* – Aos párocos e agentes de pastoral. São Paulo: Paulus, 2022. p. 203-222.

COELHO, M. M. Prevenir contra a dependência virtual. *In*: TRASFERETTI, J. A.; COELHO, M. M.; ZACHARIAS, R. (org.). Teologia da prevenção – Por um caminho de humanização. São Paulo: Paulus, 2021. p. 381-403.

COLE, W. G. *Sexo e amor na Bíblia*. São Paulo: Instituição Brasileira de Difusão Cultural S.A., 1967.

COLEMAN, J. A. Fundamentalismo global: perspectivas sociológicas. *Concilium*, n. 241, p. 53-65, 1992/3.

COMBLIN, J. Cristianismo e corporeidade. *In*: SOCIEDADE DE TEOLOGIA E CIÊNCIAS DA RELIGIÃO (org.). *Corporeidade e teologia*. São Paulo: Paulinas/Soter, 2005. p. 7-20.

COMPARATO, F. K. *Ética* – Direito, moral e religião no mundo moderno. São Paulo: Companhia das Letras, 2006.

CONCÍLIO VATICANO II. *Acta et documenta Concilio Oecumenico Vaticano II apparando*; séries II. Preparatória. Cidade do Vaticano, 1969. vol. 3, parte 1, p. 24-53.

CONCÍLIO VATICANO II. Declaração *Gravissimum Educationis*, sobre a educação cristã. Disponível em: http://vatican.va/archive/hist._councils/ii_vatican_council/documents/vat-ii_decl_19651028_gravissimum-educationis_po.html. Acesso em: 15 nov. 2024.

CONGAR, Y. *Igreja e papado*: perspectivas históricas. São Paulo: Loyola, 1997.

CONGREGAÇÃO PARA A DOUTRINA DA FÉ. Algumas reflexões acerca da resposta a propostas legislativas sobre a não discriminação das pessoas homossexuais. *L'Osservatore Romano*, n. 32, 9 ago. 1992. Disponível em: https://www.vatican.va/roman_curia/congregations/cfaith/documents/rc_con_cfaith_doc_19920724_homosexual-persons_po.html. Acesso em: 8 jun. 2025.

CONGREGAÇÃO PARA A DOUTRINA DA FÉ. *Carta aos bispos da Igreja Católica sobre o atendimento pastoral das pessoas homossexuais*. Roma, 1 out. 1986. Disponível em: https://www.vatican.va/roman_curia/congregations/cfaith/documents/rc_con_cfaith_doc_19861001_homosexual-persons_po.html. Acesso em: 15 nov. 2024.

CONGREGAÇÃO PARA A DOUTRINA DA FÉ. *Considerações sobre os projetos de reconhecimento legal das uniões entre pessoas homossexuais*. Roma, 3 jun. 2003. Disponível em: https://www.vatican.va/roman_curia/congregations/cfaith/documents/rc_con_cfaith_doc_20030731_homosexual-unions_po.html. Acesso em: 15 nov. 2024.

CONGREGAÇÃO PARA A DOUTRINA DA FÉ. Declaração *Persona Humana* sobre alguns pontos de ética sexual. Roma, 29 dez. 1975. Disponível em: https://www.vatican.va/roman_curia/congregations/cfaith/documents/rc_con_cfaith_doc_19751229_persona-humana_po.html. Acesso em: 7 jun. 2025.

CONGREGAÇÃO PARA A DOUTRINA DA FÉ. *Persona humana*. Declaração sobre alguns pontos de ética sexual (29 dez. 1975). *In*: CONGREGAÇÃO PARA A DOUTRINA DA FÉ. *Documenta*. Documentos publicados desde o Concílio Vaticano II até nossos dias (1965-2010). Brasília: Edições CNBB, 2011. p. 112-124.

CONGREGAÇÃO PARA A EDUCAÇÃO CATÓLICA. *"Homem e mulher os criou"* – Para uma via de diálogo sobre a questão do *gender* na educação. Cidade do Vaticano, 2019. Disponível em: http://vatican.va/roman_curia/congregations/ccatheduc/documents/rc_con_ccatheduc_doc_20190202_maschio-e-femmina_po.pdf. Acesso em: 18 nov. 2024.

CONGREGAÇÃO PARA A EDUCAÇÃO CATÓLICA. *Instrução sobre os critérios de discernimento vocacional acerca das pessoas com tendências homossexuais e da sua admissão ao seminário e às ordens sacras*. Roma, 4 nov. 2005. Disponível em: https://www.vatican.va/roman_curia/congregations/ccatheduc/documents/rc_con_ccatheduc_doc_20051104_istruzione_po.html. Acesso em: 15 nov. 2024.

CONGREGAÇÃO PARA A EDUCAÇÃO CATÓLICA. *Orientações educativas sobre o amor humano* – Linhas gerais para uma educação sexual. Roma, 1 nov. 1983. Disponível em: https://www.vatican.va/roman_curia/congregations/ccatheduc/documents/rc_con_ccatheduc_doc_19831101_sexual-education_po.html. Acesso em: 15 nov. 2024.

CONSELHO PONTIFÍCIO PARA A FAMÍLIA. *Sexualidade humana*: verdade e significado – Orientações educativas em família. Cidade do Vaticano, 8 dez. 1995. Disponível em: https://www.vatican.va/roman_curia/pontifical_councils/family/documents/rc_pc_family_doc_08121995_human-sexuality_po.html. Acesso em: 8 jun. 2025.

CORRÊA, M. V. Sexo, sexualidade e diferença sexual no discurso médico: algumas reflexões. *In*: LOYOLA, M. A. *A sexualidade nas ciências humanas*. Rio de Janeiro: Uerj, 1998. p. 69-91.

CORTINA, Adela; MARTÍNEZ, Emilio. *Ética*. São Paulo: Loyola, 2005.

COSTA, J. F. Sexo e amor em Santo Agostinho. *In*: LOYOLA, M. A. (org.). *A sexualidade nas ciências humanas*. Rio de Janeiro: Eduerj, 1998. p. 133-158.

COSTA, M. L. da; ABREU, C. N. de. Relacionamentos afetivos, amorosos e sexuais no ciberespaço. *In*: DIEHL, A.; VIEIRA, D. L. (org.). *Sexualidade* – Do prazer ao sofrer. 2. ed. Rio de Janeiro: Roca, 2017. p. 461-468.

COUTINHO, V. *Bioética e teologia*: que paradigma de interação? Coimbra: Gráfica de Coimbra, 2005.

COUTO, D. P. do. Freud, Klein, Lacan e a constituição do sujeito. *Psicologia em Pesquisa*, Juiz de Fora, vol. 11, n. 1, jun. 2017. Disponível em: http://pepsic.bvsalud.org/scielo.php?script=sci_arttext&pid=S1982-12472017000100004&lng=pt&nrm=iso. Acesso em: 6 dez. 2024.

CRISPIERO, M. da. *Teologia della Sessualità*. Approfondimenti sui temi del matrimonio e della verginità. Bolonha: Edizioni Studio Domenicano, 1994.

CROUZEL, H. Orígenes. *In*: DI BERARDINO, A. *Dicionário patrístico e de antiguidades cristãs*. Petrópolis/São Paulo: Vozes/Paulus, 2002. p. 1045-1050.

CUNHA, A. *Dicionário etimológico da língua portuguesa*. São Paulo: Nova Fronteira, 2001.

CURRAN, C. F.; MCCORMICK, R. A. (org.). *The Magisterium and Morality*. Readings in Moral Theology 3. Nova York: Paulist, 1982.

DACQUINO, G. *Viver o prazer*. São Paulo: Paulinas, 1992. (Psicologia Familiar).

DANTAS, B. S. do A. Sexualidade, cristianismo e poder. *Estudos e Pesquisas em Psicologia*, Rio de Janeiro, n. 3, a. 10, p. 700-728, 3º quadrimestre de 2010. Disponível em: http://www.revispsi.uerj.br/v10n3/artigos/pdf/v10n3a05.pdf. Acesso em: 29 nov. 2024.

DE LANVERSIN, B. Los fundamentos sagrados del orden de la creación en el matrimonio natural. *In*: LATOURELLE, R. (org.). *Vaticano II*: balance y perspectivas. Veinticinco años después (1962-1987). Salamanca: Sígueme, 1989. p. 572-574.

DEMMER, K. *Introdução à teologia moral*. São Paulo: Loyola, 1999.

DIANIN, G. *Matrimonio, sessualità, fecondità*. Corso di morale familiare. Pádua: Messaggero di Sant'Antonio, 2005.

DOUCY, E. Culpabilidade – A culpabilidade e a falta. *In*: CANTO-SPERBER, M. (org.). *Dicionário de ética e filosofia moral*. São Leopoldo: Unisinos, 2003. p. 380-386.

DROBNER, H. R. *Manual de patrologia*. Petrópolis: Vozes, 2003.

DULLES, A. *El oficio de la teologia*: del símbolo al sistema. Barcelona: Herder, 2001.

DUNKER, C. Subjetividade em tempos de pós-verdade. *In*: DUNKDER, C.; TEZZA, C.; FUKS, J.; TIBURI, M.; SAFATLE, V. *Ética e pós-verdade*. Porto Alegre: Dublinense, 2017. p. 4-28.

DUQUOC, C. *A teologia no exílio*. O desafio da sobrevivência da teologia na cultura contemporânea. Petrópolis: Vozes, 2006.

DURAND, G. *Sexualidade e fé* – Síntese de teologia moral. São Paulo: Loyola, 1989.

ENTREVISTA com o Cardeal Zenon Grocholewski, prefeito da Congregação para a Educação Católica, a respeito da "Instrução sobre os critérios de discernimento vocacional acerca das pessoas com tendências homossexuais e da sua admissão ao seminário e às ordens sacras". *Revista 30Giorni*, 2005. Disponível em: http://30giorni.it/articoli_id_9809_l6.htm. Acesso em: 18 nov. 2024.

ESTRADA, J. A. *Deus nas tradições filosóficas* – Aporia e problemas da teologia natural. São Paulo: Paulus, 2003. vol. 1.

EVDOKIMOV, P. *O sacramento do amor* – O mistério conjugal à luz da tradição ortodoxa. São Paulo: Paulinas, 1989. (Coleção Teologia Hoje).

FABIANO, L. H. Mídia e massificação cultural: utilitarismo estético e dominação ideológica. *Revista Teoria e Prática da Educação*, vol. 7, n. 3, p. 327-333, 2004.

FERREIRA, G. M. As origens recentes: os meios de comunicação pelo viés do paradigma da sociedade de massa. *In*: HOHLFELDT, A.; MARTINO, L.; FRANÇA, V. *Teorias da comunicação*: conceitos, escolas e tendências. Petrópolis: Vozes, 2001. p. 99-116.

FERREIRA, N. P. *A teoria do amor na psicanálise*. Rio de Janeiro: Jorge Zahar, 2004.

FERREIRINHA, I. M. N.; RAITZ, T. R. As relações de poder em Michel Foucault: reflexões teóricas. *Revista de Administração Pública*, vol. 2, n. 44, abr. 2010. Disponível em: https://doi.org/10.1590/S0034-76122010000200008. Acesso em: 27 nov. 2024.

FERRY, L. *Famílias, amo vocês*: política e vida privada na era da globalização. Rio de Janeiro: Objetiva, 2008.

FISHER, H. *Why we love*: the nature and chemistry of romantic love. Nova York: Henry Holt and Company, 2005 (Livro eletrônico).

FLANDRIN, J.-L. *O sexo e o Ocidente* – Evolução das atitudes e dos comportamentos. São Paulo: Brasiliense, 1988.

FLÓREZ, G. *Matrimônio e família*. São Paulo: Paulinas, 2008.

FORCANO, B. *Nova ética sexual*. São Paulo: Musa Editora, 1996.

FOUCAULT, M. *A hermenêutica do sujeito*. Curso dado no Collège de France (1981-1982). São Paulo: Martins Fontes, 2006.

FOUCAULT, M. *História da sexualidade 1* – A vontade de saber. 13. ed. Rio de Janeiro: Edições Graal, 1988.

FOUCAULT, M. *História da sexualidade 2* – O uso dos prazeres. Rio de Janeiro: Graal, 1998.

FOUCAULT, M. *Os anormais*. São Paulo: Martins Fontes, 2001.

FOUCAULT, M. *Segurança, território, população*. Curso dado no Collège de France (1977-1978). São Paulo: Martins Fontes, 2008.

FRALING, B. *Ética sexual* – Ensaio sob um ponto de vista cristão. Coimbra: Gráfica de Coimbra, 2011.

FRANCISCO. Carta encíclica *Fratelli Tutti*, sobre a fraternidade e a amizade social. São Paulo: Loyola, 2020.

FRANCISCO. Exortação Apostólica *Amoris Laetitia*, sobre o amor na família. São Paulo: Paulinas, 2016.

FREUD, S. *A história do movimento psicanalítico, artigos sobre metapsicologia. Sobre o narcisismo*: uma introdução. Rio de Janeiro: Imago, 1974. vol. 14.

FREUD, S. *O mal-estar na civilização, novas conferências introdutórias e outros textos (1930-1936)*. São Paulo: Companhia das Letras, 2010. vol. 18.

FROMM, E. *L'arte d'amare*. Milão: Il Saggiatore, 1976.

FUENTES, S. V. *Espiritualidade pastoral* – Como superar uma pastoral "sem alma"? São Paulo: Paulinas, 2008.

FUMAGALLI, A. *L'amore in Amoris Laetitia*. Ideale, cammino, fragilità. Milão: San Paolo, 2017a.

FUMAGALLI, A. *L'amore sessuale*. Fondamenti e critério teologico-morali. Bréscia: Queriniana, 2017b. (Biblioteca di Teologia Contemporanea, 182).

FURTADO, M. C. S. *A Igreja e as pessoas LGBTQIAPN+*. Atendimento pastoral com base no "amor incondicional de Deus". Petrópolis: Vozes, 2024.

GAGNON, S. *Plaisir d'amour et eraint de Dieu*: sexualité et confession au Bas-Canada. Leval: Presses Université, 1990.

GALANTINO, N. *Dizer homem hoje* – Novos caminhos da antropologia filosófica. São Paulo: Paulus, 2003.

GALUSZKA, P. S. *Karol Wojtyla e* Humanae Vitae. Il contributo dell'Arcivescovo di Cracovi e del gruppo di teologi polacchi all'enciclica di Paulo VI. Siena: Cantagalli, 2018.

GARCIA, C. C. *Breve história do feminismo*. São Paulo: Claridade, 2011. (Saber de Tudo).

GATTI, G. *Moral sexual* – Educação ao amor. São Paulo: Editora Salesiana Dom Bosco, 1985.

GAY, P. *A experiência burguesa* – Da Rainha Vitória a Freud. A educação dos sentidos. São Paulo: Companhia das Letras, 1999.

GAYON, J. Por que o sexo? Um século de debates evolucionistas. *In*: RUDELIC-FERNANDEZ, D. (org.). *A sexualidade tem futuro?* São Paulo: Loyola, 2002. p. 73-94.

GEFFRÉ, C. *Como fazer teologia hoje* – Hermenêutica teológica. São Paulo: Paulinas, 1983.

GEFFRÉ, C. *Crer e interpretar* – A virada hermenêutica da teologia. Petrópolis: Vozes, 2004.

GENOVESI, V. J. *Em busca do amor* – Moralidade católica e sexualidade humana. São Paulo: Loyola, 2008.

GHISLENI, P. C.; LUCAS, D. C.; SANTOS, A. L. C. O controle sociojurídico da sexualidade. *Revista Direito e Justiça: Reflexões Sociojurídicas*, Santo Ângelo, vol. 20, n. 37, p. 9-45, maio/ago. 2020. Disponível em: http://san.uri.br/revistas/index.php/direitoejustiça/article/view/24. Acesso em: 3 nov. 2024.

GIDDENS, A. *A transformação da intimidade* – Sexualidade, amor e erotismo nas sociedades modernas. São Paulo: Unesp, 1993.

GIDDENS, A. *Transformações da intimidade* – Sexualidade, amor e erotismo nas sociedades modernas. Oeiras: Celta Editora, 2001.

GIUNTOLI, F. Gênesis. *In*: PENNA, R.; PEREGO, G.; RAVASI, G. *Dicionário de temas teológicos da Bíblia*. São Paulo: Paulinas/Paulus/Loyola, 2022. p. 613-623.

GOELLNER, S. V. A produção cultural do corpo. *In*: LOURO, G. L.; FELIPE, J.; GOELLNER, S. V. (org.). *Corpo, gênero e sexualidade* – Um debate contemporâneo na educação. 9. ed. Petrópolis: Vozes, 2017. p. 30-42.

GOFFI, T. Sexualidade. *In*: FIORES, S.; GOFFI, T. (org.). *Dicionário de espiritualidade*. São Paulo: Paulus, 1989. p. 1055-1067.

GREGERSEN, E. *Práticas sexuais* – História da sexualidade humana. São Paulo: Roca, 1983.

GRÉMION, C.; TOUZARD, H. *Igreja e contracepção*: urgência de uma mudança. São Paulo: Loyola, 2010.

GRES-GAYER, J. M. Jansenismo. *In*: LACOSTE, J.-Y. *Dicionário crítico de teologia*. São Paulo: Loyola/Paulinas, 2004. p. 925-928.

GRIBOMONT, J. Monaquismo. *In*: DI BERARDINO, A. *Dicionário patrístico e de antiguidades cristãs*. Petrópolis/São Paulos: Vozes/Paulus, 2002. p. 953-955.

GUIDER, M. E. Prevenir contra o abuso sexual intrafamiliar. "Isso não se faz em Israel" (2Sm 13,9): perspectivas na prevenção do abuso sexual intrafamiliar. *In*: TRASFERETTI, J. A.; COELHO, M. M.; ZACHARIAS, R. (org.). *Teologia da prevenção* – Por um caminho de humanização. São Paulo: Paulus, 2021. p. 255-276.

GUILLEBAUD, J.-C. *A tirania do prazer*. Rio de Janeiro: Bertrand Brasil, 1999.

HAN, B.-C. *A crise da narração*. Petrópolis: Vozes, 2024.

HARRINGTON, D. J.; KEENAN, J. K. *Jesus e a ética da virtude* – Construindo pontes entre os estudos do Novo Testamento e a teologia da moral. São Paulo: Loyola, 2006.

HAUGHT, J. F. *Cristianismo y ciencia* – Hacia una teología de la naturaleza. Santander: Editorial Sal Terrae, 2009.

HEIDEGGER, M. *Ser e tempo*. Tradução de Márcia Sá Cavalcante Schuback. Petrópolis: Vozes, 2006.

HENRY, M. *Encarnación* – Una filosofía de la carne. Salamanca: Ediciones Sígueme, 2001a.

HENRY, M. *Yo soy la verdad* – Para una filosofía del cristianismo. Salamanca: Ediciones Sígueme, 2001b.

HIMBAZA, I.; SCHENKER, A.; EDART, J.-B. *L'omosessualità nella Bibbia*. Milão: San Paolo, 2007.

HOFFMEISTER, A.; CARVALHO, L. M.; MARIN, A. H. Compreendendo o amor e suas expressões em diferentes etapas do desenvolvimento. *Revista Subjetividades*, Fortaleza, vol. 19, n. 3, set./dez. 2019. Disponível em: https://pepsic.bvsalud.org/scielo.php?script=sci_arttext&pid=S2359-07692019000300010. Acesso em: 9 dez. 2024.

HOLOVKO, C. S.; CORTEZZI, C. M. (org.). *Sexualidades e gênero*. Desafios da psicanálise. São Paulo: Blucher, 2018 (Livro eletrônico).

HOUAISS, A. *Novo dicionário Houaiss da língua portuguesa*. Rio de Janeiro: Objetiva, 2009.

JAPIASSU, H. O que vem a ser o indivíduo ególatra? *Revista de Filosofia da Sociedade de Estudos e Atividades Filosóficas*, 8, p. 34-65, 2009.

JOÃO PAULO II. Carta encíclica *Fides et Ratio*, sobre as relações entre fé e razão. 4. ed. São Paulo: Paulinas, 1999.

JUNGES, J. R. Ética sexual e novos padrões culturais. *Perspectiva Teológica*, Belo Horizonte, vol. 27, n. 71, p. 65-81, 1995. Disponível em: https://www.faje.edu.br/periodicos/index.php/perspectiva/article/view/1176. Acesso em: 25 jul. 2024.

KAËS, R. *As alianças inconscientes*. São Paulo: Ideias & Letras, 2014.

KAPLAN, H. S. *O desejo sexual e os novos conceitos da terapia do sexo*. Rio de Janeiro: Nova Fronteira, 1979.

KASPER, W. *Teologia do matrimônio cristão*. São Paulo: Paulinas, 1993.

KOLB, A.; ESTERBAUER, R.; RUCKENBAUER, H.-W. (org.). *Cibernética* – Responsabilidade em um mundo interligado pela rede digital. São Paulo: Loyola, 2001.

KOSNIK, A. *A sexualidade humana* – Novos rumos do pensamento católico americano. Estudo solicitado pela Sociedade Americana Católica de Teologia. Petrópolis: Vozes, 1977.

KUZMA, C. Pedofilia e abuso sexual: cuidados pastorais. *In*: TRASFERETTI, J. A.; ZACHARIAS, R. (org.). *Sexualidade e pastoral* – Aos párocos e agentes de pastoral. São Paulo: Paulus, 2022. p. 267-290.

LACOSTE, J.-Y. Monaquismo. *In*: LACOSTE, J.-Y. (org.). *Dicionário Crítico de Teologia*. São Paulo: Loyola/Paulinas, 2004a. p. 1176-1183.

LACOSTE, J.-Y. Razão. *In*: LACOSTE, J.-Y. (org.). *Dicionário Crítico de Teologia*. São Paulo: Loyola/Paulinas, 2004b. p. 1489-1492.

LACROIX, X. *O corpo de carne* – As dimensões ética, estética e espiritual do amor. São Paulo: Loyola, 2009. (Theologica).

LAFONT, G. *História teológica da Igreja Católica* – Itinerário e formas da teologia. São Paulo: Paulinas, 2000. (Coleção Pensamento Teológico).

LAMOUREUX, D. Feminismo. *In*: MARZANO, M. (org.). *Dicionário do corpo*. São Paulo: São Camilo/Loyola, 2012. p. 460-464.

LANCELIN, A.; LEMONNIER, M. *Os filósofos e o amor* – Amar, de Sócrates a Simone de Beauvoir. Lisboa: Tinta da China, 2008.

LAPALMA, Marcela. A sexualidade no mundo atual. In: TRASFERETTI, José A.; ZACHARIAS, Ronaldo (orgs.). *Sexualidade e Pastoral*. Aos párocos e agentes de pastoral. São Paulo: Paulus, 2022, p. 11-30.

LAQUEUR, T. *Inventando o sexo* – Corpo e gênero dos gregos a Freud. Rio de Janeiro: Relume Dumará, 2001.

LE BRAS, G. La doctrine du mariage chez les théologien et les canonistes despuis l'na mille. *Dictionnaire du Théologie Catholique*, Paris, IX, n. 3, p. 2173-2174, 1926.

LE BRETON, D. *Adeus ao corpo* – Antropologia e sociedade. 3. ed. Campinas: Papirus, 2008.

LE BRETON, D. Adeus ao corpo. *In*: NOVAES, A. (org.). *O homem-máquina* – A ciência manipula o corpo. São Paulo: Companhia das Letras, 2003. p. 123-137.

LEONE, S. *Educar para a sexualidade*. São Paulo: Ave-Maria, 2004. (Coleção Tratado de Moral).

LEONE, S. *Il rinnovamento dell'etica sessuale*. Bolonha: Edizioni Dehoniane, 2017.

LIBANIO, J. B. *Igreja contemporânea* – Encontro com a modernidade. São Paulo: Loyola, 2000. (Coleção CES – 4).

LIBANIO, J. B. *Introdução à teologia fundamental*. São Paulo: Paulus, 2014. (Coleção Introduções).

LIBANIO, J. B. *Teologia da revelação a partir da modernidade*. 3. ed. São Paulo: Loyola, 1997. (Coleção Fé e Realidade – 31).

LIMA VAZ, H. C. *Ontologia e história*. São Paulo: Duas Cidades, 1968.

LIMA, A. B. M. O que é fenomenologia? *In*: LIMA, A. B. M. (org.). *Ensaios sobre fenomenologia* – Husserl, Heidegger e Merleau-Ponty. Ilhéus: Editus, 2014. p. 9-14.

LINTNER, M. M. *Cinquant'anni di* Humanae Vitae. Fine di un conflitto – Riscoperta di un messaggio. Bréscia: Queriniana, 2018.

LINTNER, M. M. *La riscoperta dell'eros* – Chiesa, Sessualità e relazioni umane. Bolonha: Edizioni Dehoniane, 2015.

LIPOVETSKY, G. *A era do vazio* – Ensaios sobre o individualismo contemporâneo. Barueri: Manole, 2005a.

LIPOVETSKY, G. *A sociedade pós-moralista* – O crepúsculo do dever e a ética indolor dos novos tempos democráticos. Barueri: Manole, 2005b.

LONERGAN, B. *Método em teologia*. São Paulo: É Realizações, 2012.

LOWEN, A. *Prazer*: uma abordagem criativa da vida. São Paulo: Summus, 1984.

LOWENKRON, L. *O monstro contemporâneo*: a construção social da pedofilia em múltiplos planos. Rio de Janeiro: Eduerj, 2015.

LOYOLA, M. A. Sexualidade e medicina: a revolução do século XX. *Cad. Saúde Pública*, Rio de Janeiro, n. 19, vol. 4, p. 875-899, jul.-ago. 2003. Disponível em: http://scielo.br/j/csp/a/y4s3YM7rpDfLg9t8psTWwQh/?lang=pt. Acesso em: 6 nov. 2024.

MACCORMICK, R. *The Critical Calling*: Reflections on Moral Dilemmas since Vatican II. Washington: Georgetown University, 1989.

MACEDOCOUTO, G. S.; SILVA JUNIOR, A. F. da. Solidão: do patológico ao ontológico. *Estudos e Pesquisas em Psicologia*, Rio de Janeiro, vol. 17, n. 1, jan./abr. 2017. Disponível em: http://pepsic.bvsalud.og/scielo.php?script=sci_arttext&pid=S1808-42812017000100002#mailfim. Acesso em: 2 dez. 2024.

MAFFESOLI, M. *Homo Eroticus* – Comunhões emocionais. Rio de Janeiro: Forense, 2014.

MALO PÉ, A. *Antropología de la afectividad*. Navarra: Eunsa, 2004.

MARDONES, J. M. *Postmodernidad y cristianismo* – El desafío del fragmento. Bilbao: Sal Terrae, 1988.

MARENGO, G. *La nascita di un'enciclica – Humanae Vitae* alla luce degli archivi vaticani. Cidade do Vaticano: Libreria Editrice Vaticana, 2018.

MARITAIN, J. *Le songe de Descartes*. Paris: Correa, 1932.

MARKUS, R. A. Agostinho. *In*: CANTO-SPERBER, M. (org.). *Dicionário de ética e filosofia moral*. São Leopoldo: Unisinos, 2003. p. 43-49.

MAROCCHI, M. Afonso de Ligório. *In*: LACOSTE, J.-Y. *Dicionário crítico de teologia*. São Paulo: Loyola/Paulinas, 2004. p. 64-66.

MARTIN, J. Ouçam as pessoas LGBT: uma resposta ao documento vaticano sobre teoria de gênero. *Instituto Humanitas Unisinos*, 13 jun. 2019. Disponível em: http://ihu.unisinos.br/categorias/589994-oucam-as-pessoas-lgbt-uma-resposta-ao-documento-vaticano-sobre-teoria-de-genero-artigo-de-james-martin. Acesso em: 18 nov. 2024.

MARTÍNEZ, J. L. *Teologia moral em saída* – Desfazer os nós e enfrentar os desafios. São Paulo: Paulus, 2024.

MARZANO, M. Amor. *In*: MARZANO, M. (org.). *Dicionário do corpo*. São Paulo: São Camilo/Loyola, 2012. p. 77-82.

MCCLORY, R. *Rome et la contraception* – Histoire secrete de l'encyclique *Humanae vitae*. Paris: Éd. de l'Atelier, 1998.

MENEZES, L. C. Sexualidade e pós-modernidade. *Periódicos de Psicologia – PePsic*, São Paulo, n. 47, vol. 31, p. 44-47, dez. 2008, Disponível em: https://pepsic.bvsalud.org/pdf/ide/v31n47/v31n47a07.pdf. Acesso em: 16 nov. 2024.

MERLEAU-PONTY, M. *Fenomenologia da percepção*. Tradução de Carlos Alberto Ribeiro de Moura. São Paulo: Martins Fontes, 1999.

MIFSUD, T. *Reivindicación ética de la sexualidade* – Moral sexual. 4. ed. Santiago: San Pablo, 1994. (Colección Discernimiento Ético – 1. Moral de Discernimiento, Tomo III).

MISKOCI, R. A Teoria *Queer* e a Sociologia: o desafio de uma analítica de normalização. *Sociologias*, Porto Alegre, n. 21, a. 11, p. 150-182, jan./jun. 2009. Disponível em: http://scielo.br/j/soc/a/BkRJyv9GszMddwqpncrJvdn/?format=pdf&lang=pt. Acesso em: 2 dez. 2024.

MOIA, L. *Il Metodo* – Un'inchiesta per amare. L'*Humanae Vitae* cinquant'anni dopo. Milão: San Paolo, 2018.

MONDIN, B. *O homem, quem é ele?* Elementos de antropologia filosófica. 13. ed. São Paulo: Paulus, 2008.

MONTEOLIVA, J. M. *O dilema da sexualidade*. São Paulo: Loyola, 1990.

MORA, G. Ética sexual. *In*: VIDAL, M. *Ética teológica* – Conceitos fundamentais. Petrópolis: Vozes, 1999. p. 486-513.

MORIN, E. *Introducción al pensamento complejo*. Barcelona: Gedisa, 2009.

MORIN, E. *O enigma do homem* – Para uma nova antropologia. Rio de Janeiro: Zahar, 1979.

MORIN, E. *Pensar la complejidad*. Valência: Universidad de Valencia, 2010.

MOSER, A. *Casado ou solteiro – Você pode ser feliz*. 2. ed. Petrópolis: Vozes, 2007.

MOSER, A. Corpo e sexualidade: do biológico ao virtual. *In*: SOCIEDADE DE TEOLOGIA E CIÊNCIAS DA RELIGIÃO (org.). *Corporeidade e teologia*. São Paulo: Paulinas/Soter, 2005. p. 142-176.

MOSER, A. *O enigma da esfinge* – A sexualidade. 4. ed. Petrópolis: Vozes, 2003.

NASIO, J.-D. *O livro da dor e do amor*. Rio de Janeiro: Jorge Zahar, 1997.

NELLI, R. La continence cathare. *Mystique et continence*. Bruges, 1952. p. 139-151.

NEVES, D. M. Sexualidade: saber e individualidade. *Revista Estudos Feministas*, Florianópolis, n. 27, vol. 2, p. 1-10, 2019. Disponível em: http://scielo.br/j/ref/a/dBpTqQdCjLXQPy3X97mmjkF/#. Acesso em: 4 nov. 2024.

NICOLACI-DA-COSTA, A. M. Corporeidade, afetividade e novas tecnologias. *In*: SOCIEDADE DE TEOLOGIA E CIÊNCIAS DA RELIGIÃO – SOTER (org.). *Corporeidade e teologia*. São Paulo: Paulinas, 2005. p. 23-49.

NIKIC, M. Formação para a maturidade afetiva e para a castidade. *In*: IMODA, F. (org.). *Olhou para ele com amor* – Psicologia da vocação na fase da juventude. São Paulo: Paulinas, 2002. p. 117-156.

NISSINEN, M. *Homoeroticism in the biblical word* – A historical perspective. Mineápolis: Fortress Press, 1998.

NOGUEIRA, P. (org.). *Linguagens da religião*. São Paulo: Paulinas, 2012.

NORIEGA, J. *Il destino dell'eros* – Prospettive di morale sessuale. Bolonha: Edizione Dehoniane, 2016.

OLIVEIRA, J. L. M. de; JESUS, A. M. G. de *Teologia do prazer*. São Paulo: Paulus, 2014. (Coleção Teologia Hoje).

OLIVEIRA, M. A. de. *Reviravolta linguístico-pragmática na filosofia contemporânea*. São Paulo: Loyola, 1997.

OLIVEIRA, T. L. M. de. Magistério eclesiástico e teologia: submissão ou liberdade responsável, dependência unilateral ou mútua cooperação?

Revista Contemplação, n. 21, p. 126-143, 2020. Disponível em: https://revista.fajopa.com/index.php/contemplacao/article/view/223. Acesso em: 28 nov. 2024.

ORGANIZAÇÃO MUNDIAL DA SAÚDE – OMS. *Defining sexual health*: report of a technical consultation on sexual health, 28-31 jan. 2002. Genebra. Disponível em: http://www.who.int/reproductivehealth/publications/sexual_health/defining_sexual_health.pdf. Acesso em: 28 out. 2024.

PARRINDER, G. *Le sexe dans les religions du monde*. Paris: Centurion, 1986.

PAULA, R. A.; NASCIMENTO, A. M. Os significados da experiência interna da formação presbiteral: uma análise temática fenomenal. *Revista de Abordagem Gestáltica*, Goiânia, n. 1, vol. 24, abr. 2018. Disponível em: http://pepsic.bvsalud.org/scielo.php?script-sci_arttext&pid=S1809-68672018000100004. Acesso em: 18 nov. 2024.

PAULO VI. Carta encíclica *Humanae Vitae* de sua santidade Papa Paulo VI aos veneráveis irmãos patriarcas, arcebispos, bispos e outros ordinários do lugar em paz e comunhão com a Sé Apostólica, ao clero e aos fiéis de todo o mundo católico e também a todos os homens de boa vontade sobre a regulação da natalidade. Roma, 25 jul. 1968. Disponível em: https://www.vatican.va/content/paul-vi/pt/encyclicals/documents/hf_p-vi_enc_25071968_humanae-vitae.html. Acesso em: 7 jun. 2025.

PAULO VI. Constituição dogmática *Dei Verbum* sobre a revelação divina. Roma, 18 nov. 1965. Disponível em: https://www.vatican.va/archive/hist_councils/ii_vatican_council/documents/vat-ii_const_19651118_dei-verbum_po.html. Acesso em: 30 maio 2025.

PAULO VI. Constituição dogmática *Lumen Gentium* sobre a Igreja. Roma, 21 nov. 1964. Disponível em: https://www.vatican.va/archive/hist_councils/ii_vatican_council/documents/vat-ii_const_19641121_lumen-gentium_po.html. Acesso em: 30 maio 2025.

PAULO VI. Constituição pastoral *Gaudium et Spes* sobre a Igreja no mundo atual. Roma, 7 dez. 1965. Disponível em: https://www.vatican.va/archive/hist_councils/ii_vatican_council/documents/vat-ii_const_19651207_gaudium-et-spes_po.html. Acesso em: 19 maio 2025.

PAULO VI. Decreto *Optatam Totius* sobre a formação sacerdotal. Cidade do Vaticano, 28 out. 1965. Disponível em: https://www.vati

can.va/archive/hist_councils/ii_vatican_council/documents/vat-ii_decree_19651028_optatam-totius_po.html. Acesso em: 19 maio 2025.

PEREIRA, A. C.; GONÇALVES, T. M. Psicologia social e pós-modernidade: um estudo sobre os valores que orientam os jovens universitários. *In*: ENCONTRO REGIONAL SUL DA ABRAPSO, 13., 2010, Maringá. *Psicologia social*: desafios e ações. Maringá: Associação Brasileira de Psicologia Social, 2010.

PEREIRA, C. Anatomia, fisiologia e neurobiologia sexual. *In*: DIEHL, A.; VIEIRA, D. L. *Sexualidade* – Do prazer ao sofrer. 2. ed. Rio de Janeiro: Roca, 2017. p. 43-57.

PERISSÉ, G. *Abuso espiritual* – A manipulação invisível. São Paulo: Paulus, 2024.

PETRÀ, B. *Una futura morale sessuale cattolica* – In/fedeltà all'apostolo Paolo. Assisi: Cittadella Editrice, 2021.

PHILIPPE, M.-D. *O amor* – Na visão filosófica, teológica e mística. Petrópolis: Vozes, 1998.

PIANA, G. *L'agire morale tra ricerca di senso e definizione normativa*. Assisi: Cittadella Editrice, 2001.

PIANA, G. Orientamenti di etica sessuale. *In*: PIANA, G.; GOFFI, T. *Corso di morale*. Bréscia: Queriniana, 1983.

PIGHIN, B. F. *Os fundamentos da moral cristã* – Manual de ética teológica. São Paulo: Ave-Maria, 2005.

PIO XI. Lettera Enciclica *Casti Connubii*, sul matrimonio cristiano. Roma, 31 dez. 1930. Disponível em: http://vatican.va/content/pius-xi/it/encyclicals/documents/hf_p-xi_enc_19301231_cast-connubii.html. Acesso em: 20 nov. 2024.

PLÉ, A. *Per dovere o per piacere?* Da una morale colpevolizzante a una morale liberatrice? Torino: Piero Gribaudi Editore, 1984.

POHIER, J. M. Le célibat consacré comme discours sur Dieu et sur la sexualité. *Supplément*, n. 110, p. 257-279, 1974.

PORTO, H.; SCHLESINGER, H. Anacoreta. *In*: PORTO, H.; SCHLESINGER, H. *Dicionário enciclopédico das religiões*. Petrópolis: Vozes, 1995. vol. I. A-J, p. 166.

QUEIRUGA, A. T. *Repensar a revelação* – A revelação divina na realização humana. São Paulo: Paulinas, 2010.

RABUSKE, E. A. *Antropologia filosófica*. 7. ed. Petrópolis: Vozes, 2000.

RANKE-HEINEMANN, U. *Eunucos pelo Reino de Deus* – Mulheres, sexualidade e a Igreja Católica. Rio de Janeiro: Record, 1996.

RAVASI, G. Genesi. *In*: ROSSANO, P.; RAVASI, G.; GHIRLANDA, A. (ed.). *Nuovo dizionario di teologia biblica*. Roma: Cinisello Balsamo, 2005. p. 125-133.

RECK, N. Desejos perigosos. O discurso católico sobre a sexualidade homossexual. *Concilium*, n. 324, vol. 1, p. 13-27, 2008/1.

REINKE, A. D. *O Antigo Testamento*. São Paulo: Hagnos, 2014.

RIBEIRO, H. L.; OLIVEIRA, A. C. S. de. Sexualidade, religião e espiritualidade. *In*: DIEHL, A.; VIEIRA, D. L. (org.). *Sexualidade* – Do prazer ao sofrer. 2. ed. Rio de Janeiro: Roca, 2017. p. 353-370.

RICHARDS, J. *Sexo, desvio e danação*: as minorias na Idade Média. Rio de Janeiro: Jorge Zahar, 1993.

RICOEUR, P. *Finitud y culpabilidad*. Madri: Editorial Trotta, 1969.

ROSSSIAUD, J. Sexualidade. *In*: LE GOFF, J.; SCHMITT, J.-C. *Dicionário analítico do Ocidente medieval*. São Paulo: Editora Unesp, 2017. vol. 2, p. 534-554.

ROUDINESCO, E. *A família em desordem*. Rio de Janeiro: Zahar, 2003.

RYKEN, L. *Santos no mundo* – Os puritanos como realmente eram. São José dos Campos: Editora Fiel, 2013.

SALZMAN, T. A.; LAWLER, M. G. *A pessoa sexual* – Por uma antropologia católica renovada. São Leopoldo: Unisinos, 2012.

SANTIM, Marcio. *O fim da intimidade* – Voyeurismo e exibicionismo nas redes sociais. Jundiaí: Paco, 2018.

SCHILLEBEECKS, E. *Cristo, sacramento do encontro com Deus* – Estudo teológico sobre a salvação mediante os sacramentos. Petrópolis: Vozes, 1968.

SCHILLEBEECKS, E. *O matrimônio* – Realidade terrestre e mistério de salvação. Petrópolis: Vozes, 1969.

SCHIMITT, S.; GONÇALVES, T. M. Relações amorosas na sociedade contemporânea. http://www.psicologia.pt/artigos/textos/A0583.pdf. Acesso em: 6 fev. 2024.

SCHMITT, S.; IMBELLONI, M. Relações amorosas na sociedade contemporânea. 2011. Disponível em: https://docplayer.com.br/5691153-Relacoes-amorosas-na-sociedade-contemporanea.html. Acesso em 18 de junho de 2025.

SCHOCKENHOFF, E. O futuro da família – Fundamentos antropológicos e desafios éticos. *In*: AUGUSTIN, G. (org.). *Matrimônio e família* – Modelo ultrapassado ou garantia de futuro. Petrópolis: Vozes, 2018. p. 19-33.

SESBOÜÉ, B. *O magistério em questão* – Autoridade, verdade e liberdade na Igreja. Petrópolis: Vozes, 2004.

SEVERUS, E. V. Monaquismo. *In*: KÖNG, F. C.; WALDENFELS, H. *Léxico das religiões*. Petrópolis: Vozes, 1998. p. 374-375.

SIBILIA, P. *O homem pós-orgânico* – A alquimia dos corpos e das almas à luz das tecnologias digitais. 2. ed. Rio de Janeiro: Contraponto, 2015.

SISSA, G. *Eros tirano* – Sessualità e sensualità nel mondo antico. Roma/Bari: Editori Laterza, 2003.

SÍVORI, H. *et al.* "Fundamentalismos", sexualidade e direitos humanos: interrogando termos, expandindo horizontes. *Revista Latinoamericana. Sexualidad, Salud y Sociedad*, n. 26, p. 171-180, ago. 2017. Disponível em: http://scielo.br/j/sess/a/pP95NZsHXTL4gng7S8ZVVkg/?format=pdf&lang=pt. Acesso em: 27 nov. 2024.

SNOEK, J. *Ensaio de ética sexual*. São Paulo: Paulinas, 1981.

SOHN, A.-M. O corpo sexuado. *In*: CORBIN, A.; COURTINE, J.-J.; VIGARELLO, G. *História do corpo* – As mutações do olhar. O século XX. Petrópolis: Vozes, 2008. vol. 3, p. 109-154.

SOLOMON, R. C.; SANDERS, J. R. Sexual identity. *In*: REICH, W. (ed.). *Encyclopedia of Bioethics*. Nova York: The Free Press, 1978. p. 1589-1590.

STADELMANN, I. L. *Cântico dos cânticos*. São Paulo: Loyola, 1993.

STEARNS, P. N. *História da sexualidade*. São Paulo: Contexto, 2010.

STEARNS, P. N. *História das relações de gênero*. 2. ed. São Paulo: Contexto, 2012.

SULLIVAN, F. A. The Theologian's Ecclesial Vocation and the 1990 CDF Instruction. *Theologicam Studies*, n. 52, p. 51-68, 1991.

TABORDA, F. *Matrimônio*. Aliança – Reino. 2. ed. São Paulo: Loyola, 2005.

TAMAYO, A.; PINHEIRO, A. Conceituação e definição de solidão. *Revista de Psicologia da Universidade Federal do Ceará*, Fortaleza, vol. 2, n. 1, 1984.

THÉOLOGIENS-MORALISTES DE CRACOVIE. Les fondements de la doctrine de l'Église concernant les principes de la vie conjugale – Un mémoire rédige par un groupe de théologiens-moralistes de Cracovie. *Analecta Cracoviensia*, t. 1, p. 194-230, 1969. Disponível em: https://czasopisma.upjp2.edu.pl/analectacracoviensia/article/view/2708. Acesso em: 7 jun. 2025.

THEVENOT, X. *Compter sur Dieu* – Études de théologie morale. Paris: Les Éditions du Cerf, 1992.

THEVENOT, X. *Contar com Deus* – Estudos de teologia moral. São Paulo: Loyola, 2008.

TIBILETTI, C. Estoicismo e os padres. *In*: DI BERARDINO, A. *Dicionário patrístico e de antiguidades cristãs*. Petrópolis/São Paulos: Vozes/Paulus, 2002. p. 515-517.

TODD, J. M. O amor e a moral. *In*: LA BEDOYERE, M. de. *O futuro do cristianismo católico*. Rio de Janeiro: Paz e Terra, 1969. p. 103-123.

TOMÁS DE AQUINO. *Suma Teológica*. São Paulo: Paulus, 2021. 5 vol.

TORNIELLI, A. Versaldi: "Devemos dialogar sobre o *gender* sem renunciar nossa identidade". *Vatican News*, 10 jun. 2019. Disponível em: http://vaticannews.va/pt/vaticano/news/2019-06/documento-vaticano-gender-entrevista-cardeal-giuseppe-versaldi.html. Acesso em: 18 nov. 2024.

TRASFERETTI, J. A.; ZACHARIAS, R. Homossexualidade e ética cristã. *Vida Pastoral*, São Paulo, n. 275, a. 51, p. 19-24, nov.-dez. 2010. Disponível em: http://vidapastoral.com.br.artigos/etica-crista/homossexualidade-e-etica-crista/. Acesso em: 15 nov. 2024.

TÜRCKE, C. *Sociedade excitada* – Filosofia da sensação. Campinas: Editora Unicamp, 2010.

TURNER, W. B. *A Genealogy of Queer Theory*. Filadélfia: Temple University Press, 2000.

VAINFAS, R. *Casamento, amor e desejo no Ocidente cristão*. São Paulo: Ática, 1986.

VÁZQUEZ, A. S. *Ética*. 29. ed. Rio de Janeiro: Civilização Brasileira, 2007.

VELASCO, J. M. Religião e moral. In: VIDAL, M. (org.). *Ética teológica* – Conceitos fundamentais. Petrópolis: Vozes, 1999. p. 168-184.

VEREECKE, L. História da teologia moral. *In*: COMPAGNONI, F.; PIANA, G.; PRIVITERA, S. (org.). *Dicionário de teologia moral*. São Paulo: Paulus, 1997. p. 564-583.

VIDAL, M. *Moral de atitudes* – Ética da pessoa. 3. ed. Aparecida: Santuário, 1981. vol. 2.

VIDAL, M. *Moral do amor e da sexualidade*. São Paulo: Paulinas, 1978.

VIDAL, M. *Nova moral fundamental* – O lar teológico da ética. Aparecida/São Paulo: Santuário/Paulinas, 2003.

VITIELLO, N.; RODRIGUES JÚNIOR, O. M. *As bases anatômicas e funcionais do exercício da sexualidade*. São Paulo: Iglu, 1997.

VIVIANI, D. H. Poliamor e poligamia. *In*: DIEHL, A.; VIEIRA, D. L. (org.). *Sexualidade* – Do prazer ao sofrer. 2. ed. Rio de Janeiro: Roca, 2017. p. 453-459.

WATZLAWICK, P. (org.). *A realidade inventada* – Como sabemos o que cremos saber. Campinas: Psy, 1994.

WOLF, E. Ética e sexualidade: normatividades em perspectiva história. *In*: TORRES, J. C. B. (org.). *Manual de ética* – Questões de ética teórica e aplicada. Contribuições para estudo de ética filosófica e análise de problemas morais. Petrópolis/Caxias do Sul: Vozes/BNDES, 2014. p. 711-732.

WOLF, M. *O cérebro no mundo digital* – Os desafios da leitura na nossa era. São Paulo: Contexto, 2019.

WRIGHT, D. F. Sexualidade, ética sexual. *In*: HAWTHORNE, G. F.; MARTIN, R. P. *Dicionário de Paulo e suas cartas*. 2. ed. São Paulo: Paulus/Loyola: Vida Nova, 2008. p. 1160-1165.

ZACHARIAS, R. A urgência de uma antropologia sexual personalista: a dificuldade de incorporação do princípio conciliar na antropologia sexual católica. *Revista de Cultura Teológica*, São Paulo, a. 29, n. 99, p. 196-229, maio-ago. 2021a. Disponível em: http://revistas.pucsp.br/index.php/culturateo/article/view/54230. Acesso em: 15 nov. 2024.

ZACHARIAS, R. Questões de gênero, questões profundamente humanas. Desafios para a Igreja Católica. *In*: MANZINI, R.; ZACHARIAS, R. (org.). *Direitos humanos e doutrina social da Igreja* – Da globalização da indiferença à globalização da solidariedade. São Paulo: Paulus, 2021b. p. 239-305.

ZUCCARO, C. *Moral sexual* – Novo manual de teologia moral. São Paulo: Ave-Maria, 2004.

ZUCCARO, C. *Morale sessuale* – Nuovo manuale di teologia morale. Bolonha: EDB, 2002.

EDITORA VOZES LTDA.
Rua Frei Luís, 100 – Centro – Cep 25689-900 – Petrópolis, RJ
Tel.: (24) 2233-9000 – E-mail: vendas@vozes.com.br